冯泽芳留学时的照片

1931年4月在康乃尔先生铜像旁

1934年在中央农业实验所细胞研究室

1936年秋在陕西视察棉花区域试验
冯泽芳（前）、宋康祥（右）、许兴汉（左1）

1935年冯泽芳赴棉区考察途中，在卡车上

1948年1月冯泽芳在
廊坊轧花厂留影

1936年10月于云南开远西门外龙潭二年生之木棉　冯泽芳（右4）、傅毓南（右3）

1936年9月在云南开远记载多年生棉

1946年1月摄于中央大学校园六朝松前 前右1为吴有训、左5为冯泽芳

冯泽芳与在江浦农场实习的同学合影 前排左3冯泽芳

冯泽芳与在江浦农场实习的同学合影 第2排右3冯泽芳

1957年11月莫斯科大学主楼及罗蒙诺索夫像前　　1957年在莫斯科红场

1957年冯泽芳在苏联棉区考察
图为冯泽芳（左3）与王彬生（左1）、孙济中（左2）、过兴先（左6）及苏联专家等合影

1958年陪苏联专家索科洛夫考察　左3冯泽芳

1959年陪苏联专家马克西敏科考察　右3冯泽芳

1935 年 7 月 14 日在杭州摄

1940 年冯泽芳孟成玉合影

1950年冯泽芳夫人孟成玉 50 岁生日　摄于南京

1980 年 1 月 9 日冯泽芳追悼会后　孟成玉与子女及孙辈合影

主 编

吴阶平 杨福家 吴文俊 袁隆平
孙家栋 谢家麟 李家洋 陈清泉
刘国光 汝 信

中华当代著名科学家
传记书系

冯泽芳

中国现代棉作科学的主要奠基人
农业教育家
中国科学院院士

云琅民 著

中国农业科学技术出版社

图书在版编目（CIP）数据

冯泽芳 / 云琅民著. —北京：中国农业科学技术出版社，2016.3

ISBN 978-7-5116-2252-5

Ⅰ.①冯⋯　Ⅱ.①云⋯　Ⅲ.①冯泽芳（1899～1959）—传记　Ⅳ.① K826.3

中国版本图书馆 CIP 数据核字（2015）第 210249 号

责任编辑　崔改泵
责任校对　贾晓红

出　　版	中国农业科学技术出版社
	北京市中关村南大街 12 号　邮编：100081
电　　话	（010）82109194（编辑室）
	（010）82109702（发行部）　（010）82109709（读者服务部）
传　　真	（010）82106650
网　　址	http://www.castp.cn
经　　销	各地新华书店
印　　刷	北京科信印刷有限公司
开　　本	710 mm×1 000 mm　1/16
印　　张	25.75
彩　　插	8 面
字　　数	298 千字
版　　次	2016 年 3 月第 1 版　2016 年 3 月第 1 次印刷
定　　价	68.00 元

——— 版权所有·翻印必究 ———

中华当代著名科学家传记书系

永久编著出版委员会

主　编

吴阶平　杨福家　吴文俊　袁隆平　孙家栋　谢家麟
李家洋　陈清泉　刘国光　汝　信

执行主编

唐廷友　唐　洁　赵岩青　刘忠勤　骆建忠　张应禄

副主编

单天伦　张　维　马京生　马胜云　王　霞　王建蒙
王庭槐　彭洁清　邵世磊　牛敏杰　张孝安　闫庆健
徐　毅　李　雪　崔改泵

编　委（以姓氏笔画为序）

山　立　马　兰　马　进　马　越　马京生　马胜云
马新生　王　霞　王建蒙　王庭槐　王增藩　牛敏杰
卢毓明　刘国光　刘忠勤　闫庆健　汝　信　孙家栋
李　雪　李大耀　李忠效　李家洋　杨照德　杨福家
吴文俊　吴阶平　宋兆法　张　维　张孝安　张应禄
陈　弘　陈清泉　邵世磊　郑绍唐　单天伦　孟　佳
赵岩青　柳天明　骆　义　骆建忠　袁隆平　顾迈男
徐　毅　唐　洁　唐廷友　常甲辰　崔改泵　彭洁清
曾先才　曾庆瑞　谢长江　谢家麟　谭邦治　熊延岭

书系策划

唐廷友　唐　洁　赵岩青　刘忠勤　单天伦　张　维
马京生　马胜云　王　霞　王建蒙　王庭槐　彭洁清
骆建忠　张应禄　邵世磊

总序

吴阶平　杨福家　吴文俊　袁隆平　孙家栋
谢家麟　李家洋　陈清泉　刘国光　汝　信
（二〇〇八年八月八日）

中华民族，为自身的发展与人类的进步，已经奋斗了数千年，不断地作出重要的贡献。

中华民族历来十分注重科技进步与创新，即使在内部祸乱和外来入侵的历史时期，也从未放弃与间断过科学技术的发展。古代有造纸术、指南针等诸多重大发明与创造，为中华和人类的进步发展发挥了重大而持续的推动作用。近现代以来，中华学人为探求中华科学技术的重新辉煌和推进人类的和平发展，进行了长时期前赴后继的艰难奋斗。

当代中华广大学人及从他们当中成长起来的著名科学家们，坚持创新、顽强拼搏、艰苦奋斗，为加速提升中华民族的自主创新能力和攀登世界科技新的高峰作出了新的重大的贡献。在他们身上集中体现了中华民族自强不息、勇于创新、安和友善的优良传统。他们的人生理想、优秀品格、科学思维、科学方法、科学成就，是民族精神与科学精神的生动体现，也是他们为中华民族与人类社会创造的宝贵的物质财富与精神财富，要将这些宝贵财富传承下去、发扬光大，使之不断地为中华兴旺发达与人类进步发展提供巨大的推动力量。

《中华当代著名科学家传记书系》（以下简称《书系》），正是根据时代发展的需要编著出版的。本编委会于 20 世纪末即论证决定永久地编著出版这套书。科学与社会永久发展，著名科学家不断涌现，传记书系的编著出版必须永久地与时俱进。本《书系》将选录两岸四地和海外的诸多高层次的中华自然科学家、工程科学家和社会科学家。被选录的每一位科学家，都将由编委会和出版社为其编著出版一种既侧重于科学生涯，又全面记述人生经历的经典性传记图书。

《书系》是一套面向社会公众，能够被图书馆珍藏和向社会各界展现中华当代著名科学家们献身科技创新、力推经济社会发展、为中华文明与人类文明贡献毕生心血的高品位读物。本《书系》将生动记述科学家们赤诚中华、献身科学、勇于创新、严谨治学、大力协同、艰苦奋斗的精神与品格，展示他们的不懈追求、科学思维、科学成就、奋斗历程，以榜样的力量激励人们奋发进取，为中华与世界的科学腾飞、经济发展和社会进步不断地再创辉煌。

《书系》通过科学家生平展现了中华民族对世界科学与人类社会发展作出的重要贡献，尊重知识尊重人才、安和友善精诚团结的优良传统，以及努力攀登世界科技高峰、为人类进步发展争做更大贡献的决心与信心。《书系》是一套严肃规范、内容准确的经典性传记，具有成规模和系统地集锦科学成就、珍储科学史料的档案功能，并为长远的、多方面的用途提供诸多具有代表性与系列性的精要蓝本，具有很高的和久远的存用价值，定将存传永久。《书系》也将在传播科学精神和科技知识，培育全社会创新意识，激励科技创新，推进科技与经济社会发展方面，发挥重要与深远的影响。

先进的科学技术，是先进生产力的集中体现与主要标志。著名科学家群体，是先进科学技术的领军团队。具有灿烂文明和辉煌科技史的当代中华学人及其著名科学家们，定会站在时代前列，传承发扬民族精神，为中华文明的复兴长久与人类的永恒发展，作出更大的贡献。

我一生最爱的,一是棉花,二是青年。

斯字棉、德字棉和木棉是我的三个孩子,木棉是我新生的小女孩子,我爱木棉同我爱我的小女儿一样。

套用胡适《尝试集》中诗句咏:"清夜每自思,此身非吾有,一半属师长,一半属朋友。"

——冯泽芳

半个世纪以来，人们提起冯泽芳，就会想到棉花；提起棉花，就会想到冯泽芳。

如他的英名所示："泽惠三农、流芳千秋。"

襟怀坦白、一身正气，学识超群，誉满中外，诚为一代农学宗师。

他工作历来是看准目标、锲而不舍、身体力行、不辞劳苦，奔走于各大棉区，为棉业发展获取第一手资料。

他勤於写作，善于发掘知识，归纳知识，创造知识，运用知识。做了"抛砖引玉"的功夫。

他是一个了解"洋玩意儿"，能利用"洋玩意儿"，而不迷信"洋玩意儿"，也不以"洋玩意儿"炫耀甚至於吓人的典型人物。

一个浑厚而真诚的科学家，可以因开拓创新而成为院士，但在谎言世界里却没有他存活的余地。他那浑厚而畅快的笑声，是黑暗中的闪电，与谎言是不能并存的。

冯泽芳简介

冯泽芳，字馥堂，1899年2月20日出生于浙江省义乌县赤岸村一个农民家庭。祖辈世代务农，已经8代没有出过一个读书人。他童年聪颖过人、好学，父亲决心供他念书。先读私塾，接着入新办的端本学堂。1913年考入浙江省立第七中学，1917年中学毕业后，因家贫未能继续升学，回县在私立稠南小学当教员。1918年考入免收学费和伙食费的南京高等师范农业专修科。1921年毕业时，该校升格为东南大学。学校规定，原农业专修科的毕业生在补读满学分后，可取得本科学历。随后1921年9月至1925年他一边工作一边补修学分，于1925年从东南大学农艺系毕业。毕业后在江苏省第一农校教书一年，以后在江苏省立通州棉作试验场、江苏省立棉作试验场担任整理员、副场长、场长。1930年考入美国康乃尔大学研究生院深造，专攻棉花遗传育种，1932年获农学硕士学位，1933年获哲学博士学位。当年回国任棉业统制委员会技术专员。1934年成立中央棉产改进所，冯泽芳任副所长兼植棉系主任。1938年任中央农业实验所技正兼棉作系主任、云南工作站主任。1942年任中央大学教授、农学院院长。1947年任农林部棉产改进处副处长。1949年又回中央大学农学院任教。后改为南京大学农学院、南京农学院任教授、图书馆馆长。1955年被聘任为中国科学院生物学地学部委员（现称院士）。1956年参加《1956—1967年科学发展远景规划》的制定工作。1957年应邀率中国棉花科学代表团赴苏联考察访问，并参加苏联十月革命40周年庆典，登上红场外宾观礼台。1957年任中国农业科学院棉花研究所首任所长,为我国棉业改进事业贡献出毕生精力。

冯泽芳毕生致力于棉花科研、生产技术推广、农业教育,是中国著名的棉花科学家、农业教育家,中国现代棉作科学的主要奠基人。早在大学农科学习期间,就关心生产,开始研究棉花,对亚洲棉的分类、遗传进行了开拓性的研究,发表了《中棉之形态及分类》《中棉之孟德尔性初次报告》。在美国学习期间,对亚洲棉与美洲棉杂种的细胞遗传学做过较深入的研究,博士论文《亚洲棉与美洲棉杂种之遗传学及细胞学的研究》,发扬大胆创新、勇于开拓的精神,研究种间杂交,拓宽育种途径。回国后他深入棉区进行调查研究,通过试验确定推广斯字棉、德字棉,使棉花产量和质量大幅度提高。在云南工作期间,他全力倡导与推广离核木棉,并与有关部门协作,积极建设西南长绒棉区。在中央棉产改进所任期内,首先开展棉花品种区域试验,在全国棉花品种区域试验基础上,根据自然地理条件和品种特性划分中国棉区,所划分的棉区至今仍在应用。在研究棉区划分的同时,探讨棉纺工业布局,使种植业与加工工业密切配合。

他毕生治学严谨,理论联系实际,在长期教学工作中,培养了一批杰出农业人才。他一生的成就,是他那个年代中国农学发展进步的标志和缩影。近半个世纪以来,人们提起冯泽芳,就会想到棉花;提起棉花,就会想到冯泽芳。

目 录

第一章 爱国爱农 立志习农 ... 001
- 一、农家要有读书人 ... 003
- 二、吃饭和穿衣 ... 004
- 三、良师益友 ... 007

第二章 边读书求学 边科学探索 ... 015
- 一、学农伊始 关心生产 ... 017
- 二、中棉分类的研究 ... 018
- 三、中国亚洲棉的遗传研究 ... 020
- 四、求深造远赴美国 ... 023
- 五、传递国外研究信息 ... 026

第三章 深入生产实践 探索棉业发展 ... 035
- 一、实地考察掌握第一手资料 ... 037
- 二、抓农业推广 促棉花生产 ... 039
- 三、棉产改进的时代使命 ... 048
- 四、倡导大农业论 ... 054
- 五、积极倡导创办"中国棉业出版社" ... 062
- 六、积极组织、参加学术活动 ... 063

第四章　鉴定离核木棉　倡导长绒棉生产　067
　　一、离核木棉的鉴定　069
　　二、倡导推广长绒棉　074

第五章　首开棉花区试区划　探讨棉纺工业布局　089
　　一、棉花区域试验首开先河　091
　　二、划分五大棉区　097
　　三、按宜棉区域探讨棉纺工业布局　103

第六章　讲堂执鞭　教书育人　109
　　一、大学农科学生的治学方法　111
　　二、执教农业院校二十载　118
　　三、举贤荐才　关爱学子　124
　　四、鼓励青年学子参加边疆建设　128

第七章　尊师重友　勤俭清廉　131
　　一、牢记师恩　尊师重友　133
　　二、平易近人　135
　　三、五十寿辰　138
　　四、琴瑟和谐　140
　　五、从重庆到南京　149
　　六、节俭清廉　154

第八章　开创新篇　壮志未酬　　157
一、在南京迎接解放　　159
二、投身新中国棉花生产科研工作　　162
三、赴苏联考察棉花生产　　170
四、创建棉花研究所　　173
五、最后的日子　　177

第九章　棉业界的大小三元　　185
孙恩麐（字玉书）（1893—1961）　　188
胡竞良（字天游）（1897—1971）　　191
俞启葆（字遂初）（1910—1975）　　193
奚元龄（1912—1988）　　198
华兴鼐（字和州）（1908—1969）　　202

第十章　正本清源　　207
一、追悼会　　209
二、迟来的荣誉　　215
三、设立奖学金和科技创新基金　　218
四、还原历史　　219
五、补发《中国棉花栽培学》稿酬　　219
六、亲友的怀念　　220
七、捐赠中华农学会印章　　221
八、家乡的纪念　　222

追思与缅怀　225

《冯泽芳先生棉业论文选集》编校后记	俞启葆	227
缅怀冯泽芳先生	过兴先	235
给农业部副部长曹冠群的信	过兴先	236
瞻仰冯师铜像	蔡以纯	237
忆重庆中大农学院	蔡以纯	238
怀念冯泽芳教授	夏镇澳	240
回忆冯泽芳教授一二事	钱维朴	241
老院长的教导使我终生受益	蔡宝祥	243
怀念冯泽芳老师	任继周	244
我最尊敬的冯泽芳老师	潘家驹	246

科苑教坛遗业绩　泽被三农自流芳
　　——忆中国棉花科研事业的奠基人冯泽芳教授
　　　　　　　　　　　　　　　　　　原葆民　251

恩师难忘
　　——追忆我与冯泽芳教授的师生情　潘文林　256

忆冯泽芳先生	蒋国柱	268
缅怀恩师——冯泽芳	刘伟仲	272
永远怀念冯泽芳恩师	徐盛荣	273
怀念冯泽芳老师	赵范茹	275
忘不掉的记忆	王道均	276
忆冯泽芳老师的教导三则	吴志行	284

迷惘时的指针，前进中的鞭策
　　——记恩师冯泽芳教授对我的教诲　周燮　285

回　忆	许泳嘉	287

一句话影响一生	黄骏麒	288
忆和冯老师相处的日子	汪炎炳	290
冯先生若干事	汪若海	291
《冯泽芳先生图存》编后记	宋晓轩	298
难忘的一课		
——记冯泽芳老师讲授棉花课	董守信	302
缅怀冯泽芳先生	杨新民	303
视棉如子女　育种创奇迹		
——缅怀艰苦创业，成绩卓著的棉花专家冯泽芳教授		
	马万明	308
我对冯所长的回忆	魏希云	313
冯泽芳	冯永康	314
"棉星芳踪"拾经	王鸿新	319
怀念大舅父——冯泽芳	金鸿程	322
忆大伯父——冯泽芳	冯宝贤	324
义乌第一院士：冯泽芳	鲍　川	326
冯泽芳传略	冯海平	329

附　录　333

附录1　冯泽芳生平活动年表　335
附录2　冯泽芳先生论著题录　348
　　　论著类　348
　　　演讲类　354
　　　翻译类　355
　　　笔记类　356
　　　校对类　356

珍　存	357
手　稿	359
自注照片说明	364
家　书	370
追悼会签到簿及唁函	374
遗　物	377
参考文献	383
编后记	384

第一章

爱国爱农
立志习农

一、农家要有读书人

浙江省义乌县是个山区,三面群山环抱,境内多是丘陵岗地,在义乌县的西南部坐落一个名叫赤岸的村庄。19世纪末叶,这里交通闭塞,道路崎岖不平,村里人生活自给自足,出门要靠肩挑人扛。但这是一个宁静、美丽的小山村。一条小溪流经村旁,几个小池塘点缀在村中,既是美丽的景色,也是人们洗涮、挑水的去处。冯汉规家门前也有一个小池塘,塘边有一块平平的大青石,那就是用木槌洗衣的地方,一条用石板铺成的台阶小路,一直通到他家门口。

1899年2月20日,赤岸村(现赤岸三村)的冯汉规(生于同治戊辰年【1868年】1月6日)家喜气洋洋,原来是又添丁加口,妻子平望村宋氏菊英(生于同治壬午年【1872年】9月14日)产期已到,生下一孩,还是个男丁。冯家原本已育有3个女孩,正盼着要一个男孩,这正是如愿以偿,好不欢喜。爷爷冯洋进(生于道光戊戌年【1838年】9月23日),奶奶王氏(生于道光癸卯年【1843年】3月20日)更是高兴得合不拢嘴。冯汉规家祖辈世代务农,已经8代没有出过一个读书人了。他们把改变命运的希望寄托在这个新生的婴儿身上,于是给他起名叫泽芳,字馥堂,泽是家谱规定的辈分用字,芳和馥堂,是长辈期盼他给家庭带来书卷芳香之气。

冯泽芳从小就聪明颖悟,3岁时,赤岸街上店铺的招牌,都能读得出来。爷爷看他资质聪颖,勤奋好学,并且又是这一代孩子中的头一个男丁,于是决心供他读书,先送他去读私塾。在距赤岸村20里路的朱店村,有一间名气较大的私塾,教书先生朱德恒,是清末举人,曾官至陕西御史。后因与当朝重臣李鸿章不和,遂卸官回乡,办了间私塾(此前曾由张之洞推荐,到广东创办两广书院,即今中山大学之前身)。冯泽芳师从朱德恒,熟读《三字经》《大学》《中庸》《论语》等书,他一直对朱德恒先生非常崇敬。1906年,在距赤岸村4里路的乔亭村,办起了一座新式的小学，名叫端本学堂，它是赤岸镇乔亭村村办小学，也是义乌市最早的小学之一。父亲把他转到这所学堂读书，从此他开始接触新思想，学习新知识。冯泽芳在这所小学里学习，成绩优良，年年名列前茅。

1913年，冯泽芳考入位于金华的浙江省立第七中学（现金华市一中）。此时，家境拮据，从爷爷手里传下来的"保和堂药店"，也生意清淡，为了供冯泽芳上学，平望村外婆家给予了不少支持。冯泽芳更是处处节省，从不多花钱。浙江省立第七中学所在地金华与赤岸之间，相隔90多里，有水路相通，可以坐船来往。但对于那些家境不很富裕的学生与客商，一般选择顺水时坐一趟船；上水时则步行走旱路，常走路的人，一天可以走到。冯泽芳由于家境贫穷，他来去都是步行。并且每次从家里去学校，都要从家中带些干菜去，作为一日三餐的主要副食，以节省伙食费。到了冬天生活更艰难，天冷了被子不够长，他就将被子卷成筒，一头用绳

民国二年一月（1913年）十五岁考中学用此为余最早之照片（冯泽芳自注）

子扎上，从另一头钻进去，裹着被子睡。冯泽芳酷爱读书，手不释卷，就在春节时，他到姐姐家拜年，多半都是在屋里津津有味地看书，不去外面看花灯、看戏，别人来邀他去时，他说戏和花灯不如书好看。他的少年时代几乎全是陪伴着书本度过的。由于家境本不富裕，中学4年间省吃俭用仅用了140元，生活的艰难更激励他刻苦学习。由于他珍惜这个来之不易的学习机会，始终保持谦虚好学、奋发向上的精神努力学习，在同班的四名义乌籍同学中，冯泽芳年纪最小，成绩最好。

二、吃饭和穿衣

1916年12月，冯泽芳中学毕业。因家里经济困难，无力供他继续

升学。他回到义乌，在城里绣湖边的私立稠南小学觅得教师一职，他教算术、理科和英文，历时一年半。在金华上中学及在本县任教期间，每逢节假日回家，都经常下田参加各种农业生产劳动。有一年暑假，从金华走了约百里路，到家时已经天黑，村子里都在抗旱戽水，他看到家里人手不够，他就不顾疲劳，立即去踏水车汲水，直到天明。作为一个农家子弟的他，对农民的疾苦最有切身感受。那时西方的科学技术已逐渐传入中国，科学救国的思想也广泛传播，年轻的冯泽芳深刻认识到要帮助农民摆脱贫穷落后，必须依靠科学技术，进而也认识到只有科学技术才能救中国。

1918年冬，南京高等师范学校在杭州招生。南京高等师范学校地处古都南京市四牌楼地区，坐落在北极阁南麓明代国子监的原址上，为当时与北京高师、武昌高师、广州高师等并列为中国最早成立的四大国立高等师范学校之一，学校名师荟萃，有较高的声誉。其中农业专修科不收学费和膳食费，可以大大减轻家庭的负担，这对贫穷人家子弟很有吸引力。冯泽芳和比他高一年级的同学周拾禄两人准备报考，于是结伴同行。时逢大年初一，出发的时候天降大雪，他们二人穿着草鞋顶风冒雪，从义乌步行200多里到杭州，参加入学考试，结果双双被录取。两人同窗3年，互相鼓励，探讨学业，友谊深厚。他们二人出生和成长都在清末民初，正是国屡民穷的时代，民主与科学思潮初兴，身处农村的两位年青人，深感广大农民生活的疾苦，家乡的贫穷落后，立志同心协力，抱着"科学救国"的宏愿，决心为解决贫苦农民的吃饭和穿衣问题而奋斗。周拾禄年长，专攻水稻科学；冯泽芳年幼，则专攻棉花科学。最终，他们两人经过刻苦钻研，努力奋斗，都用毕生的精力出色地实践了自己誓言。

中央大学是国内研究棉作最早的学校，在其前身南京高等师范学校时期，1919年邹秉文主持高等师范农业专修科时，即提倡研究棉作，开棉作研究之先河。当时该科教授中有过探先、孙恩麐、王善佺、叶元鼎等从事此项工作。冯泽芳在读农业专科的3年内，追随先辈们的教导，既博学理论，又注重实践，开始了对棉作的研究。在南高师的3年，他十分节约，仅用 272 元，尽管如此，还欠了部分债务，到毕业后才还清。这 3 年他不仅出色地完成了应有学业，而且还在学术刊物上发表了关于农业的文章六篇和译文一篇，由此，他在农业科学生涯中迈出了坚实而重要的一步。

1921 年农业专修科毕业时，适逢南京高等师范学校升格并改名为东南大学。按照学校条例规定，原专科学生，在继续补读满学分以后，可以获得本科毕业文凭。冯泽芳由于经济拮据，又想继续深造，那就只能半工半读，一边工作，一边补读学分。经过 4 年时间，才补读完 2 年的学分，于 1925 年 6 月，毕业于东南大学农科农艺系。在学习期间他广泛阅读资料，进行科学试验，认真分析、总结，发表了论文 7 篇，译文 1 篇。还编著了一本中专教材《中等棉作学》，于 1925 年 8 月由中华书局出版。

民国十年（1921 年）六月南京高等师范农科第二届毕业同学全体摄影（全班二十人均在座）摄于校之梅庵（冯泽芳自注） 中左一耿以礼、中左二周拾禄、中左四马广文、中左五杨惟义、中左八冯泽芳、中右一俞兆琦、后左三胡竟良

十四年（1925年）十二月国立东南大学农科第三届毕业留宁同学摄影　前左一郑体华、前左二冯泽芳、前左三邹钟琳、后右一杨惟义、后右二周拾禄

三、良师益友

在东南大学的4年中，在老师的谆谆教导和同学们的互相帮助下，冯泽芳在获取知识、运用知识和创造知识方面得到了基本的训练，奠定了一生的基础。老师中对他影响最大的是农科主任邹秉文教授、秉志教授、胡先骕教授和棉作学教授孙恩麐、王善佺等人。

邹秉文教授（1893—1985）　江苏省吴县人，农学家、植物病理学家、农业教育和社会活动家，是我国近代农业教育、科研、推广事业之先行者，享誉国内外的著名农业问题专家。1912年以优异成绩考入美国康乃尔大学，先学机械工程，后改学农科，专修植物病理学。1915年毕业后又继续进修一年，于

邹秉文

1916年回国，1917年任国立南京高等师范学校农业专修科首任主任、东南大学教授，直到1927年。1943年起兼任联合国粮农组织筹备委员会副主席、联合国粮农组织首任中方执行委员、农业部高等顾问兼驻美国代表、中美农业合作团中方团长。1948年起邹秉文改任美国纽约和昌公司董事长，经营中美间的化肥、种子和农产品贸易。1956年8月，在周恩来总理直接关怀下，返回祖国，并以一级教授身份受聘为农业部和高等教育部两部的顾问，全国政协委员。1958年8月他专程前往河南安阳，热情地祝贺中国农业科学院棉花研究所的成立。以后他曾多次在中央广播电台的对外广播中，宣传新中国棉业改进工作的成就。

冯泽芳

秉志

秉志教授（1886—1965） 动物学家，教育家，中国近代生物学的主要奠基人之一。1908年京师大学堂毕业。1913年美国康乃尔大学农学院获学士学位。1918年美国康乃尔大学生物系获哲学博士学位。毕业后在美国韦斯特解剖学与生物学研究所从事研究工作。1920年回国先后在南京高等师范农科、东南大学、厦门大学、中央大学、上海复旦大学任生物系主任、教授，同时担任中国科学社生物研究所和静生生物调查所所长兼研究员。是中国第一个生物系和第一个生物学研究机构的创办人，中国动物学会的创始人。培养了一批动物学不同分支领域的英才，成为我国20世纪教育界、科技界的主要骨干。1948年当选为中央研究院第一届院士。新中国成立后，他先后在水生生物研究所和动物研究所任室主任和研究员，1955年被聘为中国科学院学部委员。毕生为开创和发展我国的生物学、动物学作出了卓越的贡献。曾任全国政协第一次会议特邀代表、华东军政委员会文教委员、河南省人民政府委员和人民代表大会代表、第

一、第二、第三届全国人民代表大会代表。

胡先骕

胡先骕（1894—1968） 江西新建县人。我国著名的植物学家，中国植物分类学的奠基人。1909年考入京师大学堂预科。1913年进入美国加利福尼亚大学学习农业和植物学，1923年再次赴美深造，在哈佛大学攻读植物分类学获农学博士学位，1925年回国。1918—1923年任南京高等师范学校农业专修科和东南大学农科教授、生物系主任，1925年先后任东南大学、北京大学、北京师范大学等校教授，中正大学首任校长、中央研究院评议员、中央研究院第一届院士，对我国植物学的研究作出了突出的贡献。他先后创办了中国科学社生物研究所、静生生物调查所、庐山森林植物园、云南农林植物研究所，为我国植物学研究工作提供了重要基地，并对我国丰富的植物资源进行了广泛深入的调查研究，取得丰硕的成果。新中国成立后任中国科学院植物研究所研究员，他根据对近代植物形态学、解剖学和分类学的研究，创建多元植物分类系统，对近代植物学的研究与发展具有很高的科学价值。先后编写《种子植物分类学讲义》《中国植物分类学》《经济植物学》等著作，为我国近代植物学的奠基人之一。

孙恩麐教授（详见第九章：棉业界的大小三元）。

王善佺教授（1895—1988） 四川省石柱县人。农学家、农业教育

王善佺

家、棉花育种学家、中国棉花育种学的先驱之一。于 1916 年在清华学校高等科毕业获得农学学士学位后,赴美国乔治亚大学求学获科学硕士学位。1920 年回国后,他先后任南京高等师范学校、东南大学农科作物学教授兼农艺系主任及稻麦改良主任技师、江西省农业专门学校农科主任兼教员、国立浙江大学农学院副教授兼湘湖农场主任、国立中央大学农学院副教授兼院长(1928—1930 年)、国立北平大学农学院教授兼农艺系主任、国立河南大学农学院教授兼院长、南通学院农科教授兼农艺系主任、国立四川大学农学院教授兼院长、国立云南大学农学院教授、四川省农业改进所所长等职。中华人民共和国成立后,他曾出任四川省农业改进所所长、西南军政委员会农林部副部长、重庆市农林水利局局长、四川省农业厅副厅长等职。始终坚持教学与科研、推广相结合和善于识才用人的工作方针,为国家培养了大批农业科技人才,为发展四川省的棉花生产做了很多开创性工作,被公认为四川省棉花生产的奠基人。

在南京高等师范学校同班同学中还有周拾禄、胡竟良、杨惟义、王家楫、伍献文等。

周拾禄

周拾禄(1897—1979) 义乌舟墟村人,著名农业科学家、水稻专家。1931 年获得政府资助,赴日本东京帝国大学农学部深造,专攻水稻育种。1934 年学成回国,回国后曾任中央大学农学院教授、全国稻麦改进所和中央农业实验所技正、中正大学农学院教授、院长兼教务长、中央农业实验所技正。1949 年当解放战争迫近南京,当局要中央农业实验所分散内迁。周拾禄受党的地下组织之命接受留守任务。在此期间,在留守人员的努力配合下,他组织保护中央农业实验所财产和试验资料,使中央农业实验所完整无缺地回到了人民的手中。南京解放后,中农所改建为华东农业科学研究所，周拾禄任副所长、江苏省农林厅厅长。为了重振农业科学事业，他立即调回事先派驻、疏散到各省的科技人员和仪器设备，使得派驻在湖南和福建的科技人员陆续回到南京，参加华东农业科学研究所的科研工作，直至1957年。在被错划为右派的情况下编写了《稻作研究》和《稻作集论》两部著作，为当时我国水稻研究提供了重要参考。"文化大革命"中，他被下放到江苏省六合县定居后，更是抓紧《稻作科学技术》的撰写，终于成为他的遗著而出版问世。1951年参加九三学社，曾任南京分社副主委，第三、第四届中央委员，第二届全国政协委员。

胡竟良 （详见第九章：棉业界的大小三元）。

杨惟义（1897—1972） 江西上饶人，是著名的昆虫学家，我国最早的昆虫研究学术团体"六足学会"的创建人之一。南京高等师范学校毕业后，在江苏省昆虫局担任技术员期间，到东南大学农艺系补修本科学分，于1924年冬毕业，先后在湖南长沙甲种农校及修业农校、东南大学、中山大学任教。后又回到江苏省昆虫局投入苏北治蝗工作，还在南昌筹办江西省昆虫局达6年之久，为他以后从事昆虫事业奠定了基础。1931

杨惟义

年自费赴欧洲，到法国留学，主攻昆虫纲中的半翅目分类及害虫防治。1933年以优异成绩，得到中华教育文化基金委员会的资助，又继续在英国、德国、比利时、匈牙利、意大利、波兰、苏联等国家考察，于1935年冬返回祖国。回国后就任于北平（现北京）静生生物调查所动物部技师兼所秘书，后任中正大学教授、上海生物科学研究所技师、无锡江南大学教授。新中国成立后，先后任南昌大学农学院教授、院长，江西农学院院长等职。1955年被选为中国科学院生物学地学学部委员（院士），

1957年加入中国共产党。曾任全国人民代表大会第一、第二、第三届代表、江西省政协委员、中国科学院江西分院副院长、中国昆虫学会常务理事、江西昆虫学会理事长等职。

王家楫

王家楫（1898—1976） 江苏奉贤人，动物学家。1925年以优异成绩考取江苏省公费留学生，赴美国费城宾夕法尼亚大学动物系深造，于1928年获哲学博士学位，同时被授予优秀生物工作者金质奖章，即被聘为美国韦斯特生物研究所访问学者和林穴海洋生物研究所客座研究员。还被美国耶鲁大学高薪聘为斯特林研究员。1929年7月他放弃优越的工作和生活条件，毅然回到祖国。回国后被聘为南京中国科学社生物研究所动物学部研究教授兼任中央大学生物系教授，1934年7月任国立中央研究院动植物研究所所长，并立即创刊《Sinensia》，迅速地与世界29个国家的200多个研究机构、国内66个单位建立了广泛的学术交往和业务联系，还与我国动物学家一道发起成立中国动物学会。1948年当选为中央研究院院士。1950年任中国科学院水生生物研究所所长。1955年被选聘为中国科学院学部委员（院士）。1952年参加九三学社，1960年加入中国共产党，为第一、第二、第三届全国人民代表大会代表，全国政协第一、第二、第三届委员。

伍献文（1900—1985） 浙江瑞安人，是我国著名的动物学家、鱼类学家、线虫学家、中国鱼类分类学、形态学和生理学的奠基人之一。是我国近代动物科学的创始人秉志教授所培养的首批学生之一。南京高等师范学校毕业后，到厦门市集美学校任教员，一年以后，厦门大学正式成立，在厦大动物学系任助教。在秉志先生的鼓励下，他向学校注册为动物学系学生，一面给秉志当助教，一面完成自己的本科学业，厦门

伍献文

大学的六年动物学教学研究的基础训练，为他终生事业奠定了坚实的基础。1928—1929年在国立中央大学生物系任教。1929年接受了中华教育文化基金会的资助去法国留学3年，于1932年取得了巴黎大学科学博士学位，回到祖国后，在中央研究院动植物研究所任研究员。1936年应罗家伦校长聘请，再次到国立中央大学生物系任教授兼任主任。1948年当选中央研究院院士，1955年当选为中国科学院学部委员（院士）。曾任第三、第四、第五、第六届全国政协委员，第四、第五届全国政协常委。1950在上海参加九三学社，曾任九三学社中央常委。国务院科学规划委员会水产组副组长，国家科委水产组副组长，中国科学院武汉分院院长，中国科学院水生生物研究所所长、名誉所长。

他们都是我国农业界的俊彦。

第二章

边读书求学
边科学探索

一、学农伊始　关心生产

冯泽芳从进南京高等师范学校农科学习开始，在专心学习理论知识的同时，注意联系生产实际，并开始广泛地关注农业问题。1922年，在《农业丛刊》第一卷第二期上发表了文章《糖业问题》。他首先分析当时糖业的现状，糖为人们重要食品，其消费之数，可与盐相比，每年需要数量甚大。人们所食之糖多为蔗糖，而甘蔗只能种在气候温暖的南方，自我国台湾被日本占领，糖的供应大量减少，而其他产糖区域，又未见加以改良。而每年进口食糖大量增加，就要花去大量资金，到1918年竟达9 000多万元，长此以往，漏洞岂有穷时。联系我国棉业，在民国初年靠进口，大量资金外流，但实业界先觉者意识到漏洞之可畏，开办纱厂，种植美棉，近年来，我国棉业已有蒸蒸日上之势。而漏洞仅次于棉的糖，尚鲜人注意之。故将我国糖业之现状，以告国人。

经过研究、分析，冯泽芳指出我国糖业产量距离人民消费额之间差距甚大，每年都须依赖外国糖的输入。而且我国人均消费糖类比外国人少许多，将来人民生活水平日益提高，糖的消费还将增大。他将1912—1915年我国糖的消费额，与丹麦、瑞士、法国、美国等19个国家每人每年的消费额，我国糖类的生产额，我国糖类输入额等数据，分别列成4个表格，清晰地展示出问题的严重性。对此情况，他提出"吾人要抱振兴糖业之宏愿，应当视为振兴国内糖业不可失之良机。"为此要做好最重要的4项工作：培植专门人才——专门人才为各种事业之先锋，无之则徒劳而无功。设立糖厂——在产蔗区建厂，并改良旧厂。从改良制糖着手，用新法制糖可增加1/3的产量，而且糖洁白纯净。设立甘蔗试验场——改良制糖同时，要改良甘蔗。改良蔗种为研究试验，非即可赢利，农家不能行之，要设立试验场。政府奖励——糖厂免税，种蔗奖励，政府皆应尽力为之。他还指出将来振兴糖业，甘蔗与甜菜可用相同的计划。

以上事例只是他涉足农业的开始。

二、中棉分类的研究

冯泽芳1921年由南京高等师范学校农科毕业转入东南大学农艺系学习,由于经济困难,他一面学习,一面工作。在这过程中,1921年9月—1923年1月,他任东南大学农艺系棉作助教和棉作研究助理;1923年2—7月、1925年8—12月任江苏第三农校教员,教作物学和育种学;1923年8月—1925年7月、1926年1—12月任江苏省立第一农校教员,教棉作学、作物学及农场实习。

民国十二年(1923年)十月廿八日江苏省第一农业学校棉科教职员全体摄影 右一叶元鼎、右六冯泽芳、右七孙恩麐

在这期间,他结合学习、工作,开始进行棉花的科学试验。首先从棉花的基础工作做起,进行中棉分类的研究,在1922—1923年两年间他收集到全国各地种植的棉花品种共112种,这些棉花品种来自河北、河

南、山东、山西、浙江、江苏、安徽、江西、湖北、湖南、辽宁、广东、广西等地，基本上可以代表中棉品种的主要类型。冯泽芳将上述棉种进行分行种植，多者每品种有400余株，少者每种也有40余株。在整个棉花生育期间，按照茎、叶、枝、花、铃、纤维、种子、根各部位性状进行细致观察、认真记载，将所得的材料进行分析对比和分类，得出中国境内大部分棉花的性状颇为一致，即红茎、黄花、红心。开始他们按照英国人华德（George Watt）所著《世界之野生及栽培棉种》（The Wild & Cultivated Cotton Plant of the World）一书使用的分类方法。华德用以分类的性状只有3个，即苞叶的性状及位置、花上蜜腺的有无、种子外面短绒及长纤维的性质。在详细地比较后，冯泽芳以及他的老师王善佺认为，华德氏的分类准则不够完备，还需要增加花瓣红心之有无、茎之颜色、纤维之颜色、种子之光毛等项，这样可以更完备地分类。冯泽芳还认为，这只是从植物学上的分类，还需要增加从经济上的分类，如纤维之质量、成熟之迟早、抗天灾及病虫害之性能等，才更有实用价值。

1924年2月，他在《中华农学会报》第四十五期上发表了《中棉之形态及分类》一文，这篇论文是将1923年和1924年发表在东南大学《农学》第一卷上的3篇论文即：《中棉分类初稿》《中棉之形态》《中棉之分类法及其重要种之记载》整理汇总而成。冯泽芳对来自全国13个省区的112个品种的中棉，经过2年的栽培观察和记录，按照叶、花色、花瓣红心有无、茎色、种子之光毛、纤维之颜色有序地列成了完整的中棉分类系统表。并将我国重要的棉种，记其形态，作为分类表的印证。此文发表后，国内外学者才比较系统全面地了解了中棉究竟有多少种性状，可作为观察后代之遗传及进行杂交试验的出发点，由此奠定了我国种植数千年的亚洲棉分类的基础，并为此后更广泛、更深入的研究找到了方向。

在此文的余言中，他明确而具体提出：要搜集我国棉区尚无参试材料的省份提供中棉棉籽，而对有特别形态中棉的广西则希望从每县得到实验材料。不仅从形态方面研究，还要用杂交方法从遗传方面进行理论探讨；并指出要收集中外资料，广泛调查与细致观察。他还感到我国地大物博，而利用本国的材料进行研究者少，至今农校所用的教材，多采用国外的资料，这是国内学者未尽的责任，因此，更激励他要结合本国实际研究中棉。在我国用新法研究农作物的初期即有如此周详的计划和缜密的方法，实属难能可贵，这都缘自他内心对国家的热爱，而采用科学救国与教育救国的途径去实现他自身的抱负。

三、中国亚洲棉的遗传研究

一心扑在棉花试验中的冯泽芳，1922年在中棉品种观察区及中棉遗传试验地，发现许多现象与遗传有关，例如，青茎棉之后代有红茎，黄花黄心棉之后代有黄花红心，白纤维棉之后代有棕纤维等；而且此种红茎红心棕纤维之色泽，皆比平常之红茎红心棕纤维为淡。冯泽芳就想到这些棉株可能是杂交的结果，若用孟德尔定律来衡量，青茎与红茎，无红心与有红心，白纤维与棕纤维，是否为相对的性状？如果是，其显、隐性又如何，都需要用试验来证明，以作为今后分类及育种之应用。欲了解品种性状变化之由来，遗传的研究必不可少。于是他查找了大量资料，发现在美国乔治亚大学农事试验场报告第九十九号中，详细记载着棉花的37对遗传性状，只可惜所用的材料是海岛棉和美国陆地棉，无一中国棉在内。冯泽芳想中国棉与美国棉，虽同为棉属之植物，而种不同，其遗传性能相同吗？不能武断，需要进行试验，何况我国棉区之大，出产之多，棉业学问，又正在萌芽，这种重要问题，岂可置之不问，为了探讨中棉的知识，于是从1923年起进行中棉的遗传试验。他选取两种性状差异大的青茎鸡脚棉与浦东紫花棉做材料，进行杂交。经过仔细观察和分析，每日下午5时到田间，选取母本次日将开之花，先剪去齐萼之上缘的花瓣，再以小镊子钳去雄蕊之花药，花药去完后，再用放大镜观察，有无花药之残留，再以纸袋套上，扎紧袋口，每日做10～15朵。同时，以纸袋套父本次日将开之花若干朵。到次日上午9时许，进行授粉。经过1924—1925年对其子一代及子二代差异最大的11个性状，进行观察，详细记录，研究并分析其遗传行为，结果其中茎色、叶裂、叶脉色、叶基色、苞叶色、花萼色、花瓣色、瓣心色、铃色、纤维色、种子光毛等11个性状中，10个（花瓣色除外）的显隐性比接近3∶1，与孟德尔定律一致，也与外国学者用美洲棉作的性状遗传结果一致。1925年11月，冯泽芳在《农学》第二卷第七期上发表了《中棉之孟德尔性初次报告》，这是孟德尔定律首次应用于中棉性状遗传研究，此文是中国亚洲棉遗传研究的先导。

1928年，他通过与孙逢吉合作，对中棉质量性状作了进一步研究，在中央大学《农学杂志》（特一号）上再次发表了《中棉之孟德尔性初次报告》的论文。这期间他还与冯肇传合作，就中棉质量性状遗传的研究结果，发表了《中棉之遗传性质》的论文。

1923—1925年冯泽芳在江苏农校当教员时，深感于当时的棉作学教材内容多是外国的事例和数据，而联系中国实际的内容太少，于是动手

1923年冯泽芳编著中专教材《棉作学》讲义

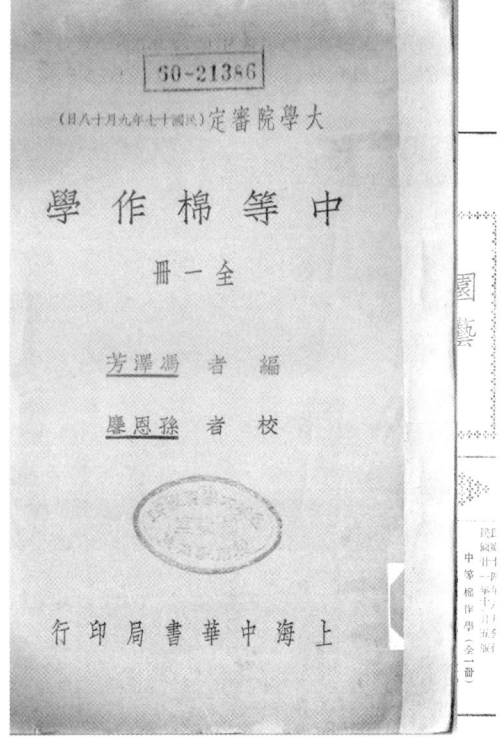

《中等棉作学》冯泽芳编著，上海中华书局印行廿一年（1932年）十一月五版

编写反映中国实际的教科书,以解决中国棉花生产中的实际问题,1923年他编著了中专教材《棉作学》讲义。1925年8月《中等棉作学》由中华书局正式出版,到1932年11月,发行至第五版。书中从棉花之性状、种类、品种、栽培、收获、销售等一一叙述,其中,栽培部分尤为详细,按我国棉业现状加以研究指导,以期能切合实际。书中多列图表,以为教学之帮助。

1927年经老师孙恩麐教授推荐,他到江苏省立通州(现南通)棉作试验场任整理员,后升任场长。1929年改为江苏省立棉作试验场,许震宙任场长,冯泽芳任副场长。在总场和南汇、三余分场,他分别做中棉、陆地棉改良和盐垦区的植棉研究。在总场注重黑籽棉改良,南汇分场注重白籽棉改良,盐垦分场主要做脱字棉改良和盐垦植棉研究。在这期间他发表了《中棉纯系育种方法之研究》等两篇论文。在实践中他深感知识的不足,急切向往出国深造,利用国外的先进设备和科研数据,以提高学识、增加才干,提高中国棉花的白度和产量。

十六年冬(1927年)摄于南通(冯泽芳自注) 中冯泽芳

十九年（1930年）五月在南通江苏省立棉场摄　后左一程淦藩、二李、三冯泽芳、四许震宙、前左一许荣明、二许荣德（冯泽芳自注）

四、求深造远赴美国

十九年（1930年）秋出洋护照上用（冯泽芳自注）

1930年秋，冯泽芳辞去了江苏省立棉作试验场副场长职务，自己申请考取了美国康乃尔大学研究院作物育种学系的研究生，专攻棉花遗传育种。这时虽然夫人孟成玉怀孕在身，然而，夫人通情达理，很支持他出国深造。但她提出一个要求，希望冯泽芳预先给孩子取个名字。冯泽芳完全理解夫人的一片真情。他说若是男孩，就取名叫纪通；若是女孩，就取名叫紫琅。因为南通的名胜——狼山公园内有一个紫琅亭。儿女情长，家务事多，冯泽芳以事业为重，学业为先，粗略安排了家务，为筹集出国费用，还从孙恩麐老师处借了400美元，拎着简单行装于9月踏上赴美留学的征程。这次出国求学至关重要，为后来他在棉花科学研究上取得重大成就打下了基础。

在出国的准备工作中，重要的是试验材料的准备，冯泽芳精心挑选了这些年来选育的种子和资料，带去美国，要利用国外先进的条件，继续进行更深入的研究。当时对棉属的分类，多以形态特征和纤维性状为主，较少采用细胞学或细胞遗传学的方法进行研究。当时的棉花育种工作，做成功的都是纯系育种和同种之间的杂交育种。为了拓宽育种途径，包括冯泽芳在内的国内外学者，多次进行过美洲棉（注：即陆地棉，下同）与中国亚洲棉的杂交，亚洲棉与美洲棉被公认为是棉属中的两个不同的种，由于这是种间杂交，很难成功。以亚洲棉为母本者，无一成功；以美洲棉为母本者，得到过少量杂种，但其第一代均不育。学者们都不明白是何缘故。直到1931年夏，都尚未有学者从细胞学的深度上作出解释。

冯泽芳坚持理论创新必须有实验为证。在寒冷的冬季，他继续在温室里栽种棉花，棉株开花吐絮，上面挂满了记载着各项数据的小纸片，引得路过的各国学生常常在窗外驻足观看，有人甚至风趣地戏称为"圣诞树"。他充分利用美国实验室的先进设备，在显微镜下仔细观察棉花细胞遗传密码的载体——染色体，探求杂交成败的原因。功夫不负苦心人，最终获得了重大收获。冯泽芳从细胞染色体层次上进行了研究，亚洲棉的染色体数目为26个，美洲棉的染色体数目为52个。他在1931年及1932年夏季做了1 708朵花的杂交，其中以亚洲棉为母本，美洲棉为父本者1 017朵，只得到杂种1株；以美洲

廿年（1931年）十二月康乃尔温室中（冯泽芳自注）

棉为母本，亚洲棉为父本者691朵，得到杂种5株。这证明以染色体多的美洲棉作母本，以染色体少的中国亚洲棉作父本，可得到少量的杂种，这在当时是一个新论点，并为以后的实践所证实。他接着在1932年6月至1933年1月，进行了第一代杂种的研究，所种之杂交种均表现明显的杂交优势，尤以株高最为明显。然后再进行自交，用甲乙丙三杂种自交了227朵花，其中，甲株103朵，乙株58朵，丙株66朵，却没有得到一个成熟的棉铃，幼铃在2个星期内就脱落了。1933年1月后，丙株虽然能保留若干个铃在株上，但却不结籽，证明杂种自交之不孕性。他还进行了与亲本的反交试验，也不孕。他还清楚地观察了杂种染色体的数目为39个，恰好是亚洲棉染色体的半数13个与美洲棉染色体半数26个之和。由于当时的条件，只能观察到染色体的形态，还无法判断杂种的39个染色体中，哪些个来自亚洲棉，哪些个来自美洲棉。他还观察了杂种一代的花粉粒，花粉母细胞第一次减数分裂中期染色体的构型，由此分析了种间不易交配性和杂种一代不育性的原因。这是首次从细胞染色体层次上解开了当时学者都不知何故的中棉与美棉种间杂交很难成功以及杂交一代不育之谜，为棉花研究开辟了一个新的深入方向，引起国际植物学界的重视。他写成论文《亚洲棉与美洲棉杂种之遗传学与细胞学的研究》，在1933年夏因论文优异获得哲学博士学位，并获得了颁发给优秀毕业生的金钥匙。冯泽芳与在康乃尔大学研究院作物育种学系获得博士学位的3位同学马保之、卢守耕、管家骥，于1933年6月18日在绮色佳，拍了照片，作为纪念。冯泽芳的博士毕业论文由曹诚英翻译成中文，1934年发表在国立中央大学《农学丛刊》第一卷第二期上。后于1935年发表在美国《植物学杂志》（Botanical Gazette）上，

1933年获康乃尔大学博士学位（冯泽芳自注）

该文献常被中外学者引用。此文参考有关文献多达100余篇，也反映出调查研究工作的广度与深度，这项研究工作虽然在美国康乃尔大学进行，但是承蒙中华教育文化基金董事会给予研究补助费2 000美元，使该项工作得以顺利进行，也是功不可没的。

二十二年（1933年）六月十八日摄于美国绮色佳康乃尔大学研究院作物育种学系同年得博士学位者四人　左起马保之、冯泽芳、卢守耕、管家骥（冯泽芳自注）

五、传递国外研究信息

康乃尔大学是美国一所知名的研究型大学，隶属于代表美国顶尖名校的常春藤联盟，校址位于纽约附近小镇绮色佳的东山，绮色佳景色优美，校园就建在山顶，凭窗眺望，可见到城市和卡尤加湖，苍苍茫茫，一派辽阔。康乃尔大学是企业家埃兹拉·康乃尔和学者安德鲁·怀特合作创办的独具特色的大学。1864年，怀特当选为纽约州参议员并任参议委员会主席，恰逢康乃尔在同一参议院任农业委员会主席，他是依靠自己勤劳致富的企业家和农场主，当时纽约州议会正在考虑建一所适当的农工学院，于是怀特说服康乃尔捐资，他捐出50万美元和校园土地，加上政府赠地、出资，于1865年建成康乃尔大学。康乃尔大学一开始就具有公私合营的性质，在美国独一无二。在校园里竖有一尊康乃尔的全身铜像。冯泽芳在那里学习了3年，取得硕士和博士学位。第一年冯泽芳和金善宝、周明牂、赵廷炳、徐荫祺、卢守耕、冯敬棠同住在绮色佳柯克街110号，第二年冯泽芳搬到林登路217号，一年后又住到绮色佳路109号。

和冯泽芳同在康乃尔大学作物育种系学习的同学有王绥、郝钦铭、卢守耕、马保之、管家骥、常得仁等。他们一方面深入学习新知识，一方面组织学术团体传播知识，在1932年2月由冯泽芳、马保之、金善宝、卢守耕、管家骥等人发起，成立了中华作物改良学会。1932年5月14日康乃尔大学的中国留学生团体在玉泰根那公园组织集体活动，并由陈维摄影留念。同年6月1日康乃尔大学中国农学会全体会员集会，也由陈维摄影留念。其他活动还有中国留学生入学、转学、毕业的迎送等，通过这些活动增进了中国留学生的团结友爱、互相帮助的精神，增强了中国留学生的凝聚力和爱国精神。

1931年5月10日在康乃尔大学学习期间，冯泽芳接到在国内的蒋迪先生来信，告知中华棉产改进会将出版月刊，要求冯泽芳每月寄回一份通讯，供刊登。冯泽芳觉得自己本是学棉之人，此事于理，义不容辞，而每月通讯一篇，难度很大。第一，棉产改进，范围很大。国外每月出版的书报杂志，字数不可胜数，挂一漏万，不足以概括美国的全部情形。第二，棉业改进，经纬万端。如品种之改良、栽培之试验、病虫之防治、分级贸易之方法、棉农经济之制度，都是实用分支；而对于棉之纯粹科学研究，近年来尤其发达，而个人所学，仅限于某一小范围，难以将美国棉业改进的情况，每个方面都介绍到。他感到国内学农者，包括从事棉业研究者日渐增多，而国内书藉比较缺少，但在美国书籍较多，所以他介绍选择国外的棉作研究文献作为通讯的内容。他的第一篇通讯是《美国棉作研究试验机关及其它出版物介绍》。第二篇通讯是《世界棉作名著汇录》（一），首先是把英文棉作书籍中重要者一一开列，共

71本。在第三篇通讯《世界棉作名著汇录》(二)中,开列英文棉作书籍26本,并开列美国农业部关于棉作刊物目录,共有7类150期,又开列英国植棉会社出版物名录27种。第四篇通讯《世界棉作名著汇录》(三),开出印度出版的棉作刊物,包括:(1)印度农业杂志计3种;(2)印度农业部专门报告,植物类,计22册;(3)印度农业研究院报告,计7册;(4)印度中央棉作委员会报告,计5册。第五篇通讯《世界棉作刊物汇录》,开列埃及出版的棉作刊物,计埃及农业部科技丛刊45册。第六篇通讯《关于棉作的杂志之一斑》,共分为3类介绍:甲类,摘要或目录;乙类,常有棉作文字之期刊;丙类,间或有棉作文字之期刊。以上6篇通讯分别刊登在《中华棉产改进会月刊》第一卷第一期(1931年8月)至第二卷第三期(1933年7月)上,以《美国通讯》的栏目名称,连载刊出。他认为,这6篇通讯,可作为棉作文献的总目录,虽不完全,但是作为纲要还是很好的,有点遗憾的是,当时中国的刊物虽不少,但因搜罗不周全而未列入。

在学习期间还向《中华农学会报》投稿,介绍国外关于棉花研究的最新进展,先后共发表14篇文章,译文《印度棉之染色体数目》是第一篇,发表在该刊1931年第86期。其他13篇译文,是按照1932年2月成立的中华作物改良学会的规定,"会员每人每月至少须交外国名著之中文摘要1篇,送交中华农学会报刊登"而作。

冯泽芳在康乃尔大学学习期间,珍惜光阴,潜心研究,从不去电影院和娱乐场所。人们都笑话他这个留美学生,一不会跳舞,二不会唱歌,三不会打牌,四不会游泳,五不会开汽车,是个十足的"土包子"。以至1990年9月,时值83岁的马保之先生,在给冯泽芳小女儿冯紫云的信中深有感情地写道:"在康大读书时我要他陪我去看一场电影,都几乎要跪下求他"。

二十年（1931年）四月十二日在康乃尔先生铜像旁摄此（冯泽芳自注）

二十年（1931年）中国留学生摄于美国康乃尔大学研究生院　左起：金善宝、赵廷炳、冯泽芳、赵才标、卢守耕

冯泽芳

1931年5月与美国康奈尔大学作物育种研究会会员摄影　自左2冯泽芳、3卢守耕、5管家骥、6马保之、8金善宝

读书处　康乃尔大学植物科学馆正面大门，二十二（1933年）年七月将离绮色佳　马保之摄（冯泽芳自注）

二十年（1931年）四月十二日摄于康乃尔大学农学院门前　左起金善宝、赵才标、冯泽芳（冯泽芳自注）

二十年（1931年）四月十二日中国学生七人同住绮色佳柯克街百十号即摄影于门外　自左而右冯敩棠、卢守耕、徐荫祺、金善宝、赵廷炳、冯泽芳、周明牂（冯泽芳自注）

在绮色佳第二年寓所林登路 217 号（冯泽芳自注）

在绮色佳第三年寓所绮色佳路 109 号（冯泽芳自注）

康大作物育种系同学　左起，后立卢守耕、郝钦铭、王　绶、冯泽芳、前坐常得仁、管家骥、马保之二十二年（1933 年）四月（冯泽芳自注）

二十一年（1932年）五月十四日康乃尔大学中国学生团体旅行玉泰根那公园摄影，陈维兄摄（冯泽芳自注） 前排左一冯泽芳

二十一年（1932年）年六月一日康大中国农学会全体会员摄影，陈维兄摄（冯泽芳自注） 前排左二冯泽芳

二十年（1931年）六月五日送李沛文兄赴加省大学摄于绮色佳车站
左起后立金善宝、陈一百、冯泽芳、李沛文、周明牂，前蹲程世抚、马保之、管家骥（冯泽芳自注）

二十一年（1932年）八月送别摄　左起后立李沛文、李小梅、管家骥、徐　澄、冯泽芳，前蹲卢守耕、程世抚（冯泽芳自注）

第三章

深入生产实践
探索棉业发展

冯泽芳在工作中历来是看准目标、锲而不舍、身体力行。一个海外学成归国的洋博士，完全有条件在大城市做些舒适的工作，养尊处优。但他却为祖国的棉花事业，不辞劳苦、风尘仆仆地奔走于各大棉区，在战时交通不便、治安不靖的情况下，不顾个人安危，到毗邻沦陷区的地带考察，为棉业发展获取第一手资料。他的卓越成就和忘我工作精神获得大家的一致敬佩。

一、实地考察掌握第一手资料

1931年"九·一八"事变以及1932年"一·二八"事变之后，日本对中国经济侵略更甚，当时中国的工业主要是纺织业，日本在中国的工业也以纺织业居首位，加以日本人资本雄厚，技术高明，又有不平等条约对我国的种种压制，所以中国纱厂遭受日本同业的竞争、排挤。不幸又遇世界经济很不景气，致使中国纱厂大多不能维持经营，中国当局见中国的纺织业将有总崩溃危险，于是便采取了一些措施。中央设立全国经济委员会，下设全国棉业统制委员会。全国棉业统制委员会于1933年10月成立，有委员数十人，主委陈先甫（代表银行界），常委有邹秉文（代表棉农界）、李升伯（代表棉工界）等人。可见当时政府是准备联合银行、农、工三界之力，来改进中国整个棉业的。1933年8月，冯泽芳学成归国。由邹秉文推荐，在当时首都南京就任全国经济委员会棉业统制委员会技术专员。

1933年10月，全国棉业统制委员会派冯泽芳赴湖北考察棉作情况。他考察了黄陂、黄岗、麻城、汉阳、荆门、潜江、天门、沔阳等10多个县，看到鄂东一带，几乎种的都是中棉，棉株结铃甚多，可证明中棉在此地产量颇丰；而且在10月中旬，棉铃吐絮几乎完毕，亦足见成熟甚早，适应当地农作物一年两熟的需要。缺点是中棉纤维过于粗短，大部分长度不到20毫米，不适合于机器纺织的要求。在这一带适宜推广经过改良的中棉，使纤维长度接近30毫米，以适应纱厂的需要，同时保持丰产早熟的优点。至于这里是否能种植美棉（注：即美洲棉、陆地棉。下同），还需要等待日后试种的结果。至于汉水流域，土壤是很好的冲积土，最适于种棉，是很好的棉区。从沙洋至张截港，种的都是美棉，几乎没有中棉。据田间初步考查，美棉多已退化，纤维长度大多不到20毫米。因为这里还实行一年两熟制，所以最宜推广早熟而且纤维长度超过25毫米的美棉。至于最终推广什么品种，应该在进行3年棉种区域试验后，才能定夺。他认为现在已建立的湖北棉业改良委员会试验总场和2个棉种场，已初具规模，可以担负育种及推广工作。将来武汉大学农学院成立以后，可以担负基本知识的研究工作。双方合作，前景光明，必定可以为中国棉作改良事业建立良好的基础。

他又考察了湖南棉业情况。他对该棉区以前的工作缺点评价为推而不广，只是把棉花种子散发出去，不问地点等后果。年年如此，推来推去仍在同一地点。原因是当地农民每户田地很少，又经济困难，所以刚收得三五斤棉花就卖掉，得来的钱即去买米买布，种子就不知去向，因此造成推而不广的局面。湖南的棉田多在洞庭湖边，1931年大水泛滥，棉农全无收成。当时即将数万元的赈灾款，购买大批种子，分种于10万亩土地。以每2 000～10 000亩（15亩＝1公顷。全书同）为一区，称为合作场。每区派指导员一人，他们经过速成培训，负责解决一切困难问题。秋收时，每一合作场设一收花处，经费由银行贷款，由湖南省建设厅担保，以湖南第一纱厂作抵押。棉花收完即集中送到轧花厂。虽有些缺点，如购来的棉种不够纯；收花员太少，收得的棉花只有30%，但精神令人钦佩。

随后他又考察了浙江棉业情况。1933年11月在浙江余姚棉场视察，时值华兴鼐任余姚棉场主任。浙江棉业情况与湖南不同的是：棉种纯是优点，都用良种"百万棉"，运用行政方法，以县长为推广区正主任，合作场场长为副主任，其他区乡长等皆为职员。用这种方法来种植棉花、繁育品种、压轧棉籽、收购种子，达到推广良种，提高纯度的目的，良种回收率高，能收回80%。缺点是规模小，只有两个改良实施区，而湖

二十二年（1933年）11月摄于余姚　时奉棉业统制委员会之命在浙视察棉业　立者杨度春、坐者华兴鼐（冯泽芳自注）　右一冯泽芳

南则有14个合作场；相对人员较多，费用较高。总的看来，推广工作比以前有所进展：可以较多播种良种；银行比较愿意贷款；有贷款就可办轧花厂，种子的纯度就能得到掌控；推广的面积因此也逐年有所增加，前景也较乐观。

冯泽芳通过深入基层，实地考察，逐步了解、掌握各地的棉业实际情况，为他以后的工作及对棉业发展的思考，奠定了基础。

二、抓农业推广　促棉花生产

冯泽芳对棉花的试验研究，绝非为试验而试验，或为论文而试验，而是着眼于生产，立足于推广应用。农业推广事业对发展农业生产、提高农民收入有很重要作用。在《农报》1935年第二卷第十期上发表的冯泽芳、万兹先合写的文章《棉种推广方法》一文中就提到：

整个农业问题，可分为三部分：研究、教育和推广。研究为改良农业之基础，必须经研究，才能有成果。教育是把研究出的新成果传授给后人，其主要部分是在学校中教给学生。推广是把农业改良的成果介绍给农民，使其在田间耕作中实施此农业改良的成果，从而收到实效。研究、教育、推广三者互相依存，缺一不可。推广者还须把工作经验回馈给研究者，与研究者交流，促使其将实际中存在的问题，加以研究。棉业推广之意义，各家所见，多有不同。狭义的棉业推广，仅指把研究成果推广给棉农种植与使用，其目的只在于增加棉农的生产，至于农民的生活状况如何，则不过问。再将推广所得之经验，回馈给研究机构，进行研究。但是在中国当时农村经济濒临破产的情况下，不宜采用这种狭义的棉业推广。广义的棉业推广，除上述狭义的含义外，还要教育农民、培养领袖，从而改善他们的整个生活。也就是使农民有宽裕的经济，适当的社交，并享受到真正的平等。这亦是中国今后最宜采用的制度。

推广的目的，是使棉产、棉农及农村社会获得整个的改良。具体有以下几方面：第一，促进生产、改进销售、发展副业、合理使用资金，以增加棉农的收入。第二，倡导各种合作事业如轧花、运销、贩卖及其他。就是以团体的力量，谋求一切事业的合理化、经济化，减除棉农无谓的亏损。第三，训练棉区领袖人才，以促进地方棉区自主、自治，并教育儿童成为优秀农民的接班人，完成理想的乡村建设。第四，提高棉区人民的知识、道德、社交、文化、娱乐及团体生活水平。第五，使棉区青年男女对于乡村生活产生兴趣。第六，使棉农明了棉业改良之重要。

以上不仅是棉业推广的直接目的，进一步他还将此提高到与国家兴衰有关的高度。

我国农业衰颓已久，农民知识贫乏，农村经济面临破产，农业推广已是急迫而不能缓的事业，好在这已渐为政府和农业改良者所注意。鉴于棉花比稻、麦等作物更易杂交而退化；我国每年缺乏优质细绒棉约三四百万担，每年进口量按价值在总额中占首位；棉农在轧花、运输及出售上，所受损失很大。故棉业推广的目的若能达到，对于国计民生裨益甚多，是为重要而急迫的事。

我国的农业推广工作未受到重视，仅由一二所大学的农学院附带做些推广工作。其他机关，诸如农商部、各省实业厅等仅仅是散发良种棉籽给农民，缺乏真正的切实的推广。

欧美国家对农业推广事业行之已久，成效卓著。而我国的推广事业，虽已有十余年历史，而效果欠佳。主要原因在于有不少问题阻碍，故必须对这些问题有相当的解决之后，推广才有成功的希望，存在问题有以下七点：第一，缺乏良善的政治组织。我国各省虽有推广所设立，但政治未上轨道。今后推广事业的成果还需要靠各政府机关注意。第二，土豪劣绅的多方阻挠。因土豪劣绅都以鱼肉乡民为生。故一方面勾结官吏，另一方面恐吓农民。若农民之生活及教育有所改善，他们将无所施其伎俩。第三，农民富于守旧性。他们不肯轻信人言。虽以极真诚的态度对他，也多不肯接受。第四，农民无组织及训练。我国农民向来固步自封，鲜与外界沟通，各人自扫门前雪，组织既无，训练更少。这对推广事业妨碍很大。第五，农民希望太大。农民家人生病，书写状纸等事，都希望推广人员予以帮助，否则心中不满，以后推广时则诸多不便。第六，农业学校及农事试验场缺乏。我国此类机构为数尚少，且成绩未着，从而缺乏优良种子及良好农业方法的供给，也成为农业推广的一个最大困难。第七，推广人才缺乏。推广事业并非庸才薄学之人所能胜任。优秀的推广者必须具有农学基本知识、演辩之才能、刻苦的精神，还必须熟悉农村情况。我国这种人才，甚为缺乏。在逐步克服这些困难的同时，推广工作才能做好。

实际上棉业推广工作需要做好以下几项工作：第一，训练农民及组织农民。训练农民使之具有各种处事之能力。使农民有其组织，如各种合作社。应注意农民自觉行动，如合作社及种子改良会等，均须由农民自选领袖，自己管理，以期永久。第二，推广的种子必须仔细登记。如农民之姓名、详细住址、共种土地数目、种棉亩数、领种斤数、介绍人或担保人姓名等。以便日后做田间调查及农家访问时，易于查询。对于借种者，尤需注意。第三，推广之棉种必须农民出钱购买。若不如此，则农民不知良种之可贵，常常弃之不用，或多索取种子数量。如果不用现钱买种子，也可以春季贷种，到秋收时归还。第四，领种子的农民只许种所领的良种，不许再种其他棉花，以免混杂。而且可使劣种逐渐淘汰，以养成当地纯种区域。第五，指导棉农工作。对于植棉方法，须派人指导。因为棉产量的丰欠，跟种植方法之精粗关系也很大。欲得到农民的信赖，非从指导精密种法入手不可。推广员需常驻在推广中心区，对于接受指导的农户，必须从秋耕开始，到次年收花卖花时为止，要轮流访问，随时加以指导，不可间断。对选种亦需要加以指导，当棉铃初结时，就须访问农户，在田间指出良株与劣株的区别，并详细说明其利害等。第六，田间检查。夏季进行至少一次田间检查，察看有无其他棉种混杂，因为常有中棉美棉混杂，劣种良种混杂的情况。检查后，需详细记录。秋季收籽棉时，凡混杂棉田交来的籽棉，须另外堆放，另外轧花，其棉籽不可留作下年种子。第七，种子之收回。领种人不得私自出售籽花，所有籽花均集中在合作社。合作社办轧花厂，替领种人轧花，并出钱收回领种人棉花轧出的棉籽，分别等级，作为继续推广之用。第八，种子检查。一家之棉田未必都用良种，邻家的田里，土种仍然存在。收花工作多由妇女来做，很少注意防杂。所以，天然杂交与人为混杂，都在所难免。这些棉籽即使收回，也难供推广之用。因此，一方面指导棉农选种，另一方面对收回的棉种，要检查纯度、发芽率及病虫害情况，如不合格者，即送榨油厂，不可用作推广用的种子。第九，设立机器打

（在棉田中）盘溪收花之妇女　紫茎黄花红心棉

包厂，附设在轧花厂内。合作社社员的棉花，由轧花打包厂汇集，分定等级，直接运销于交易市场。这样可防掺杂，使良种的诚信度高，使售价也高，农民得到最大的利益。

我国今后最理想的棉业推广方法，是建立大量的地方纯种棉区。每区直径约为十里（1里＝0.5千米。全书同）或二十里，有棉田五千亩至五万亩。此区域中最好有一个良种繁殖场，将试验机构选出的良种用来繁殖。如无繁殖场，则以一部分特约农户为中心，种植来自试验场的良种，作为良种基地。推广区内还应组织产销合作社，有轧花的组织、运销的组织、分配种子的组织。推广数年之后，将退化棉种逐渐销毁。此外还可经营信用合作，发展资金借贷，合作购买肥料、农具等物。举办消费合作，购办自用的油盐布米等物。合作事业有盈余，可兴办地方教育、保卫、慈善、卫生、防水、防旱等各种兴利除弊之事。

总之，当时的棉业推广，大体还处在散发良种时期，将良种散发给农民，即为完事。因此，他期望棉业推广工作有进一步的深入与发展。

冯泽芳对推广棉花良种的工作身体力行，推广最成功的是陕西省，尤其是泾阳县。陕西省推广美棉的历史甚久，1919年以后，尤其盛行过美国专家顾克（Cook）推荐的脱字棉。民间称呼为"小洋花"的，即是退化的各个品种的美棉。冯泽芳先经过调查研究，认为过去引进良种成效不显著的原因有两方面。一方面是没有经过品种区域试验，故未能知晓斯字棉4号在黄河流域质量好，产量奇高。另一方面，良种失败的主要原因在于管理不善，当然农民的量大而散漫也是难于管理的客观原因。所以，此次推广必须要有严密而可靠的管理。因为棉花是易于杂交而退化的作物，一户农民的良种棉田，面积甚小，很容易受到四周种植的其他品种杂交。此外，在轧花时，种子难免受到人工混杂，从而导致退化。有鉴于此，冯泽芳提出严格的棉种管理区制度。由陕西省棉产改进所呈请陕西省政府于1937年4月，颁布了"陕西省棉种管理区暂行办法"。办法规定，棉区内所有棉田，一律只准种斯字棉4号，不准种任何其他品种。棉花种子一律统制输入与输出。于1936年，即开始着手，由全国棉业统制委员会拨款一万元，电汇美国，并委派当时正在美国留学的棉花专家胡竟良,亲赴斯字棉4号的原产地——美国密西西比州的斯东维尔种子公司,选购纯种42 000磅(折1.9万千克)。先运到南京中央农业实验所,由昆虫专家吴福桢督率技术人员施行熏种手续,以杀灭种子中的害虫。由于措施严密,所种的棉株没有受到棉铃虫、象鼻虫之害。收获后,农户的轧花车也全部在管制之列,斯字棉与其他棉分别轧花,违者严惩。全省设有42位督导员、推广员,他们都尽职尽责,严格监督管理和进行技术指导,也是功不可没。手续这样的严密与审慎,也

江浙皖三省及南京市治螟讨论会全体会员留影　二十五年(1936年)三月三日

实业部中央农业实验所第一届治虫讲习会全体会员留影　二十五年(1936年)三月二十日

在北方直接法调整棉油乳剂第一次成功后留影　二十五年（1936年）7月25日摄于南苑棉场　棉油乳剂改良人孙云沛氏

蠡县北黄庄百亩示范棉田　二十五年（1936年）8月8日摄　左二孙云沛、左三吴征镒、右一吴福桢

河北省棉产改进会在蠡县北黄庄召开之全省治蚜讲习会全体会员摄影［会期二十五年（1936年）8月3日至8日］　8月8日摄　前排自左至右，第三人孙云沛、四吴福桢、五吴征镒

鑫县北黄庄未曾治蚜之棉田　二十五年（1936年）8月8日摄　左一孙云沛、左二吴福桢

是推广顺利成功的关键所在。实行后的结果是，斯字棉整齐一致，生长茁壮，叶枝少而果枝多，从棉株的茎部到顶部，结铃累累。农民亲眼看见此情此景，无不啧啧称赞，奔走相告。以陕西泾阳农场为例，1934—1938年5年的平均产量，比小洋花高出65%，比脱字棉高36%（按通常作物改良成绩的标准，凡一个新品种的产量比旧品种高出15%，即为优良）。再加上棉花质量优，售价高，收入增加更为明显。农民们遂争相种植，并愿意遵守统制管理。于是，"棉种管理区"逐年迅速扩大。1937年开始推广时，即以棉种管理区的方式，在泾阳集中推广1.2万多亩，次年1938年就达到4.3万多亩。到1940年，达到85万余亩，棉农增收3 400万元，而这年的推广费，获得中央农业实验所拨款2万元，陕西省政府拨款2万元，共计4万元。即每元的推广费使棉农增收850元之多，费用省，效益高，罕与伦比。这也证明了，政府设立农业改进机构，农学工作者苦心研究与推广，都是非常重要的。

　　成绩最出色的是泾阳县，县长王开基热心棉业，亲自巡视管理区内的棉田，切实监督执行棉种管理区办法，影响很大。1940年全县种植斯字棉23万余亩，清一色的斯字棉，整齐可爱，是全国唯一的棉花纯种普及县，故斯字棉又有泾阳棉之称。在泾阳，棉农也是丰衣足食，农户盖新房子的增多，子女上学人数增多。比起斯字棉统制管理以前，真可说

斯字棉之吐絮情形（一）　二十九年（1940年）九月泾阳（冯泽芳自注）

有天壤之别。冯泽芳的学生和得力助手俞启葆坐镇泾阳，一丝不苟地工作，尤应是第一功臣。只可惜，面积还是太小，在全国更只是一个小小的局部。但这是一个光辉的榜样。冯泽芳在其论文《陕西省斯字棉推广之经过》中，对此表达出由衷的高兴，特别予以表扬。

斯字棉推广工作顺利而迅速，不仅为民国以来棉业史上前所未有，即便在我国农作物改良史上亦前所未有，这是我国棉作改良史上最光辉的一页。其成功之经验，堪为以后棉作改良推广之借鉴。

良种棉花的优点之一是纤维长，可以纺出高支纱。纱厂由于有了优良的原料，生产发展，利润增加，纱厂老板也深受泽惠，渐渐愿意拿出一部分钱来，支持棉种改良与推广工作。叫老板掏钱可不是一件容易的事，你可以跟他们讲国计民生那一套大道理，可以把亲戚、同学、同乡等种种关系都搬出来，他也不容易上你那条船。只有亲自尝到甜头了，他们才肯掏钱的。这也从一个侧面证明了棉花改良工作者们所作出的成绩颇为不易。

到1941年，斯字棉在陕西关中和豫西一带达到100多万亩，德字棉在陕西和四川达到70多万亩。这既支持了抗日战争，也为解放初期华北发展棉花生产打下了基础。在抗日战争的艰苦时期，一介书生，能作出这样的成绩，实属不易，其付出的辛劳和心血，可想而知。

三、棉产改进的时代使命

1947年在《中国棉讯》第一卷第三期上,冯泽芳发表了《棉产改进的时代使命》一文,指出,中国自从棉纺织新工业兴起以后,原棉的供给一直是重要的课题。民国以来,棉产改进工作已掀起几次波澜壮阔的高潮。

第一次是1914年张季直(张謇)先生任农商总长的时候,颁布了植棉(与牧羊、制糖在同一条例中)奖励条例,聘请外国顾问,成立棉业处,创建四个部立棉业试验场,这是政府正式以新方法改进棉产的开始,可惜因袁世凯称帝事起,张先生辞职,事业中途受挫。

第二次是1919年上海华商纱厂联合会提倡植棉,会中成立植棉委员会,1920年自办棉场10余处。1921年起委托东南大学继续办理,同时金陵大学、南通大学各得纱厂补助,注重棉花的改良。1921年以后的几年中,3所大学集中许多棉作专家,训练人才,改良推广,轰轰烈烈,可以说我国今日棉花改良的基础,是在这个时期奠定的。可惜1924年以后,纱厂营业衰落,经费不足,事业又受顿挫。

第三次是1933年全国棉业统制委员会的成立。棉业统制委员会成立于中国棉业最危难的时候,1931年原棉输入达到500余万担(1担=50千克。全书同),纱厂亏本,逐渐被日商所收买,岌岌不可终日。棉统会从改进棉产、取缔水杂和改进纺织技术三方面并进,合政治、金融、技术的力量,同时动作。就以棉产改进而论,从改良品种、改进栽培、防治病虫害、增施肥料、轧花打包、合作运销、取缔水杂一起进行,每年经费100万元,工作人员约1 000人,规模之大,前所未有,而成效亦最显著。到1936年,全国棉花的进口只有8万担,纱厂用国产棉花达到92%,质量可纺42支纱,水杂减少,纱厂皆大欢喜。可惜抗日战争开始,又遭挫折。

1946年抗战胜利以后,纱锭留有400余万锭,开工者200万锭以上,需棉花约800万担，而1945年全国产棉只500余万担，1946年只700余万担，以致这两年中，原棉进口占到进口货物的第一位。1946年约值1.5亿美元，1947年估计1.7亿美元，这是国家最大的漏洞。政府有鉴于此，又进行第四次棉产改进。

冯泽芳提出我们负起这一时代的使命，期望在3年内，达到原棉自给的目标。更进一步，配合棉纺工业发展到1 000万纱锭，所需要2 500万担原棉，我们的责任很重，但却十分有意义。以1933—1936年的经验，只要我们奋勇向前，以上目标也不难达到。因为政府与各纱厂对原棉自给都十分认真，热忱赞助；农民亦认识植棉有利，且对改良棉种深具认识；再有金融界的配合，我们有技术经验，如棉种、栽培、治虫、轧花、运销等，都比以前更丰富。所以，只要我们全体工作同仁认定目标，加紧工作，持之以恒，3年之内，必有小成；5年之后，可有大成。他以高度的责任感，为工业生产原料，促进民族工业的发展，而竭尽所能。

1947年2月农林部成立了棉产改进处，其任务是执掌全国棉产改进事业，谋求我国棉业建设之复兴。下设北平、上海、西安、汉口4个分处，并将原华北、华中两个棉产改进处并入。处长孙恩麐、副处长冯泽

三十七年（1948年）5月25日 摄于棉产改进处北平分处门前（冯泽芳自注）

三十六年（1947年）7月摄于北平东郊棉场（冯泽芳自注） 左四冯泽芳

芳、胡竟良。冯泽芳任农林部棉产改进处副处长至1949年3月,第一年兼北平分处主任,在北平工作;第二年兼生产组主任,在南京工作,主管生产和科研,领导12个产棉省的34个植棉指导区和20个棉场的棉

三十六年(1947年)8月21日清苑县办事处院内发放硝酸胺肥料时情形

与廊坊轧花厂全体同仁合影　三十七年(1948年)1月　左四冯泽芳

花生产、良种繁殖和技术推广,以及南京总处棉作、棉虫、棉病的研究工作。

在廊坊轧花厂留影 三十七年(1948年)一月

三十七年(1948年)一月通县轧花厂 中冯泽芳、左郭连起、右王檀

三十七年(1948年)五月(冯泽芳自注)棉产改进处

三十六年(1947年)十二月 在棉产改进处(冯泽芳自注)与张驹合影

冯泽芳

农林部棉产改进处的温室　一九四八年冬（冯泽芳自注）　左一王敬儒、左三文莨、左五万长寿、左八冯泽芳、左十曹赤阳、左十一傅胜发（经周爱华女士辨认）

农林部棉产改进处的养虫室　一九四八年冬（冯泽芳自注）　左三曹赤阳、左四文莨、左五万长寿、左六傅胜发、左七冯泽芳、左十王敬儒（经周爱华女士辨认）

三十七年（1948年）农林部棉产改进处暑期实习班师生合影　八月二十五日　前排左三冯泽芳、左四孙恩麐、左六傅胜发、左七华兴鼐、第二排左五俞启葆

冯泽芳因在棉花生产、科研、教学多方面的卓越贡献，1947年由清华大学提名为中央研究院首届院士候选人，虽以一票之差落选，但他的学问和道德已受到全国科学家的认可。

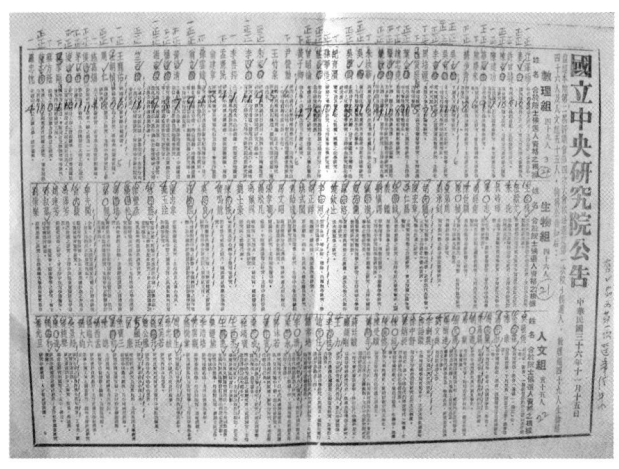

国立中央研究院公告

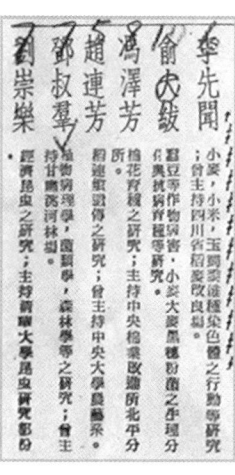

公告中有关冯泽芳部分放大

四、倡导大农业论

冯泽芳一向以"科学救国"为己任，通过对棉业的考察、调研，更想到整个农业如何发展，进而想到了"科学救国"。

他在1945年12月31日出版的《川农所简报》第六卷第九、第十、第十一、第十二期合刊上，发表了论著《大农业论》。总结多年来农业行政、研究和教育的经验，指出从事农业的人，既要以技术改进为核心工作，又要关心与农业有关的政治、经济、教育和法律等建设问题，方能实现农业立国、工业建国的目的。他首先指出，"农业"二字的含义，有广义狭义二种。按狭义说，"农"就是"辟土植谷曰农"。这说明在原始时代的农业，就是如此狭义简单的。就广义来说，农业可以包括农、林、渔、牧、蚕桑、园艺以及农产品加工等。按此可知种谷固是农业，而养鱼、牧畜、育蚕种桑、培植蔬菜以及养猪宰杀后腌做火腿，也是农业。但这还不是最广义的农业范围，再放大起来，还应包括下列几项内容：

一、水利对于农业最有密切的关系。在天旱的时候，山坡梯田里的禾苗都会干枯而死；反之，下雨过多，低洼地里的禾苗往往被水淹，而没有收成。但在成都大平原上的田地，由于利用了都江堰灌区的水利设施，每年春秋两季，都能获得丰收。这就是善用水利的功效。而中国一般农民，都有靠天吃饭的心理，常常盼望老天在该下雨的时候就下雨，该天气晴的时候就天晴。因此，收成之好坏，与水利方面关系特大，所以农田水利应包括在农业范围之内。

二、物价与贸易对于农业也很有关系。以丝价、棉价为例，四川素称产丝特盛之地。但自从抗战以来，沿海口岸沦陷于敌人手中，以致我国蚕丝成品，不能随意出口，要由国家贸易委员会加以统筹，收集起来，有一定的数量，遇到出口机会，才运到英美各国出售，换取抗战所需要的物资。自从受了这个限制以后，四川产丝区农民，不能自由提高价钱，受到政府限价和外汇比率之打击，以致许多农民不能卖大价钱来换取日用必需品，被迫改行了。这足以证明农业与物价有密切关系。再看棉价，自从陕西省棉价受财政部花纱布管制局限价后，往年陕西可收获一百万担棉花，现在只能收到三十万担左右。可见物价的涨跌，与贸易大小，足以影响农业产品的生产。

三、佃租制度与赋税，对于农业亦有很大的关系。在目前租佃制度不合理的社会，佃农劳累所得的成果，须要用去最大部分交给地主，而地主坐享其成，佃户唯有被剥削，结果无法生存，无力从事农业生产，只有转离农村，到都市去谋生。这是租佃制度不合理，须要加以改良。赋税方面，在繁重赋税的社会，农民终年辛勤之所得，缴纳捐税之外，所剩无几，难以改善其生活，在此饥寒交迫之下，往往会引起农民放弃农耕。为逃避繁重赋税，农民轻则离开乡村奔走四方，以糊其口，或铤而走险，形成流寇，这在历史上是屡见不鲜的事。

四、农民组织对于农业亦是很有关系。要想发展农业，必须让农民能够自动组织起来，成为有组织的民众，运用农会组织去通力合作，增加他们的生产力。其次，关于农民生产消费等合作组织，必须认真统筹办理，而使其有优良的生产与生活资料。如果农民在生活上能够达到丰衣足食的标准，一定能够安居乐业，享受富强康乐的福利。这种福利之获得，有望于参加农村组织工作人员，今后要健全农会或合作社等组织，方可达到组织农民、训练农民之目的。这是重要的工作，不可等闲视之。

五、政治对于农业也是有很大关系。在现在注重基层政治建设的呼声中，保甲制度都是与农业发生了密切的关系。在一般人看来，认为农民只耕田种地，不必过问政治。其实农民若不过问政治，政治便过问农民了。好像一个金箍套在头上，是推脱不掉的。如农村中保甲制度办理不健全，就要把农村社会闹得非常紊乱，使农民不能够安居乐业，甚至连耕田种地等最低限度的生活都不能作，逼得人民失业，啼饥号寒。在中国农村社会中，常常发生这种怪现象，就是由于农民只讲究农业，不过问政治，产生出来的不好现象，再如一个国家警政办理不得法，农村社会不安宁，东出盗贼，西出股匪，试问农民能够安居吗？自然是不能的。居不安了，还能耕田种地吗？自然是不能的。由此可见，农民要懂政治，要过问政治，是大有其必要的。再谈到兵役，现在强拉壮丁之风盛行一时，以致把壮丁拉走或逃亡，农村便不能从事生产，反把一帮游手好闲的人放在农村中，不但不能生产，反要吃老百姓的饭，用老百姓的钱，使老百姓吃苦头，弄得老百姓束手无策，这是由于农民不懂得兵役法，不知援引兵役法来保护自己，反而自相惊扰，不能够安居在农村中竭力耕田和从事生产。这是农民不懂政治的结果。

六、法令对于农业亦有关系。例如已公布的森林法、农会法、狩猎法、水利法等，都与发展农业有很密切的关系。假如农民不懂法令，这是很危险的事。

以上各方面都在大农业范畴之内。从辟土植谷的狭义农业范围，扩充到与农业有关的大农业范围，还只是量的扩大，而不是质的改变。所谓小农业是只着眼在狭小田地，播种、土壤、增肥等技术方面而已，这在初民农业社会里，未尝不可苟安于一时。到了今天科学昌明的大时代，工商业均发达的情况下，小农生产方式已行不通。我们提倡大农业主义，唯一目的就是要大家在农业上要从大处着眼才是。

接着，冯泽芳指出：

过去农业改良太偏重于技术。中国号称以农立国，历代在农业上的改进，不少良法良种可用，但到现在，均未达到完善。主要原因是只在农业技术层面谋改进，只注意于施肥、选种、除虫害、兴水利等，鲜有注意到与农业有关的金融、经济、社会、教育、政治、法律等，这是不够的。如果农业技术人员的眼光，只看到自身岗位的工作，而未注意到整个社会的环境，那么，虽然也能在农业上有所成就，但亦属有限。因此，我才敢说过去农业偏重于技术改良是不够的。此外有许多农业工作者，一旦离开本业，参加实际政治工作，正可说有了机会可以为农民服务，但有许多人便忘记了自己是从农村生长出来的，对于肩负的使命，漫不介意，仅仅空口说要发展农业以利民生而已。再看现在立法院内，究竟延聘了几位农业专家去充任立法委员，去创立法制来保护新农业呢？这是可以调查出来的。再看国民参政会，已经开过三届大会了，在每届内都没有农界代表去为农民说话。在以农立国的中国民意机关，没有农业专家做代表来为百分之八十的农民做喉舌，试问农民之疾苦，有何人可以代为表达？农民的需要，何人可以代为请求呢？谈到农政方面，至今尚未闻有农业专家可以做农林部长；各省建设厅厅长，亦只很少数一两位是学农的；甚至各省农业改进机关的主持人，亦有少数非农业界中人，都让一些讲求政治的人占去了。请看农业界中人，不讲求参加实际工作，试问如何能够取得政治上的地位来为农民工作呢？我的愚见是，政治为推动一切事业之母，要想农政办理上轨道，达到发展农业以利民生的目的，从事农业工作的人员，亦应当寻找机会去参加政治工作。不过要注意一件事，就是参加政治工作，做了大官，莫要忘记了自己是学农业出身的人，理应借着参加政治工作的机会，多多为农业谋求发展机会，并要随时随地寻取机会去创造法制来保障农业的发展。这就不愧为以农学专家的姿态参加政治工作。如果能够采取这样的态度去参加政治活动，不仅是应该，而且是有其必要的。因为政治是管理众人之事的，我们学农的人，不过问政治，而政治反来过问我们了。由此可以证明，过去从事农业工作的人们单单偏重于施肥、选种等技术的改良，仍是不够的。

在文章第三部分，冯泽芳指出：

今后农业之进展应注重外线作战的策略。今后从事农业工作的人们，应该一方面仍以技术改进为核心工作，在本身职业岗位建立坚实的基础，另一方面就要采取外线作战的策略，站在个人岗位上尽力推动与农业有关的经济、社会、教育、法律、交通、政治等建设加速度地进展，以期建立新农业，打下建立新中国的基础。这样才能够达到以农立国、以工建国的目的。倘若我们从事农业者见不及此，囿于个人耕田种地之狭隘见解，而忽视大众社会有关农业发展之契机，以此谈农业改进，则所能改进者，亦属有限。现在到了科学昌明的大时代，我们要以农业立国，以工建国，才可运用科学方法组织农业与工商业，才可以达到农业工业化、农业商业化的理想境界。以此态度谈农业，才是我所说的大农业论。在目前，时机到了，我们要开始注意有关农业的一切政治、经济、社会、教育、法律、交通等建设问题，这是今后发展农业策略上所应该重视的问题。

冯泽芳还在1946年1月12日出版的《中央周刊》第八卷第一期新年特大号上，发表了《抗战时期与建国时期之农业》一文，文章写道：

八年艰苦抗战已告结束，光荣胜利已经到临，今后建设一个真正近代化的国家，永久跻于四强之列，此艰巨任务完全落在吾人肩上，而此伟大时代，吾人真是"思感万端"（此四字借用中央周刊社征文函中语）。中央周刊社当胜利后第一次新年，出刊"抗战回顾与建国展望"专号，征文及于笔者，用抒所知，以就教于国人。

在该文第一部分"抗战时期农业改进工作之回顾"中他写道：

在抗战以前数年，政府在农业上各种设施，集中于衣食原料之自足，与外销物资之增加两事。如中央农业实验所及全国稻麦改进所之于粮食，棉业统制委员会之于棉花，蚕丝改良委员会之于生丝，全国经济委员会农业处之于茶叶及羊毛，皆其显例。数年辛苦经营之基础，于抗战时期乃大显其功效。抗战发动以后，全国农业人才，在极艰苦之环境下，仍集中能力于上列两事，以加强抗战之力量，其主要工作有下列五项：

一、农业机构之建立。抗战时期农业机构之重要建树有三：①农林部之成立。我国在民国元年，孙中山先生在南京就任临时大总统时，本有农林部，其后即合并为农商部。国民政府成立后，先后为农矿部与实业部。至抗战初期（1938年1月）并合经济部之一司（农业司），是为最紧缩之时期。至1940年7月，政府借鉴于农业问题日益重要，乃毅然决然成立农业部。农业界多年愿望至此始得实现，值得大书特书。②各省农业改进所之成立。战前各省农业改进工作，类多分散，农林、蚕桑、园艺、畜牧，各不相谋。抗战之初，农业界先觉邹秉文先生在大公报上发表一文，呼吁各省应设一能力集中的"农业改进所"。政府深明其议，在八年抗战期间，先后成立了川、黔、湘、鄂、浙、陕、甘、豫、皖、闽、宁、康（原西康省）、绥（原绥远省）等省的农业改进所（或处）。加上战前已有组织之粤、赣、桂等省区，于是各省的农业改进机构渐入正轨。③农业推广机构之建立。抗战开始之时，行政院即创设"农产促进委员会"，以每年一百万元（1938年的物价）的经费扶助各省农业之发展，各省农事改进，颇得其助，建功甚伟。至1944年，农产促进会改隶农林部，1945年1月更正名为"农林部农业推广委员会"，而系统与名实为相符。各省之农业推广组织，以中央之辅导，渐次成立。又县农业推广所条例，经行政院公布，定为新县制之一部分，于是农业推广之三层机构，灿然大备。以上三事，对战时农业工作之推进，得力甚大，故特书于此。他如中央林业与畜牧两实验所之创设、西北羊毛改进处、生丝研究所、茶叶研究所、病虫害药械制造厂等之成立，对农业改进均有助力。

二、粮食增产之进行。抗战开始后三周年（1940年夏），粮价上涨最烈，时值农林部成立之后，政府以每年一千万元（1940年冬物价）经费，在农林部内成立"粮食增产委员会"，以中央各省各县的行政和技术力量，从利用隙地、开垦荒地、增加冬耕、推广良种、防治病虫、兴修水利、增产肥料、增加劳动力等种种方法，以增加全国粮食生产。其中农业人员的努力，功不可没。近年粮价虽与其他物价一同上涨，而全国未闻饥馑，增粮之功，殊足称焉。

三、棉花增产之建树。抗战期间，农业上最难之问题为衣料之缺乏。全国纱厂失去百分之九十五，全国棉产亦只及1936年的八分之一至十分之一。以如此少的棉产，供应后方两万万之人口，布匹缺乏，为意料中之事。除了陕、豫、川、鄂、湘等有重要的棉区外，在最艰难的宁夏、西康、甘肃、云南、贵州、广西、福建等省，增一亩算一亩，增一斤算一斤，其艰苦之状，有如愚公移山。在此艰难中，有几件事颇有永久价值，足以叙述者：①为斯字棉良种之普及与德字棉之推广。抗战后，冀、晋、鲁、豫，各大棉区均沦为战场，只剩陕西泾阳一个据点，仅一万一千肆百亩而已。以此一万余亩为起点，逐年推广，至1945年达一百三十余万亩，占陕西关中棉田百分之九十以上，关中人民视为与泾惠渠同样之瑰宝。近年粮棉比价失调，种棉花无利可图，而陕西省仍能有一百五十万亩棉田，斯字棉之力也。德字棉在陕南汉水上游、川北涪江流域，亦有相似的优良成绩，唯面积较少而已。②为木棉推广。云南为产棉艰难之地，幸亏开远县有一种木棉，纤维细长，可纺四十支以上之细纱，但为野生状态。1936年笔者初至云南，认识其重要。1938年笔者奉派在云南工作,赖中农所、农促会、省政府三方面协力,开始研究及推广。1941年后成绩渐着,至1945年春,开远附近四县约有木棉五万亩,尤以开远附近为佳。今日开远城外东西山麓,遍地木棉,成为木棉城,成为到云南观光农业者必到之地。其产量较富者,每年收花两次可达籽棉一百斤以上,比之普通一年生的中美棉并无逊色,从而为云南山地开辟出一个新的利源。其出产之纤维,经昆明裕滇纱厂纺成四十八支细纱,织成斜纹布、汗衫等品,匀细异常,真为抗战时期意外之收获。

四、农产物资之输出。抗战开始之后,政府即成立贸易委员会,以管理物资之输出。其输出之物资,几乎全为农产品(矿产中钨、锑、锡、汞之输出归资源委员会管理)。太平洋战争爆发以前,美国输华之物资,指定以桐油偿付,皆如期付清,建立战时对外之信用,其功甚大。抗战初期,俄国输入之器材,均以西北羊毛交换而来,海口封锁以后,猪鬃和生丝仍可越驼峰飞往国外。皆以农民的血汗,换来抗战的军火,惜于海口封锁以后输出困难,又官价外汇与黑市外汇相差过大,农民无利可图,不得不将桐树、桑树忍痛砍去,改种粮食。是则此次管理外汇之惨痛教训,以后当永远引以为鉴也。

五、其他。在八年抗战中,政府充分认识水利对于农业生产之重要,特于行政院中设水利委员会总撑其事,农民银行亦特别注重水利之贷款。而其成就仍以农田水利为最多,如陕西之汉惠渠、褒惠渠,甘肃之湟惠渠,皆于此时完成放水。关中之洛惠渠虽工程意外艰难,而八年来继续施工,不久可望放水。川北三台之可亭堰等除利于航运之外,仍以农田受益最大。其他如云南之弥勒、贵州之惠水等地,数百亩至数千亩之小型水利指不胜屈。又如农贷之数额从数千万增至六十亿元。后方各省农村合作社亦逐年增加,而且生产、利用等合作社(过去几乎为信用合作社)之数目逐年增加。凡此都是以各方面之力量,谋求农产之增加、农民生活之改善,亦即为国力之增强而努力也。

在该文第二部分"建国时期农业建设前途之展望"中他写了四点:

一、农工业重政策之执行。国父孙中山幼年除学医以外,即最注意学农,在广州最初成立的革命机关即命名"农学会"。国父上李鸿章书,畅论地尽其利之方，分为农政有官、农务有学、耕耨有器三目，至今日仍可奉为圭臬。国父讲三民主义，食的问题一讲内，论增加粮食的七个方法，虽今日之农艺专家，何以加兹。论民生主义，则以平均地权与节制资本并列，并提倡耕者有其田，实为吾辈学农者最欲提出之口号，至今尚待执行。而建国大纲第二条，言建国之首要民生。其第一句就说明"政府与人民协力共谋农业之发展，以足民食"。其实下面衣、住、行三句，亦何尝不与农有关，衣料靠农，居屋之木料靠农，而运河亦与排水及灌溉有利，道路于农产运输有利，不过为行文之方便，只第一句提及农业，读者不可以辞害意也。及至抗战接近胜利之数年，政策格外明显。六全大会更通过农业政策纲领——是为国民党第一次发表的农业政策，此政策之草案曾经许多农业专家之细心讨论。

二、加强农林部。农林部是执行上述农业政策之首脑部，直接关系三亿农民的生活，间接影响国运之荣枯，任务极为重大。其员额之配备，远不及财政经济等部之宏大，此亦望逐渐随事扩充。在此笔者不得不提出一个重要之点，即农业问题之解决不仅在农、林、牧、渔之本身，许多有关事业，更为休戚相关。例如，农产输出归财政部贸易委员会管辖，农田水利归水利委员会，农村合作社归社会部，农产品（主要出口商品）检验归经济部。虽然这种分工亦有其一时之背景，然事权不统一，会在推行政令上降低效率。笔者深望——亦是很多人所期望，将以上各事一律划归农林部管辖，统一事权，使农林部真正能为整个农业谋建设。

三、成立各省农林厅或农林处。根据农业改进所八年来之经验，只有试验推广之责，而无指挥行政之权。全省农业行政虽很重要，而建设厅只设一科或一股管理之；农业改进所之数十位专家，数百工作者，须受节制于舞文弄墨之一员，可谓轻重倒置。以对下而言，改进所不能发命令，而须经过建设厅以请求省政府发令，亦多一重转折。以关系全省最多数人民的生计大事，其重要性实与民政、财政、教育相等，至少应在省政府下设农林处，处长有农林行政之权。最近台湾省行政长官公署即设立农林处，与民政、财政、教育等处平行，即为最好之例。其实在新中国成立初期起，以民生最为主要的建设，而我国人民生计的十分之八直接寄托于农业，农业建设值得重视固不待言。笔者顷晤自台湾省归来之农业行政当局，得悉日本统治台湾省五十年来关于农业改进方面之建树，既惭愧又兴奋。据云，如完全接收在台湾省之日本人所经营的农林事业，需各级人才一万人。以台湾省之六百万人口，且需一万人为农民服务。现今我国三十五省，除三数省外，人口皆超过六百万，则农林厅或农林处之设，实不容缓。农业界经过多年之奋斗，事业渐举，人才渐众，设厅专司，可谓时机已经成熟。

四、实行分区改良农业之计划。我国幅员广大，风土悬殊，平地宜农，山地宜林，沿海捕鱼，草原放牧，此为农林渔牧分区之大纲，再分析之，同为平原农地，作物则北方宜麦南方宜稻，果树则南方柑橘北方苹果，役畜则南方水牛北方骡马，因地制宜，事半功倍。今后事业日益开展，尤宜按全国之风土，划分若干农区（关于我国农区之划分，卜凯与胡焕庸二氏各有专论，兹不赘述），每区设一大规模之农业试验场（或实验所），统筹此区内农业问题之解决，此试验场并得在该区内因地制宜而设立分场或特种研究机构，以利工作之推行。同时于此区内设一健全的农学院，以为训练人才之总枢，农学院与试验场的高级人才可以互相借用。再于此区内设一农业推广督导组织，以统筹此区内各省的农业推广工作。如此研究、教育、推广，三管齐下，分区并进，我国之农业改进事业乃可迅速发展。此次接收敌人在东北、华北及台湾省所办之事业，更足以奠定向此途径进行之基础。最近邹秉文先生自出席世界农粮会议归来，考察各国农业行政之演进，提出上述之计划，笔者先以之介绍于国人之前，并愿此议尽早见诸事实。

农业建设，经纬万端，见仁见智，各有主张。笔者仅提出此四要点，其他细目，不能列举，亦非本文所能尽述。且因在旅途中，文献不备，所举事实及数字多不详尽，尚祈读者见谅。

五、积极倡导创办"中国棉业出版社"

冯泽芳十分重视棉花资料书刊的发行出版工作。1947年任农林部棉

中国棉讯

产改进处副处长时，在他的积极倡导下，在南京创办了中国棉业出版社。并创刊了《中国棉业》《中国棉讯》《中国棉业副刊》三种棉花专业杂志，这是我国最早的棉花专业性期刊，还出版了一批棉花专业图书。为我国棉花生产、教学、科研工作者提供了一个展示交流的平台，有力地推进了棉花事业的发展。

六、积极组织、参加学术活动

为团结组织从事作物改良的农业科技工作者，促进农业科学技术的繁荣与发展；为开展学术交流，活跃学术思想、提高学术水平、普及农业科学知识，1932年2月由在美国康乃尔大学留学的管家骥、卢守耕、冯泽芳、金善宝、马保之等六人发起成立了中华作物改良学会，次年将活动中心移至国内，有会员四十余人。冯泽芳参加了1934年1月14日在南京中央农业实验所举行的中华作物改良学会第一届年会并摄影留念，也参加了1935年3月17日举行的中华作物改良学会第二届年会。

中华农学会是我国成立最早、历史最悠久、影响最广泛的学术团体之一。1947年12月在南京励志社召开了中华农学会第26届年会，有480人出席了会议。同期以中华农学会为主的17个在南京与农业有关的学术团体（含中华作物改良学会）联合举行了年会，有600多人出席了会议，80%为中华农学会会员，这次年会是中华农学会成立以来最盛大的一次年会，冯泽芳积极地参加了该年会。中华农学会一贯重视报刊的编辑工作，并以之为载体传播农业科学技术，为此发行了不下数十种的刊物，其中《中华农学会报》为当时国内农业方面最权威学术期刊，冯泽芳为撰稿人之一。根据《中华农学会报》第1～190期统计冯泽芳先后发表论文16篇、译著1篇，名列前茅。

二十一年（1932年）二月二十六日中华作物改良学会发起人　摄于美国康乃尔大学植物科学馆门前（冯泽芳自注）　左起马保之、×××、金善宝、冯泽芳、卢守耕、管家骥

二十三年（1934年）一月十四日在中央农业实验所，中华作物改良学会第一届年会摄影，前排坐者自左起沈宗瀚、管家骥、冯泽芳、卢守耕、×××，后排站者自左起蒋涤旧、孙逢吉、郝钦铭、金善宝、王　绶等合影

二十四年（1935年）三月十七日，中华作物改良学会第二届年会摄影，前排左起冯泽芳、马保之、卢守耕，中排左起郝钦铭、金善宝、孙逢吉、王 绶、沈宗瀚夫人沈骊英，后排左起周承钥、管家骥、沈宗瀚

冯泽芳于1934年4月至1937年12月在中央棉产改进所任副所长兼植棉系主任，主管棉花技术。植棉系内设棉作、棉虫、棉病、棉化四股。1934年1月22—25日，中华棉产改进会第二届棉业讨论会，在南京中央农业实验所举行，讲师有洛夫、陈燕山、冯泽芳、孙恩麐、彭寿邦、叶元鼎等。1934年12月24—30日，由中央棉产改进所、中央大学农学院、中华棉产改进会在南京中央大学农学院，联合召开第三届棉业讨论会，冯泽芳、吴福桢、孙逢吉、周拾禄、王尧臣等出席。1935年12月30日—1936年1月11日由中央棉产改进所、中央大学农学院、中华棉产改进会联合举办第四届全国棉业讨论，主讲有孙恩麐、王善佺、吴福桢、沈其益、蒋德麒、徐仲迪，冯泽芳致开会词。

此后，中央棉产改进所并入中央农业实验所。1938年1月至1942年7月，冯泽芳在南京中央农业实验所任技正兼植棉系主任，主管棉花

二十三年（1934年）中央农业实验所细胞研究室中（冯泽芳自注）

试验。因抗日战争爆发，中央农业实验所也随国民政府西迁重庆。在此期间，冯泽芳在云南做木棉2年，在陕西做斯字棉的推广1年，在四川所内做杂务一年半。尽管条件十分困难，冯泽芳的学术研究活动始终没有停止。

他一生为棉花改良推广事业，尽其所能，奋斗不歇。

二十九年（1940年）四月五日清明节游西京南郊翠华山摄影（冯泽芳自注） 前右二冯泽芳　朱绍阳摄

第四章

鉴定离核木棉
倡导长绒棉生产

一、离核木棉的鉴定

1936年9月,担任中央棉产改进所副所长的冯泽芳受全国棉业统制委员会委派,应云南省政府建设厅和云南省经济委员会之邀,到云南考察,于9月26日到达昆明。云南省建设厅派第三科张服真科长陪同,于9月28日出发到迤南一带考察,10月17日回到昆明。10月19日往迤西一带考察,11月4日回昆明,共历时一个多月。考察后写出报告"云南植棉考察报告附陈改进管见",交给云南省政府,对木棉作了初步介绍,认为木棉与海岛棉和埃及棉同种,纤维长,可纺42支以上的纱,建议在迤南地区推广。该报告于1937年2月发表在《棉业月刊》第一卷第二期上。

报告首先介绍了迤南适合于种棉,原因有:第一,气温高,冬季很少有霜雪。第二,雨量夏季多而秋季少,很适宜于棉花。第三,当地种高粱、玉米、山芋、花生颇多,这些地如改种棉花,费工少而售价高,经济上也更为合算。

报告接着写道,这里种的棉花有三种:

一是土棉。在当地已种植多年,生长良好,亩产籽棉一百二十斤。但比较大的缺点是纤维很短,只有1.3厘米,只能纺十四支以下粗纱,衣分低至28%(每三斤半籽棉得皮棉一斤)。因此如有其他高产品种,则土棉可逐渐淘汰。

二是美棉。又分二种:一是本地原有的外国棉,俗称东京棉,据称是从越南输入的,实为退化的美国陆地棉。亩产籽棉二百一十斤至二百四十斤。吐絮甚早,十月上旬已吐絮百分之八十,纤维长为1.4至2.2厘米,可纺十六至二十支纱,比土棉为佳,可以大量推广。二是刚从南京引入的爱字棉及脱字棉,产量不高,但纤维质量较其他棉种为佳,可在棉场继续试验。

三是木本棉。与海岛棉、埃及棉、巴西棉同种,属于美棉中的南美洲类。在长江流域、黄河流域的十四个省，都没有这种木本棉。

1936年10月冯泽芳在云南开远县西门外龙潭，也是头一次见到木棉。输入年代众说不一，有人说七八十年前，也有人说已数百年。冯泽芳认为："最可能是该棉种从原产地南美洲传到埃及，再由埃及传入云南，因为云南的回教徒去埃及留学甚多。"到底真相如何，还有待解开。

木棉在开远县以南等地零散生长在庭园中及墓地山边，纤维长达

木本棉　云南开远西门外龙潭旁之木棉为今日云南木棉之发祥地，此为廿五年十月（1936年）所摄（冯泽芳自注）

二年生之木本棉　云南开远西门外龙潭　立于泽芳之左者为最初种植木棉之傅毓南（植）先生，二十五年（1936年）十月摄（冯泽芳自注）右四为冯泽芳

五年生开远木棉（冯泽芳自注）

在云南开远廿五年（1936年）九月记载多年生棉（冯泽芳自注）

2.5～3.2厘米，与国内最佳的灵宝棉相当或更长，是可以纺五十支以上细纱的优质长绒棉，这正是我国缺少的宝贵棉花。此棉没有得到广泛种植的原因是它的纤维太长，农民在弹棉花时，纤维绕在弓弦上，无法弹开，所以不受欢迎。除了少量用作油灯的灯芯之外，别无用途。反之，这个特点，正是机器纺纱所需要的，不仅不是缺点，而正是优点。所以木棉在此大有推广的价值。

我国经过近二十年棉花改良的结果，从十支纱到四十支纱的原料，都可由国内自给，而五十支纱以上的细纱原料，不得不依赖进口埃及棉。十支纱原料市场价当时每担约四十元，三十二支纱原料每担五十元，而埃及棉每担八十二元半。每年进口埃及棉约二十万担，需要当时的法币一千六百五十万元。所以我国极需自谋种植这种棉花，以堵塞此漏洞。

因此，冯泽芳怀着极大的兴趣与热情，对木棉进行了调查研究。首先，冯泽芳发现"木棉"一词，在云南用得极为混淆，一些不同属的植物竟然都叫做木棉。于是，他从植物分类学上予以鉴定和澄清。有一种在华南、西南各省——云南、贵州、广东、海南、广西、西康（现属四川）的炎热地区都有生长的，高达十几米的乔木，树枝轮生，分枝甚多，全株似宝塔。春末未抽叶之前，先开红花，极为鲜艳，果实大如拳头。其果实内绽放出之絮，没有转曲，韧度太低，不能纺织，只能用作枕头、坐垫等的填充物。它与普通的棉，不是同属，亦即在血统上相距甚远。故不应再沿称为木棉，由于在广东、广西把这种木棉树称为攀枝花或斑枝花，应正名为攀枝花。另一种与棉同属，即在植物分类学上它也属于锦葵科棉属，所以应该仍称木棉，不必更改。冯泽芳对它们进行研究后发现，它们的棉核

攀枝花及其果实

性状有两种类型：一种其棉核内的棉籽相互排列很紧密，多粒，不易分开；另一种有6～8粒棉籽，排列较松，粒粒分离，容易分开。于是他将这两类分别命名为联核木棉和离核木棉。联核木棉在中国种植的历史已经很久，五六十岁的老翁都不能详细说出它们的来源，产量颇低，在经济上没有什么重要性，仍可种植在庭院内作观赏之用。

离核木棉在云南栽种的源头还不清楚，仍为待解之谜。冯泽芳在开远、蒙自等10个县所看见的，据种植的主人介绍，没有超过20年的。最早的是1919年傅毓南任开远县实业局长时所栽，当时共有40余株，

生长繁茂。他采摘种子的原来一株木棉，是生长在开远县一个关帝庙里的。冯泽芳去过那个关帝庙，寻找那株木棉。可惜已经被砍掉了。询问傅毓南先生，关帝庙里的木棉从何而来，他也不能回答上来。其他人采种的木棉种子，大都从开远传过来。这样，离核木棉栽种可查的历史大约20年。

离核木棉为多年生的灌木，高度为三四米，与埃及棉同种，性状相似，又都是纤维长达28～36毫米的长绒棉。由此，冯泽芳倾向于它是埃及棉迁入云南后，因天气暖热而变为多年生所致。云南的冬季，气候也很暖和，在他省为一年生的棉花，拿到云南来，越冬不死，均变为多年生。

民国十二年（1923年）所种之南通土棉至今已成为多年生之灌木，25年（1936年）10月云南开远（冯泽芳自注），前者冯泽芳

例如，1923年，南通的杨宜申到云南任职开远棉作试验场场长，他把南通的棉种带到开远，他所栽的中棉和美棉，都成为多年生的棉株，到1939年还活着，且依然开花吐絮。

离核木棉性状特征是，茎部直径10厘米，经过修剪后，形状如伞形的小树，分支很多，棉枝嫩时为深绿色，少毛，密布黑色油点，老时也不显红色。叶面分裂如手掌，裂口深过叶长的一半，叶上少毛。

开远木棉　二十五年（1936年）（冯泽芳自注）

花瓣鲜黄色，棉铃为卵形而尖长、深绿色，表面上有大而显著的凹点，种子黑色，纤维淡棕色，细而有丝光，纤维长度28～36毫米，颇不整齐，衣分约为30%。

冯泽芳调研后认为，在云南离核木棉极具开发推广的价值。理由有三：第一，可以高产。离核木棉每年开花吐絮两次，这在增加产量上具有难能可贵的实用价值。考察得到的数据是，全年二季收花合计，折算成亩产籽棉，最高者达236斤。所以推广木棉，丰收的可能性甚大。第二，不与粮食争地。云南的特点是山多田少，草棉（即通常的中棉与美棉）需种在田里，播种时需用水灌溉。这就要与水稻、甘蔗争地、争水，难以推广。然而，木棉则可种于山坡、墓隙、田边、屋角及一切荒地，而云南荒地到处可见。从雨季开始后下种，不与水稻、甘蔗争地争水。故离核木棉实为云南增加棉产之救星。如果云南试验成功，那么，气候与地理情况相似的贵州西南部，广东、广西之大部均有望种植。这些地区合起来，将组成我国西南长绒棉区。第三，质优。我国近20年棉花改良的结果，从10支纱到42支纱的原料，均已由国内自给自足。唯独50支纱以上细纱的原料，仍需仰赖进口埃及棉，成本昂贵。但种植埃及长绒棉，需要炎热和干旱二个条件。在长江流域和黄河流域，已经多次试种过，均不能结铃吐絮，仍只能望洋兴叹！离核木棉纤维长达28～37毫米，超过中棉和美棉，它可以纺出50支以上高档细纱，而且可以在云南及西南诸省种植。中国对此需求极其迫切。

二、倡导推广长绒棉

1937年，抗日战争爆发后，我国主要产棉区大部分相继沦陷，原棉缺乏，尤缺优质长绒棉。在大后方云南生长的离核木棉，正是全国军民所需的宝中之宝。

1937年7月7日抗日战争爆发后，中央棉产改进所撤销，并入中央农业实验所。冯泽芳任中农所技正、棉作系主任。8月初中央农业实验所随实业部在长沙设办事处，大部分职员及眷属陆续前往。11月12日国民政府宣布迁往重庆办公，中央农业实验所也随之西迁重庆，并以西南各省为根据地，在四川、云南、贵州、湖南、广西五省各设立工作站，分派人员协助各省原有农业机关工作。朱凤美任贵州工作站主任，赵连芳任四川工作站主任，马保之任广西工作站主任，冯泽芳任云南工作站主任，于是全家随着逃难的人流迁往云南。

一九四〇年正月云南工作站同仁年会摄影（冯泽芳自注） 后排左起黄肇牣、周绍模、×××、奚元龄，中排左三秦礼谦，前排左起李士勋、×××、周拾禄、冯泽芳、徐季吾、杜春培（经周爱华女士辨认）

那是一个极其艰难困苦的逃难历程，是乘火车沿浙赣线出走。冯泽芳夫妇带着两个还不懂事的幼儿，更是难上加难。首先，逃离南京就已十分困难。他俩带着行李、领着两个幼儿，火车也挤不上去。幸亏是中农所工作人员义乌老乡朱恒纪先生前来送行和帮忙。冯泽芳夫妇先挤上车，由朱恒记把两个孩子和行李一一从窗户递给他们。一路上，他们随同难民的人流向西南方向流动，人很多，火车很少，客车更少，只能找到什么车，就乘什么车。没有选择的余地。有一次，在株洲火车站等了很久都没有火车。好不容易见到几节刚刚卸完煤的敞蓬货车，人们不顾它又脏又黑，争着往上挤。他们总算幸运，挤上了车。没有坐位，只能坐在行李上面。福无双至，祸不单行。后来更倒霉的是，天不作美，下起雨来了。无法躲雨，冯泽芳撑一把伞护着女儿，孟成玉撑一把伞抱着儿子，苦不堪言。两个小家伙却在他们的保护伞下美美地睡着了。

一路颠沛流离逃到了贵阳，离日本鬼子远了，就休整了几周，得到一点喘息。冯泽芳忘不了自己的本行和职责，就考察贵州的农情。实地领略了贵州谚语："天无三日晴，地无三尺平，人无三分银"的真实情形。冯泽芳在毕节县农村亲眼看到十七八岁大姑娘赤身裸体在地里劳动，她一见到有生人来了，立即丢下锄头，飞也似地跑进草房，钻进草堆中。他们从来没有被子，晚上都在稻草堆中睡觉。农民赶集或进城，没有衣服，穿的是用玉米皮编成的衣裤。冯泽芳感叹不已，更增强了要发展棉业，使贫苦农民有衣穿有被盖的宏愿。

住在贵阳期间，1938年2月23日经济部何淬廉次长长途电话约沈宗瀚与冯泽芳速赴重庆商讨中央农业计划。2月25日，冒着阴天微雨，上午8时45分他们与拟去调查山蚕及作物状况的朱凤美、金阳镐和拟去陕西工作的李联标等五人搭乘公路局长途汽车离贵阳去重庆，由于雨天路滑道险，加之司机精神恍惚，汽车刹车不灵，中午11时15分车过修文县，近息烽车站时，因车上山坡，过坡右斜，汽车冲入坡下油菜田，先左翻，继右翻。幸运的是他们二人都只是轻伤，自己爬了出来，但都惊魂不已。当日住在息烽县署，第二天由贵阳建设厅叶厅长派车接回贵阳检查治疗。直至3月3日上午8时乘经济部派来的新汽车离开贵阳。午后过乌江到遵义，在遵义县政府一位科长陪同下看了县农场及附近农作物生长状况，并访问了农家。晚上与县政府农林人员讨论了遵义农业如何改进。3月5日中午抵达重庆，先后与经济部农林司长钱天鹤、经济部何淬廉次长商讨沈宗瀚任中央农业实验所副所长等事宜，还到中农所看望了谢家声、赵连芳、吴福桢后返回贵阳。

接着冯泽芳继续带全家去云南，黔滇公路是在崇山峻岭中开出的一条九曲十八盘的险路。一侧是陡峭的山体，另一侧是悬崖，深不见底，汽车跌入深渊再也上不来的事时有所闻。汽车司机开车在这种路上，都是小心翼翼，提心吊胆。他们乘坐的这辆汽车行驶在路的外侧时，对面

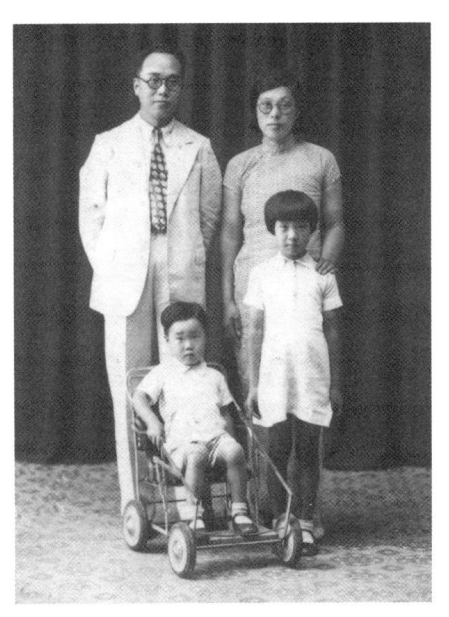

二十七年（1938年）9月摄于昆明（冯泽芳自注） 后排冯泽芳、孟成玉，前排儿子冯一民、大女儿冯紫琅

来了一辆车，二车艰难地会车时，互相擦撞了一下，司机紧急刹车，惊险地在悬崖边停住，正好有一块大石头在路边，挡住了车轮，使车没能再向外侧去。如果再偏外一点点，就车翻人亡了。车上大人们个个吓得魂不附体，可他俩那二岁多的儿子，在汽车突然颠簸的一刹那，竟快乐得哈哈大笑。在后来的岁月中，孩子们多次听到他们在各种场合讲起这件儿时趣事。

1938年9月24日冯泽芳陪同中农所副所长沈宗瀚从昆明坐火车到开远考察木棉。25日一早与开远林务局傅毓南首先视察开远城墙废地的木棉。木棉为林务局于1935年6月所种，已3年有余，3、4月第一次开花，6、7月吐絮，1亩2分地，收籽棉220斤，得花衣74斤。9月第二次开花，花铃累累，要到冬天吐絮，估计收花也有200余斤，这样每亩一年可收籽棉400斤，远远超过云南的中棉和退化美棉亩产籽棉60多斤、山东亩产籽棉90余斤的年产量。接着出北门到矿铜坡，看到1936年夏林务局所种4 000余株木棉，已2年了，棉株高达四五尺，方才开花，远不及3年生木棉的产量。据傅毓南说木棉要到第三年才开始丰产。这处木棉长于山坡坟墓隙地，长势茂盛，诚为利用荒地的上策。此处还种有蓖麻、木本大豆、膏桐和咖啡，都生长茂盛，并成为多年生。接着出南门到公路旁的山坡，是建设局邹局长栽种的2 000余株木棉，一年生的开花仅1~2朵，二年生的开花稍多，三年生的开花最多。埂上有南通中国棉花（即亚洲棉）数十株和美国陆地棉一株，都是1923年南通杨宜申先生任开远棉场场长时种的，已变成多年生的了，但都不如木棉品质佳、产量高。离开坡地约

云南之木本大豆(冯泽芳自注) 左二冯泽芳

云南之蓖麻(冯泽芳自注) 右二冯泽芳

半里到了农民罗有才家,他家两处田埂上种了约20株八年生的木棉,一处在甘蔗田3尺多高的高埂上;一处种在水稻田半尺高的低埂上,木棉的根常没在水中,两处皆生长极茂盛,可谓高低皆相宜了。罗有才每年冬季收花后将棉株齐根砍去,春季新发枝条,生长极旺,蚜害极少,但每年只能开花吐絮一次,每株平均收籽花1斤,这又是一种木棉的种植法。接着出西门到龙潭,在山脚树林中看见40余株木棉,是1919年傅毓南任实业局长时种的,已经20年了,是开远最老的木棉。当年傅先生在关帝庙见1株木棉,遂采集了种子,种植于此。不几年关帝庙的木棉被人砍掉,其来源,无法稽考。这20年的木棉,虽然在树林的荫旁,生长极为茂盛,枝干直径已达2寸多,绿叶成荫,花果累累。

三十年（1941年）二月十五日摄于昆明，距22日周拾禄动身赴赣就任中正大学农学院院长之前一星期（冯泽芳自注） 后排左起秦礼谦、奚元龄、×××、周绍模、汤××、陈　仁，前排左起李士勋、徐季吾、冯泽芳、周拾禄（经周爱华女士辨认）

冯泽芳在云南工作期间，从事离核木棉（以下简称木棉）的推广工作。他的学生奚元龄和陈仁等人是他得力的助手。木棉推广是抗日战争时期云南省重要的新兴事业，它在保障八年抗战时期全国军民衣被及日常生活需要的艰巨而光荣的任务中，起到了重要的作用，这也是中国棉作史上辉煌的一页。

冯泽芳到云南时，正当我国主要棉区沦陷敌手，大量人员逃难到大后方，进口棉花既缺资金，而且运输困难重重。原棉缺乏，尤其缺乏优质长绒棉。在云南生长的离核木棉正是宝中之宝。于是他大力倡导开发木棉。首先的困难是农民缺钱购买棉种。冯泽芳等人研究后认为，还是要由农民花钱买棉种为好。否则，如果免费发放棉种，那么农民会不爱惜，甚至会多领，乃至领而不种，造成无谓浪费，所以就找经济界人士商量。首先跟银行界人士商讨出资贷款扶助农民种植木棉，先会见了云南省经济委员会常务委员兼富滇银行行长缪云台，与他商讨经由中国银行稽核张心一（1938年9月赴开远县考察，认识到木棉为极有希望之事业）起草木棉贷款办法。缪云台深表赞同，于是由富滇银行、中国银行、交通银行、中国农民银行4家共同组织"云南木棉贷款银团"，缪云台为银团主席，以100万元资金贷款给农民，凡种植木棉，每一亩可得贷款12元，第一、第二年不须还款，到第三年开始还款，第五年还清，如有必要可以延长一年。这是因为木棉下种之后，第一年收成甚微，几乎没有收获，第二年也只能收获籽棉三四十斤。到第三年以后，每亩可收籽棉100斤以上。银行毅然制订出如此长期的贷款办法，也是农村贷款的创举。后来的木棉推广获得成就，银团是立了大功的。

然后与云南省政府，主要是与建设厅会商，成立了"云南省木棉推广委员会"，实际进行推广工作。由建设厅厅长出任常务委员。委员共计7人，其中，省建设厅3人，全省经济委员会2人，木棉贷款银团2人。后来又增加冯泽芳为专家委员。下设总务、植棉、合作、贷款四个组，张服真任总务组长，冯泽芳任植棉组长，黄石任合作组长，贷款组长由云南木棉贷款银团总干事张天放担任。决定1939年先在滇南沿铁路的各县开始推广，为了指挥前方工作方便起见，在开远县设立办事处，以冯泽芳、张天放为正副主任，傅毓南为技士，张仿进为干事。其后又于1940年1月继续在建水县和蒙自县分别设立办事处，分别负责二处的植棉指导、贷款等工作。

解放初张天放一家合影

于是为了便于工作，冯泽芳、孟成玉把家安在种植木棉已有起步的南部边陲开远县，他们的女儿和儿子分别在开远上小学和幼儿园，在开远住了一年。

木棉的研究和推广事业闯过初始阶段之后，冯泽芳就把家搬到昆明，便于更好地开展云南全省的木棉推广工作，同时还要照顾到除了沦陷区

建宁宾川牛井棉作试验场所推广之爱字棉　左一冯泽芳

条播区之幼苗发育　其前为通州棉，摄于婆兮棉场

二十九年（1940年）十月在婆兮棉场　左起冯泽芳、张服真、何　循

第四章　鉴定离核木棉　倡导长绒棉生产

云南华宁县盘兮棉场所试种失败之脱字棉　左起何　循、冯泽芳、马区长、张服真

宾川牛井棉场及棉花（右二蹲者冯泽芳）

以外的大后方，主要是陕西、四川等地的棉花生产推广工作。

　　昆明有个黑龙潭公园，景色很好，节假日他俩常常带孩子们前来游玩，不时有外国朋友来昆明、开远考察访问和学术交流，他们也带着孩子陪外国朋友到黑龙潭游玩，特别是有2个美国女专家，更喜欢小孩子，经常带孩子们一块去玩。

　　木棉推广工作，许多是直接面对农民的。于是办事处先与县政府沟

民国廿八年（1939年）十二月摄于云南开远木棉会，女儿紫琅、儿子一民时年九岁、五岁（冯泽芳自注）

廿八年（1939年）四月二十三日昆明黑龙潭宋柏，Mrs. Kate Reehendrow 与冯一民（冯泽芳自注）

通，由县政府出面，召集适宜种木棉地区的区长、乡长、保长，以及地方各机关团体的领导人出席，开一个提倡种植木棉的会。先由县长和建设局长宣布政府的各项命令与规定，接着由办事处人员详细介绍说明种木棉的好处及方法、领垦荒地办法、贷款办法等，先对他们做好工作，取得他们的了解和支持，这些都是基本前提，是很重要的。

然后每个县有植棉技术人员一名，银行贷款干事一名，再深入到宜种木棉的农村普

沈所长就职并欢迎中棉所冯副所长莅陕摄影，二十六年（1937年）七月十日，前排左三沈文辅、左四冯泽芳

遍宣传，做到家喻户晓。合作社指导员也在宣传组织合作社或互助社时，同时宣传种木棉的好处与方法。

在木棉种下以后，到冬季已经长成之后，则组织农民参观团，参观生长得好的木棉棉田，由主人介绍经验，然后互相交流，争取共同取得更高的产量，有更好的经济收益。

贷款是推动种植木棉的主要动力，贷款的方式分为3种：第一种是农场。凡农民1人或数人（7人以下）种植木棉在50亩以上者，称为农场。得推选1人为代表，单独申请贷款。第二种是合作社。凡农民7人以上共同种植木棉者，不论面积多少，得组织木棉生产合作社，以合作社的名义申请贷款。第三种是互助社中之木棉生产团。本年各县成立之互助社（尚未组织合作者），如其中有7人以下共同种植木棉者，得组织木棉生产团，以生产团名义申请贷款。1939年内开远、蒙自、建水、石屏四个县合计共贷款种植木棉的面积为：农场1 293亩，合作社488亩，生产团196亩，共计1 977亩。

此外，另有公私团体或农民自动种植木棉，只请求供应种子，而不贷款者，为数也不少。只开远、建水二县，就合计1 425亩。以上共计3 402亩，以平均每亩种植100株计，约种木棉三十四万零二百株。

实际贷款情况。农场、合作社、生产团按照规定手续向木棉推广委员会办事处或办事分处申请贷款后，由办事处或办事分处派出植棉技术人员1人，银行贷款干事1人，如有合作社再加合作社指导员1人，前往调查。调查种植地点是否适宜、团体组织是否健全、计划与预算是否妥当等。待核实一切都已妥当后，才核准贷款数目。一般分3期领取贷款，第一期在播种以前发50%，为挖穴施肥播种之用。第二期在棉苗出齐以后，发30%，为除草治虫之用。第三期发20%，为冬季清除杂草及冬耕之用。以上均依农情需要而发给，甚为得宜。1940年各县发放出的贷款数额为：开远县8 100元，蒙自县2 435元，建水县2 824元，石屏县960元，共计14 319元。

种植木棉的各农户中，领垦荒地者甚多。领用公共荒地，计开远775亩，建水180亩，石屏350亩，三县共计1 305亩。此外，开垦一部分或全部私有荒地种植木棉者,也不少。这表明,推广木棉是利用荒地来增加生产,实在是一举两得的好事。

从木棉播种之日起,整个生长过程,都有植棉技术人员前往田间地头指导,诸如间苗、除草、施肥等工作,都要及时督促。对于长得好的木棉,还要组织农民前往观摩学习,使大家的木棉都能长得好,产量高。

专家、学者、教授,不少人都不愿到落后艰苦的农村第一线去,都愿意待在城市的研究院所和大学里,即人们常说的象牙塔中。而冯泽芳一个洋博士、教授、副所长,没有架子,不贪图大城市的优裕生活,下农村,到地头,对农民进行面对面的具体传授、指导,他还利用赶集等机会,苦口婆心地去说服零散的农民。这些反被某些人传为笑柄,作为茶余饭后闲谈的笑话资料。但却丝毫未减低他的热情和执着的信念,坚定不移一如既往地深入在第一线。

新栽的木棉,第一年没有收成。但是以前零星栽种所收下的籽棉,无处出售,虽然数量少,但如果不收购,就会打击种植木棉的信心。这个问题必须处理好,冯泽芳急与各方联系,终于征得裕滇纱厂筹备处热心赞助,先垫款以每斤1元高价收购。冯泽芳个人也出资收购了70多斤,并动员办事处工作人员力所能及出资收购,从而稳定了农民种棉的信心。接下来就组织家属轧棉花,使用一种简易的手摇轧花机,夫人孟成玉也积极带头参加这项劳动,支持丈夫的事业。幸好,轧出的皮棉出售后,没有亏本,大家也都满意了。

除此之外,还有许多客观困难。如粮价飞涨,每担米涨至50多元,杂粮也随之涨,农民就愿意把土地优先种粮食;又如我国东部城市相继沦陷,工厂的大量设

牛井街籽花市场

备、资金与人才涌入云南，使云南建设突飞猛进，铁路、公路、各种各样工厂、矿山，或扩建，或新设，劳动力深感缺乏，就纷纷提高工资吸引，因而农民愿意到工矿当工人；再如有的地方治安不好，较远的荒地，农民不敢领种等。

于是银团议决适当提高贷款额度，木棉推广委员会决定采取先发种子给农民试种的办法，又与中央农业实验所和清华大学农业研究所（当时都已迁到昆明）联系，共同加大对棉农提供技术支持，以提高棉农的收益。

结果第一年即1938年就推广了3 400亩；第二年又新增1 600亩，达到了5 000亩；1939年7月，中央农业实验所又拨款在开远建立木棉试验场，种木棉30亩，1940年试验场又扩充23亩，达到53亩。这样，开展研究、示范、推广工作就更主动、更方便。木棉研究工作如：对木棉之生长习性；栽培措施，如最佳行距、株距；棉花品质；产量等，很快得到研究结果，并且迅速推广给棉农。使从来没有规模种植过木棉的农民迅速掌握栽培技术，使以前零星生长"无用"的木棉成了可得到收入的农作物。农民得到了实惠，就逐渐喜欢来种木棉。4年后，到1942年，木棉种植面积达到7万亩。这年木棉的市值，比当时国民政府全年的农林总费还多1/3，足见木棉推广之功绩。冯泽芳推广木棉，不遗余力，倾注了全部心血。科学农业把实惠带给了农民，农民由于种木棉而生活好起来了，这使得冯泽芳及其同事们在云南受到热烈的崇敬和爱戴。在陕西泾阳长期推广斯字棉的冯泽芳的学生俞启葆，1944年春天到云南来考察，受到棉农用云南名产宣威火腿、普洱红茶招待，他深深感到棉农生活水平的提高，深深感受到棉农对农业科技人员的欢迎，使他也跟着"沾了光"。

斯字棉、德字棉、木棉三者之成绩，比较起来，就推广面积，产生的经济效益而言，斯字棉当属老大。然而从中国棉花改良工作的角度看，则木棉第一，学术上价值最高。因为人家总可以说，斯字棉终究是外国人培育的品种，中国人只是花钱买来栽种而已。当然也花了时间和精力，做了品种区域试验，知道了它适宜于黄河流域。可是木棉就不同了，它最初只是云南边陲乡下茅厕旁、墓地边或篱笆中间长有几株。有些人没事好玩，随手把它采种来种植于庭院，为庭院观赏景观增加一道风景。顶多有些人把它做成灯芯用来点油灯而已。木棉作为一种惠于国计民生的经济作物，其发现、鉴定、育种、推广，全都是中国人自己干的。总不能把这些记到洋人的功劳簿上，再说中国人不行吧！这是冯泽芳理论联系实际、科研与生产相结合取得创新性成效的又一成功范例。

在木棉取得学术上和经济上双丰收后，冯泽芳对棉花改良事业的满腔热情和事业成功后的喜悦溢于言表，他在致友人的信中写道："斯字棉、德字棉和木棉是我的三个孩子。木棉是我新生的小女儿，我爱木棉同爱我的小女儿一样。"这种爱棉如子之心，何等感人！他的学生和助手俞启葆在《冯泽芳先生棉业论文选集》（1948）的编后记中写道："据估算推广木棉所得的经济效益，其年生产价值比当时国民政府支付的全年农林经费还多出三分之一。"

第五章

首开棉花区试区划
探讨棉纺工业布局

冯泽芳是最早从事中国棉区划分和棉纺工业布局研究的专家，这是他对我国棉花事业的重大贡献之一。自20世纪30年代以来他经常在我国棉区调查，对棉花生产的地理分布有深刻了解。

冯泽芳对于中国植棉区域的划分和对棉纺工业布局的思考，是从发展棉花生产的总目标出发，先划分宜棉区域，开拓植棉业，然后考虑种植业与加工工业的密切配合，以利于农产品的销售和工业原料的供给。他还提到各省不宜提倡棉花自给，应该因地制宜发展各自的特产，建成各种特用经济作物区，如棉业区、丝业区、茶叶区等，在全国的范围内实行区域性的合理分工，以求得国民经济的协调发展。

一、棉花区域试验首开先河

自1915年第一次世界大战影响了我国棉花、棉纱和棉布的进口，于是植棉事业盛极一时，国内纺织业勃兴，迫切需要本国生产的适合机器纺织要求的高质量棉花，这是引起华商所办的纱厂邀请外国专家来指导棉花改良的动机。1918年，美国农业部的史文格博士（Dr. W. T. Swingle）来到中国，他曾经数次来华，对中国颇有认识，华商纱厂联合会就向他请教我国棉花改良的方针。不过史文格本人并不是棉花专家，他就介绍同在美国农业部工作的对棉花很有经验的顾克（O.F.Cook）到中国来，指导我国的棉花改良工作。1919年，60多岁的顾克受华商纱厂联合会之邀请来到中国，顾克来到中国之前，于春季先寄来美国最优质高产的爱字棉、脱字棉、金字棉等8个品种。这8个品种都是美国农业部的标准品种，产量高，特色各有不同，有的是长绒棉，有的是大桃种，有的是早熟品种。这些种子分别在黄河流域和长江流域的8个省26处进行试验，同年8月，顾克亲自来华考察，由华商纱厂联合会植棉干事叶元鼎先生陪他巡视全国的主要棉区。考察后，顾克最后肯定了脱字棉和爱字棉适宜于中国栽培。并指出1919年以前中国所做的品种试验不对，应该放弃，并要开始纯系育种工作。之后开始这两个棉花品种纯系育种。由中央大学、金陵大学、南通学院农科先后开展了棉花纯系育种工作，各省试验场也相继仿行。这次试验虽然品种少，只有8个；时间太短，只有1年；而且仅凭田间观察，产量无记载。但是，脱字棉、爱字棉两个美棉品种自此在中国流行了十几年，种植面积也甚广，且从未曾有人怀疑和提出异议。

1931年4月南京国民政府实业部决定筹建中央农业研究所，由该部次长穆藕初为筹备委员会主任，钱天鹤为副主任，邹秉文、谢家声、沈宗瀚、赵连芳、洛夫（H. H. Love）、马耶（C. H. Myers）、卜凯（J. L. Buck）等14人为委员（后三名为美国籍），筹委会拟了组织规程，提出该所任务为主管全国农业研究、改良和推广工作，为表示对实用性试验的重视，故定名为"中央农业实验所"。钱天鹤主张所址设在南京东郊，离中山陵不远的孝陵卫，因为有地可用，实验室、试验场、宿舍可在一处，因此征购有2 570亩土地，在山坡上建有一栋红色大楼作为实验所。

1932年1月，实业部中央农业实验所正式成立，这是一所全国性的现代农业科学技术综合研究机构。为了要切实研究改良农业，必须聘请国内外一流专家。不久，就聘请美国康乃尔大学作物育种教授洛夫（H. H. Love，冯泽芳在美国留学时的老师）来中国担任总技师，主持中国棉花的改良工作。当时种植的中棉，纤维粗且短，不适合机器纺织的要求。虽然从1919年，华商纱厂联合会邀请美国棉花专家顾克来中国指导棉种改良，帮助引进了在美国最优质而高产的脱字棉、爱字棉良种，推广后有一定效果，但仍不很理想。另外，最近十几年来又有新品种育成。由于中国棉区广大，各种气候、土壤条件差异很大，什么地区种植什么品种最好，尚缺乏系统的经验和理论指导，这时洛夫建议做一次全国棉花区域试验。1933年他首先向国内和国外征集品种，当时征集到中棉35个、美棉13个，共计48个品种，他也向印度、苏联征集品种，但从这两国寄来的棉种到达时日稍迟，没有来得及参加试验。洛夫主张中美棉合并试验，因为他觉得中国各地，哪些地方适合种中棉，那些地方适合种美棉，应该通过品种比较试验来决定。于是由中央农业实验所安排12个试验点，用同一种方法联合进行。他所设计的田间种植方法，中棉用4行区，行距1.5尺；美棉用3行区，行距2尺，两者区宽都是6尺，规则排列，每隔4区设一对照（洛夫所创试验方法），重复4次。洛夫的这个全国棉花区域试验建议，确实有其独到之处。

1934年4月全国经济委员会成立中央棉产改进所，由孙恩麐出任所长，冯泽芳任副所长兼植棉系主任，主管植棉技术（植棉系内设棉作、棉虫、棉病、棉化四股），同时兼任中央大学农学院教授。这年洛夫回国，冯泽芳就接替洛夫主持这项工作。在洛夫回国前，冯泽芳与洛夫讨论过中美棉的应用主要决定是农作制，如陕西一带都种美棉，可以不必再提倡中棉；长江流域是棉麦两熟，农民都种中棉，而不宜种美棉，可以把中美棉试验分开进行。另外试验要有保护行，结果才能准确。讨论结果洛夫赞成冯泽芳的意见。冯泽芳接手后，就将试验方法加以改进，分别进行3种试验：第一，中棉品种比较试验；第二，美棉品种比较试验；第三，中棉、美棉标准品种比较试验。中美棉植株大小不同、利用地力的能力不同，所以必须采用不同的行距和株距。美棉为5行区，用中间3行计算产量；中棉为7行区，用中间5行计算产量。行的长度中美棉都是24尺，行距美棉2.5尺，中棉1.5尺。在黄河流域和长江流域的10个产棉省，选择土壤、气候有代表性的地点，共计18处。1934年18个点、1935年19个点、1936年28个点作为品种区域试验的基地。每年的棉花生长季节和收花之后，他都要到这些试验点详细考察、记录、总结、指导。这项工作十分艰苦，20世纪30年代的中国农村，素称穷乡僻壤，交通也是极其不便，某些县城都不通汽车，更莫说乡下了。搭乘马车、牛车，乃至步行，都不稀罕。有一年，冯泽芳连过年都无法赶回家。夫人孟成玉和两个孩子，望眼欲穿也没有办法，那时也没有电话，就只能冷冷清清地过年了。有些地方治安情况不好，生命都不敢说有保障。像他这样深入生产第一线，实施艰苦奋斗，奉行理论与实践相结合，科研与生产相结合的工作态度和科研精神实属难能可贵，大家都对他表示赞叹和敬仰。

冯泽芳

1934年11月九江乡师中大同学欢迎冯同学泽芳来赣视察棉业摄影　左四为冯泽芳

考察途中，二十四年（1935年）秋在陕西三原（冯泽芳自注）

1935年，冯泽芳（前）赴棉区考察途中，在卡车上

二十四年（1935年）秋华清池

二十四年（1935年）视察泾阳棉花区域试验（冯泽芳自注） 左冯泽芳、右郑学年

河南太康之行，二十五年（1936年）三月（冯泽芳自注）

二十五年（1936年）秋在陕西视察棉花区域试验，冯泽芳（前）宋康祥（右）许兴汉旁立（左一）（冯泽芳自注）

第五章　首开棉花区试区划　探讨棉纺工业布局

经过两年的试验，取得了令人欣喜的结果。他的论文《适于中国栽培之美棉新品种》（发表在《农报》1935年第二卷第27期）、《最近二年棉花品种区域试验之结果及今后吾国之棉种问题》（发表在《中华棉产改进会月刊》1936年第三卷第七、第八期合刊）等，就是对全国棉花科学工作者集体参与的这项工作的总结。试验的结果发现了两个新的美棉品种，比脱字棉、爱字棉都要更优质高产。一个是斯字棉4号，增产10.6%~66.7%，它在黄河流域棉区表现突出，成熟早，产量高，比"脱字棉"、"灵宝棉"增产36%，比本地小洋花（退化美棉）增产65%；另一个是德字棉531号，它在长江流域棉区表现最好，平均增产14.8%。而且二者的纤维长，售价高，这2个品种推广后，深受棉农欢迎，棉纺工业也因此受益。

全国棉花品种区域试验的结果，使斯字棉和德字棉两个新品种得到肯定。为了加速该两个品种的繁殖推广。他立即通过全国棉业统制委员会在彰德（今安阳）和南京分别进行斯字棉4号和德字棉531的繁殖和纯系育种，为良种的推广作好准备。1936年春，我国又从美国购进2万千克"斯字棉4号"，在黄河流域几个试验场繁殖约5 000亩，秋季收获种子23.3万千克。1937年推行棉种管理制度，集中推广4万多亩，这是"斯字棉"在我国大量繁殖的开始。后来在中央农业实验所和陕西、河南、四川各省有关人员努力下，1941年使"斯字棉4号"在陕西关中和豫西一带推广100多万亩；"德字棉531"在陕西南部和四川也达到70多万亩。在当时的条件下推广这么大面积，实属难得。"斯字棉"和"德字棉"的推广不仅在抗战时期为大后方的纺织工业提供了优质棉原料，也为中华人民共和国成立初期华北普及优质棉品种，发

斯字棉5吐絮情形，二十九年（1940年）九月泾阳（冯泽芳自注）

展棉花生产打下良好基础。

棉花品种区域试验的成功,充分表明棉花品种区域试验的重要性;在国际上,这一课题也处于领先地位,中国与苏联并列为最早实行国家级棉花品种区域试验的两个国家。而且在学术上懂得了"棉区"这个概念和棉区划分之重要。某个良种,它只在某个特定棉区内才能优质高产,不可能放之四海而皆优。这对于以后的品种试验、引种和良种推广,具有重大的指导意义。此外,在国内主要农作物的区域试验中,棉花区试首开先河,其后才有麦、稻等农作物的区域试验。

抗日战争后,全国棉花品种区域试验一度中断。新中国成立,冯泽芳建议恢复棉花品种区域试验,得到农业部的重视,并采纳施行。从1956年起,他又主持此项工作,当时他任南京农学院农学系教授,与华兴鼐等组织北方和南方棉区的区域试验,并与汪雄时、杜春培等整理发表了1956—1957两年的试验总结,肯定了"徐州209号""彭泽4号"等优良品种的增产作用和推广价值。他对这些国内自育的棉花新品种能与国外品种并驾齐驱十分欣慰。这项工作至今已延续了70多年,并且成为国家评选优良品种进行区域化种植的科学体制。

二、划分五大棉区

中国棉区划分研究是冯泽芳对我国棉花事业的重大贡献之一。他是我国最早从事中国棉区划分研究的专家之一。从1934年到1953年,他通过对棉区的实地考察,对全国棉花品种区域试验的结果分析,经过20年的潜心研究,逐步地加深认识,将中国棉区由两个初略的划分,发展到五大棉区更为科学的划分,即黄河流域、长江流域、特早熟、西北内陆和华南5个棉区,并一直沿用至今。

他平均每年有一半时间在全国各地调研,足迹踏遍产棉地区。棉花的产量和质量,与诸多因素有关。我们如果切切实实地遵照客观规律去种棉花,就能达到高产、优质。在自然因素中,尤以气象因素和地理因素的关系最为密切。所以他特别注意到全国各地,尤其是棉区,调查气候情况和地理情况。冯泽芳有记日记的习惯，可惜在他逝世以后，日记及一些数据没能保存下来，丧失了宝贵的历史资料，甚为遗憾，特别是在今天需要为他写传记的时候！日记的第一行就是日期和天气状况。

冯泽芳从1937年在《农报》第四卷第四期上发表《中国棉区之天然环境》，至1947年在《中国棉讯》第一卷第一、第二两期连载发表《中国之棉区与棉种》，11年来，共发表10篇文章论述中国的棉区问题。

农作物的种植和分布，有很强的地域性，因此，与放之四海而皆准的数理科学不同，农业科学是带有很强地域色彩的科学。这是因为农作物的种植和它的分布，很强烈地依赖自然因素，主要是气象因素和地理因素。此外，与农情也有很密切的的关系。因此，要想发展棉花生产事业，首先必须考察了解各地的自然环境，是否适宜于植棉，适宜种植哪种类型的棉花。

1934年，美国专家洛夫（Love）离开南京回国前，临走的时候告诉冯泽芳："冯先生，长江流域与黄河流域棉种有何不同，值得注意一下。"这是引起冯泽芳研究划分我国棉花区域的导因。当时少数前辈因为受了顾克（Cook）的影响，不赞成做棉花品种区域试验。后来洛夫主张做棉花品种区域试验，并在冯泽芳等许多人的努力下，做出了成绩，于是人们不能不佩服洛夫的卓见。

我国当时的产棉区，主要在黄河流域和长江流域。黄河流域棉区，计有陕西、山西、河南、山东、河北5省。长江流域棉区，计有四川、湖南、湖北、安徽、江西、江苏、浙江等省。冯泽芳认为，不能全国各省都产棉，而且在一省中，也不能各县都产棉，因为各地条件不同。

他指出，影响棉产分布的因子很复杂，主要决定于天时（天气因素）、地利（地理因素）和农情3个因素。气象因素中，主要有温度、雨量、无霜日数和云量（或日照时数）。

1. 温度

我国棉区大部分在年平均温度10℃等温线以南，此线亦即北部棉产区的界线。此线以北，因适宜生长季节太短，不宜棉花生长。愈往南则温度愈高，颇适宜于棉花生长，但事实上南方产棉甚少，其原因不在温度而在雨量。雨量过多，对开花吐絮不利。再因雨水多而温度又高，则病害与虫害滋生迅速，为棉所不能抵抗（广东、广西所植之棉，皆为抗虫抗病的品种）。如果土质利于蓄水，又加温度高、雨量足，则为著名水稻区，以及生长热带果品，获利甚丰，以经济利益衡量，不必种棉。

2. 雨量

我国棉区在年平均降雨量400毫米等雨线以南，黄河流域棉区和长江流域棉区，地理上以秦岭和伏牛山为分界线，气象上则以年平均750毫米等雨线为分界线，黄河流域棉区年平均雨量在400～750毫米，此区为良好的植棉区域，唯气候稍嫌干燥。尤以春季播种时，缺少雨量，必须灌溉。在华北各省，常见到打井灌溉的情况。为发展及稳定该棉区要设法普及灌溉。如陕西自从开渠完成以后，棉花产量突增，就是一例。雨量400毫米以下的地区，不适于植棉。

长江流域各地雨量相差颇大，在800～1400毫米，雨量充足，无灌溉之烦。但有时尚嫌夏季雨水太多，尤其地势低处，易致淹水。如1935年，湖北与江西无数棉田被水淹没。

长江流域以南则雨量更多，超过1400～1600毫米的地区因雨量过多，不利棉铃吐絮。再因温度高，雨水又充足，易发生病虫害，不宜种棉，宜种水稻及甘蔗、热带水果等。

3. 无霜日数

每年从春霜停止，到秋霜降临，这一段没有霜的期间称之无霜期，也叫生长季。我国产棉区域，均在生长季175日一线以南，一般美棉生长期较长需200日，早熟品种至少需180日，这期间不可有霜。我国北方，如山西北部，不能种棉，就是无霜期太短的缘故。

4. 云量或日照时数

棉花在生长季内，需充分日照，才能生长良好，产量增加，黄河流域生长季内晴天较多，云量较少，日照充分，产棉多，亦为重要因素之一。

他还指出，影响棉花产量和质量的地理因素有4个：海拔高度、地势、土质、酸度。

1. 海拔高度

从全国情况来看，产棉地区大都在海拔500米以下，如河北、山东、江苏、湖北等地。较高的棉区，如陕西渭水流域，在海拔400～1 000米，这是由于陕西全省地势高。高出1 000米以上者，实属极少（如云南有数地的高度达到1 500米，但产棉甚少）。

2. 地势

全国产棉地区大都为平原，如黄河下游华北大平原（包括河北全省、山东西北部和河南东北部）、长江下游大平原（包括江苏全省、浙江北部和安徽大部）、江汉平原（包括湖北大部、湖南北部），另外陕西的渭水流域平原、四川中部盆地，都是我国天然棉区。

3. 土质

我国棉区百分之九十以上为冲积土，如黄河流域的河北省全部、山东西部、汾水下游、渭河两岸，皆为钙质冲积土。因为雨水缺乏，为旱作地区，夏季主要作物为高粱、小米、黄豆，凡能种以上作物的土壤，均可植棉。长江流域的江浙、湖北之沿江沿河一带棉区，大部为无钙冲积土。长江流域也是我国主要的水稻区。棉花与水稻的土壤分界，颇为明显。凡土质疏松不能蓄水者，为棉区；而土质黏重利于蓄水者，即为稻田。沿海盐渍土，如江苏盐垦区，产棉密度甚高。河北长芦盐区，亦可产棉。

4. 土壤酸度

棉花适宜于稍带碱性的土壤，酸性过重（pH值5.6以下）不宜种棉，我国南部棉花极少，土壤酸性似为限制因子之一。

农作物的分布，受到气象和地理等自然因素的限制。故热心提倡棉作的人们，不可忽略这一点。如果在气候和地理因素适宜的环境中，因势利导，则事半功倍。如果在气候和地理不宜的地区，例如，我国极北和极南地区，提倡植棉，则用力多而效果少。

除气象和地理外，农情也与棉产很有关系。中国的农区，依农情可分为旱作区和水田区两大类。我国大体以秦岭、伏牛山和淮河为界线，北为旱作区，南为水田区。水田区夏季以水稻为主要作物；旱作区的夏季作物有高粱、大豆、玉米和小米等，种植棉花的地区，都在旱作区。一块土地种什么作物，存在着经济利益和竞争。陕西省棉价虽甚贱，但种棉者仍众多。原因是同一地块，与棉花在竞争的作物，如高粱、玉米、小米的价格更低，种这些作物获得之利，均不如种棉。再如云南省棉价虽贵，但农民仍不种棉，因为种水稻或甘蔗等，比种棉获利更多。1937年时淮河流域产棉甚少，原因在于淮河常泛滥成灾，未能治理。棉花生长期长，受水灾的危险性很大。农民多种高粱，因为高粱生长期短，受水灾危险性也小，即使淹水一二尺深，而高粱的植株高，也无多大影响。

根据1934—1936年各省中棉品种区域试验结果，凡长江流域的中棉品种移至黄河流域种植，产量要比黄河流域当地品种低。反之，黄河流域的品种移至长江流域种植，产量亦减；而美棉品种区域试验的结果分析，如斯字棉之早熟品种在黄河流域产量最高，到长江流域则比标准品种减产。反之，如爱字棉等大桃品种，在长江流域有时可获丰收，而至黄河流域则绝无丰收可能。这明显看出黄河流域与长江流域品种的区别。

由此，1936年8月，冯泽芳在第十九届中华农学会镇江年会上发表了以《中国棉产之分布及其与气候地理之关系》为题的论文，将我国宜棉区域初步划分为2个：黄河流域棉区和长江流域棉区。这是冯泽芳第一篇关于棉花种植区划的论述。

随后，冯泽芳展望了我国的新棉区。他认为，中国新棉区当以淮河流域最有希望。原因有五：第一，温度。淮河流域处在14℃等温线，适于棉花生长。第二，雨量。处在900毫米等雨量线。华北400毫米，雨量太少，必须灌溉。而长江流域1 400毫米，雨量太多，必须排水。而淮河流域雨量较为适宜。第三，地势。淮河流域是一个大平原，海拔高度在50米以下。第四，土质。这里是冲积土，宜于种棉。第五，为旱作区。现在主要种高粱。从以上5个方面来看，淮河流域应为最宜植棉的地区。而现在种棉极少，原因在于淮河时常泛滥，而棉花不能适应，所以农民多种植耐旱耐水的高粱。将来如果治淮成功，淮河流域将会成为棉区。

1938年前，西南只有广西柳州一个棉花试验点。冯泽芳于当年去西南考察，在贵州、云南等省跑了半年多，详细考察了各地的情况，感到西南只有柳州一个试验点，资料不足以作为划分西南棉区与长江流域棉区的依据。于是在1939年与各省有关人员商量，决定在西南各地做棉花区域试验，试验地点分布在湘、川、康（原西康省）、滇、黔、桂6省，共有22个试验点，中美棉分开，做2个试验，随机排列，重复5次。根据1939年的西南六省棉花区域试验表明，中棉各品种在不同区域内之表现，最为明显，西南棉区之中棉，生长高大、多毛、抗畸形病，这3个性状特别明显。种到其他棉区，则成熟迟、产量低；长江流域棉区之棉种，移植西南棉区，畸形病重、生长矮小、产量低。故将西南棉区由长江流域棉区划出。

1940年，在中华农学会第二十四届年会上，冯泽芳发表论文《中国之三个棉花适应区域》，根据近几年棉花区域试验的结果，将棉花适应区域分为3个：黄河流域棉区、长江流域棉区和西南棉区。

新中国成立后，冯泽芳考察了东北等地棉区，根据所得的资料，将棉区进一步细致划分。在东北的辽河流域，北以辽河与松花江的分水岭为界，南至海滨，东以千山山脉为界，西以河北、内蒙古的山地为界。这个区域主要特点和黄河流域大致相同，但生长期较短，只有150~170天。夏季高温稍低于黄河流域，高温日数亦较少，但阳光充足，也能种棉，但只能种小株、早熟的陆地棉。经过1950—1951年东北地区品种试验结果分析，将辽河流域棉区从黄河流域棉区划出，以后改为特早熟棉区。

以新疆维吾尔自治区为主，包括甘肃省乌鞘岭以西，祁连山以北的"河西走廊"地区。这个区域气候很干旱，年降雨量在200毫米以下，有时无降雨，所以种棉绝对需要灌溉，除这个最大的特点外，大部分地区生长期很短，约为120~140天，只宜种小株、早熟的棉花。故将西北内陆棉区从黄河流域棉区划出。

长江流域棉区以南直至海南岛，东至台湾省，西至滇缅边境，西南至滇越、桂越边境，西北至西康高原。包括台湾、广东、广西、云南4省全省，福建、贵州两省的南部，西康省的西昌区（今属四川省）。这个地区地势多山，雨水多；土质酸性而黏重，冲积土不多，好的冲积土都种水稻和甘蔗；虫害重，棉田很少。这个棉区的特点是生长季长，一年四季没有霜雪，或罕见霜雪。因此可以种多年生棉，即木棉。这区划为华南棉区。

经过20多年来对棉区的气候、土壤、农情的调查研究，以及历年各省区所做区域试验的结果，逐步明确各棉区的特点和棉种的分布。在1953年著的《合于中国栽种的细绒棉》一书中，冯泽芳将此加以系统总结，把中国棉区划分为黄河流域棉区、长江流域棉区、辽河流域（后改为特早熟）棉区、内陆流域（后改为西北内陆）棉区和华南棉区，这5个棉区的划分指导着棉花育种、引种和推广工作，几十年来的实践检验，证明以上分区符合客观实际，至今仍为棉花科技界所沿用。以后的棉区划分研究，基本上是在这个基础上进行的。当时他所展望的淮河流域，适于种棉，但因淮河经常泛滥成灾，种不成棉花，现在淮河经过治理，黄淮海平原已成为我国棉花生产的重点开发区，冯泽芳的预言已成为事实。

三、按宜棉区域探讨棉纺工业布局

冯泽芳是我国最早从事中国棉区划分和棉纺工业布局研究的学者之一。棉花的生产、改良与棉纺织工业的发展有着密切联系。在研究棉区划分的同时，他就注意棉纺工业布局的研究。1940年发表在《新经济》第三卷第八期的论文《我国棉工业区域的合理分布》一文，在引言中首先指出：我国这几年来，谈农业政策的人有一个大进步，就是主张"农业要与工业相配合"；谈工业政策的人亦有一个大进步，就是主张工业的建设要顾及原料和动力的供给，民生和国防的需要，而造就若干个"工业中心区"。他针对日军侵略对我国棉纺织业造成的巨大破坏，指出战后复兴建设时，要重新分配棉工业区域，以利于原料的取给、民生和国防。

棉花在过去的农业改良上是与工业发生联系最密切的。中国棉花改良的建议就是始发于纺织界中心人物——1915年时任农商总长的张季直先生,和1919年及1920年的华商纱厂联合会的穆藕初、聂云台先生,他们都认为棉花改良的成果,纺织厂首先受益。1936年我国生产的棉花在数量上已基本满足国内500万锭纱厂的需要,可以不进口棉花;在质量上32支纱以下的原料可以自给,只需要买少量埃及棉供纺最细纱之用;在等级上,掺水、掺杂的份量已减少到合理程度,使得每纺一件纱可以少买15~20千克原料。这是经营棉纺工业的主要人物——经理、厂长和工程师所亲自感受得到的。这也可证明棉业改良与工业发展的密切关系。

棉纺工业在过去是中国最大的民族工业,到1936年7月抗日战争爆发前夕,在中国境内的纺纱锭数有502万锭,正在建设中的约100万锭。资本数量约3.3亿元,工人数量有207万人。但是,棉纺织工业中心区域的分布,并不十分合理,因此抗日战争爆发,棉纺织工业所受摧残也最大。到1939年抗战2周年以后,我国在后方开工的纱锭只有7万枚,仅及战前的1.4%;即使正在迁移中的和新建的一齐建设完成后,也不过25万锭,只及战前的5%。所以大后方布匹之昂贵,为七八十岁老翁所从未见过。缝一件棉背心慰劳前方将士,成本也要超过以前的3倍。冯泽芳认为,这次抗战中所受的教训,应为以后建设中国棉纺工业的借鉴。

冯泽芳收集并列出了1936年3月中国纺纱厂的统计资料。从中可以看出,过去棉纺工业配置不合理,集中分布在上海、青岛、天津、武汉四地,尤其是上海,纱锭总数为266万锭,占全国的52.9%,上海与江苏合起来,纱锭数目为327万锭,占全国的64.9%。其次,青岛有54万纱锭,占10.7%;武汉有31万纱锭,占6.3%;天津有23万纱锭,占4.6%,全国其他各地合计有67万纱锭,占13.6%。这种纱厂分布有原料配置上的原因,因为江苏、河北、湖北、山东在中国棉产量上占第一、第二、第三、第四的位置;其次是因为大城市电力集中,动力供给较为容易;然而最大的原因是帝国主义的压迫。上海纱厂中,日本人所有的就占了50%(这还未包括英国人在上海有22万多纱锭);青岛的纱厂,日本人所有的竟占到91%;天津纱厂在抗日战争前夕,就已经一大半被日本人买走了；汉口纱厂日本人所有的占8%。可见中国棉纺工业集中在沿海，是日本经济侵略的结果，而不是中国自然的发展。再一个原因是治安的关系，我国历年的内战，使投资者不敢到内地产棉区域去建设纱厂，郑州豫丰纱厂历年所受的祸灾就是一例。上海纱厂老板明知上海厂址的地皮价值，就足够在内地建设一个同样规模的新厂，但是仍然不敢迁往内地。

纱厂集中在沿海，在原料分配上及民生需要上的不良后果是显而易见的。如陕西的棉花，运到上海来纺纱，而上海纺成的棉纱又运回陕西去销售，每担花和纱每次需10元以上的运费，这使纱厂成本的增加和穿衣人负担的增加。至于国防上的关系，更不用说，此次沿海纱厂为敌人所破坏或控制，上海10支纱每件售价七八百元，而昆明重庆每件卖到2 000元以上，并且许多地方买不到棉纱。

冯泽芳指出，经过这些惨痛的教训，对将来复兴时期，我国的棉工业中心区必须重新分配，以适合原料的取给，及民生和国防的需要为原则。他根据当时棉产与纱锭的比例，即每1 000担皮棉，应该派到纱锭约350枚，以这个数目为标准，考虑各区以后纱厂的分配。

他提出：

首先，沿海不必再办厂。

江苏棉区棉产242.5万担，纱锭有326.7万枚，每千担皮棉有纱锭1 347枚，已过多；山东棉区棉产179万担，纱锭59.7万枚，每千担皮棉有纱锭334枚，接近饱和；天津棉区棉产57.6万担，纱锭28.8万枚，每千担皮棉有纱锭476枚，从棉产来看纱锭已饱和，又因外国经济军事势力的压迫，应保持原状，不必再扩充纱厂。

第二，内地应扩充棉工业。

一是陕西棉区。陕西棉产全国有名，皮棉产量有89万担，而纱锭数为1.2万枚，尽有发展余地。而且今后棉产量还会有增加，将来产棉可达150万担，除被絮用外，尚可供给40万纱锭之需。且陕西煤易于取给，咸同铁路建成后，同官的煤可源源运来。故此区渭南、西安、咸阳、宝鸡等地应为今后我国重要棉纺工业中心。其产品除供给陕甘外，并可输入四川。

二是两湖西部。湖南、湖北两省棉产，供给当时的纱厂尚有富余。湖南省的纱厂在长沙，湖北省的集中在汉口，均离开棉产区。故今后湖北可设厂在襄阳及沙市，湖南增设一厂于常德，该三地产品可供给西南川、康、黔、桂各省。常德、沙市靠近长江，煤亦不成问题。上述两区域迄今尚未被日本侵略军占领，中国以后即使再有外患，当更不能蹂躏到如此地步，故亦为国防上较安全的区域。

三是平汉北段。从保定至新乡是棉产极盛之区，当时此区1 000担皮棉平均仅纱锭32枚，大有发展余地。且这一带为产煤之地，井陉煤矿、六河沟煤矿蕴藏丰富，所以今后彰德（今安阳）、石家庄均应规划为纺织工业的重要中心。

四是山西省。山西省当时产棉53万担，有纱锭7.4万枚，每千担皮棉仅派到139枚纱锭，甚有发展余地，且山西煤产丰富。故山西汾水下游尚可发展棉工业，不难再加10万锭。

五是长江中段。自九江与汉口之间，棉花原料极为丰富，煤之供给亦方便，尚有发展棉纺的余地。上述3个区域这次虽为日寇蹂躏所及，然将来国防巩固，应为较安全之地。且无论如何，总比沿海第一线的上海、青岛、天津为安全，而且可以避免外国人的竞争。至于国防，虽不及上述各区，但按照黄汲清先生所建议的国防线，即连接伏牛山、大别山、黄山，以马当要塞为门户看来，此区仍在安全地带。

第三，西南各省棉工业的前途。

此次抗日战争，对棉业来说，最不幸的就是抗战以西南为重要根据地，而西南各省是棉花产量和棉工业最缺乏的地方。抗战以前，川、康、滇、黔、桂5省都是以棉纱、棉布占输入品第一位的（总数约1亿元）。这五省之中，川、滇两省较有办法，且已有措施。四川年产棉花约50多万担，但这对四川5 000万人口来说，还是不够的。所以四川每年进口的货物中，以棉货为第一位，约值5 000万元。这次抗日战争中，特别是武汉撤退以后，外省纱厂迁入四川的，达到15万锭，这是四川发展棉纱工业的一个好机会。四川究竟应办多大的纺织工业呢？从四川的需要而论，抗战以前，四川每年输入的棉纱达45万担，全以10支粗纱折算纱锭约需22万枚。再从原料棉花供给而论，种棉花5万亩以上且确有棉花可以输出的县份，只有遂宁、南充、简阳等13个县，为数约48万担。除去各县需留作自用约10多万担外，输出不易超过30万担。现在已迁入四川的15万纱锭，已基本饱和，故不必再扩展棉纺工业。

云南省1938年产皮棉约7万担，对于全省1 200万人口而言，是微乎其微的。若办纺织厂，原料很缺。云南省当局对办厂有极大的决心，确定从省外或国外进口棉花。所以云南省纺织工业，在中国可谓别树一格。在抗日战争开始前就已筹办的省营云南纺织厂，于1937年8月开工，计纱锭5 200枚，布机60架，抗战以来获利甚厚。1939年又新建裕滇纱厂，预计1940年秋季可开工，计纱锭2.5万枚，二厂共计纱锭3.02万枚。

云南在抗战以前每年平均输入棉纱5万大件，现今3万锭子，日夜开工，每年约可产10支粗纱4.6万大件，与需求相差不远。所以云南省的纺织厂，从原料和需求两方面看，都不必再增加。

再看广西省，全省棉产量甚微，而桂林已经有了一个纺织厂，纱锭1 800枚，可说规模很小。但广西受棉花原料限制，将来宁可兴办糖厂，而不必再办纱厂。再看贵州省和西康省，这两省原料、动力、人工都缺乏，将来也很难有办纱厂的机会。因此总体看来，西南各省从原料供给这一点来看，现有纱厂已达到饱和，不必再建设新的纱厂了。冯泽芳写道：将来复兴吾国棉纺工业时，必须将这"纱厂在棉区内设立"的计划办到，才能够抵抗外国同业的压迫，利用廉价的原料，减低纱布的运费，中国棉纺工业才有独立更生的一日，亦是我最恳切的希望。

那些年，冯泽芳遍历全国各重要棉区，深知中国棉产受天时、地利和农情影响甚大。但我国宜棉地域广大，自给自足绝无问题。但愿宜棉之地，应该充分发挥其效能。他最大的愿望是，中国棉田充分利用起来，我国棉工业充分发展起来，自给之余，也可输出国外，换取外汇。但最低要求为自给自足。他疾呼："我等肩负此重任，应做到今后再遇外敌侵犯时，再不要让后世子孙穿20元以上的一身制服才好！"

最后，冯泽芳写道："在结束本文之前，我要说一说全国经济自给的必要和某省单独经济自给的不可能。近七年来，我周历全国重要棉区，深知中国棉产的分布，受天时地理和物价竞争的影响，生产区域有相当的限制，各省不能一律产棉，好在我国宜棉区域很广，所以全国棉产自给并无困难，今后应一面在宜棉地区发展棉产和纺织工业，一面巩固国防和发展运输，使棉纱棉布充分分配到西北西南各省，这是最经济最合理的办法，亦合乎自然的条件。若勉强使不能或不宜产棉的省份都要种棉花，这是不可能或可能而不经济的。各种作物都有它最适宜的地点，才能用最少的成本，出最高的产量。所以应求全国特产的'区域分工'，例如棉业区、茶业区、丝业区、羊毛业区、糖业区、渔业区等，以达到全国的经济自给。以中国这样地面广大而资源丰富的国家，这是最可能最合理的经济政策。"

1943年，冯泽芳撰写《我国之棉产与棉纺织工业》一文，刊登于中国纺织学会会刊1943年第2期，进一步论述棉产与棉纺织工业的关系，阐明了棉纺织厂合理分布的重要性。

第六章

讲堂执鞭 教书育人

冯泽芳一生中有较长的时间从事教学工作。他治学态度严肃认真、极端负责、一丝不苟；治学方法是以身作则、严格要求、循循善诱、诲人不倦、热情教导。他勤勤恳恳启迪后学，为国家培养了大批人才，凡是他的学生无不敬佩他为人师表的崇高风范。他治学严谨，联系生产实际，要求学有所用。1921—1958年先后在东南大学、江苏省第一农校、江苏省第三农校、中央大学、南京大学和南京农学院任教，一贯坚持生产、科研、教学三结合。提倡教师要联系生产实际，从事科学研究工作，以不断丰富自己的知识和经验，才能搞好教学工作。1923年在江苏农校当教员时，深感当时棉作学教材脱离了中国的棉花生产实际，内容多是外国的数据和事例，而联系中国实际的内容太少，于是冯泽芳结合国内生产问题，查阅了大量资料，编著了具有本国特点的农校教材《棉作学》讲义，1925年编撰成为《中等棉作学》由中华书局正式出版，1949年4月在中央大学农学院讲的《棉作学》讲稿（见珍存手稿）。

一、大学农科学生的治学方法

1934年，冯泽芳应邀在南通大学农学院作了"大学农科学生之治学方法"的讲演。他说，大学农科同学之求学方法，至少应该做到4件事：读书、实验、实习、研究。愿与同学共勉之。

一是读书。他指出，既不能读死书，也不能完全不读书。从书中学习前辈的成果和研究方法是成才的高效率快捷方式，所以读书是求学方法中的一个重要部分。读书之中，有一个记忆问题应当怎样看待，他认为，科学（农学是其中一门应用科学）中必有一部分很重要的内容，对此必须熟记。这在外人看起来非常之难，但是对该学科的专门学者，因为常用，也就不难了。有些内容，记其大略即可。例如，1932年中国有棉田3 700万亩，年产皮棉800万担。不必记住有棉田三千七百零九万九千八百亩，年产皮棉八百一十万五千六百三十七担。

二是实验。如果读的是文史学科,则闭门读书,也可成绩斐然,成为专家学者。但是农业是实验之科学,其中必有一些知识,从书中不可能得到;或得到了,仍旧模糊不清。如棉之良株与劣株,书中也可以记述之;但必须到田中实地选择,才能明晰。又如大雨之后,土壤到什么样情况以后才可以耕耘,则书中几乎不可能传授,而必须仰赖实践体验。

三是实习。实习与实验有一部分相同。按冯泽芳划分,实验为求明确知识之方法,实习为求纯熟技能之方法。农学是实地应用之科学,以实地应用为归宿,明确的知识则是应用的基础。例如,讲明种棉深度为多少,条播机怎样控制深浅,棉行以笔直为佳,这些都属于知识。然后把条播机搬到田中操作,操纵它以达到深浅适宜,且棉行笔直,则是技能。因此实习必不可少也。

四是研究。研究本非大学本科学生必做之事,但按中国的现状,大学农科三四年级学生选一题目作研究,也是极普通之事。但如欲研究,则必须随一富有学识和研究经验之名师,在其指导下研究,方可减免错误而提高效率。

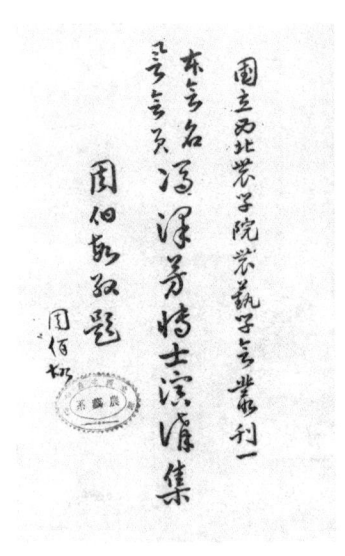

冯泽芳博士演讲集

1940年4月冯泽芳在陕西考察途经武功,应西北农学院周伯敏院长和农艺系沈学年主任的盛意,对全体同学讲了"大学农学生之治学精神与方法",5月又特意留武功8天对农艺系学生作了"民国以来吾国棉作改良史略""棉花区域试验之成绩及中国之三个棉花适应区域""斯字棉之试验成绩与推广经过""云南之木棉""吾国之棉区环境棉产区域及棉工业区域""棉作文献述略"等6个讲座。以上7个演讲承蒙西北农学院农艺学会根据各位同学细心记录,编辑成"冯泽芳博士演讲集",周伯敏院长亲笔题名,于1940年7月编印成册,冯泽芳还为演讲集作了"弁言"。

1942—1946年任中央大学农学院院长期间，冯泽芳还对大学生们作了"大学农科学生治学之精神和方法"的讲演。在1946年4月8日出版的《中央周刊》第八卷第十三期的"读书指导"栏目中发表了《大学农科学生的治学精神及方法》一文，这是对大学农学院一年级学生讲的。1946年还对农艺学二年级学生讲"作物之重要及学习作物学之方法"；1946年9月17日还讲了"怎样学习农艺"（见珍存手稿）；1950年还对南京大学农学院学生讲"农学院学生的治学方法"（见珍存手稿）。

他首先讲到，本人经历小学、中学、大学，以至读到研究院。感到从中学到大学，求学习惯有很大转变。大学不是中学，农科学生不是文科学生，大学农科学生治学的方法及精神，应与中学生及大学别的学院学生不同，所以应该提出来讨论。他提到的这些学习方法，对于今日的农科学生同样有指导意义。以下是该文的主要内容。

（一）大学农科学生应有的治学精神

甲、要有自动的精神：大学与小学、中学第一个不同的地方，是自动的精神。小学生读书，老师教多少，就学多少，离开老师的督促很少会自动的读书。但到大学就不同了，试问你为什么要进大学？又为什么要进农学院？这是由于我们的一种自发自动的精神。我们应当把这种自动的精神，发扬起来，要自强不息，精益求精。所学的范围，不以书本和老师所教的为限。

乙、要有实验的精神：农学是一种科学，科学就应当注重实验。

丙、要有创造的精神：大学是最高学府，是学术的源泉。我们应当以所学的科学内容为基础，在农业改良上有所创造。

（二）大学农科学生应有的治学方法

甲、读书

现代的治学方法，固不限于读书一项。但读书仍为治学的第一种方法。经验固然很重要，我们从自己的经验可以得到知识。但人生是有限的，在有限的人生过程中，要想得到更多的经验，书是不可少的。书是人类经验的记载，是前人经验的积累，为了经济的利用我们的时间和精力起见，须从书中求得知识。我们研究农学问题，当然也不能离开书本。现将读书的方法，分几项来说明如下。

（1）读书的程序

A. 工具：在大学里，第一要紧的是读书的工具。中国文、外国文是大学里读书的重要工具，一定要学得好才是。

不通本国文，不能读书。我勉励诸位青年同志，要文字写得通顺，不写错别字。并不一定要写出八股的味道、四六的句子，但是应用文应当良好。

此外，大学农科学生至少必通一种外国文，看得懂，写得好。因为现在的世界，交通发达，求知的范围扩大了。最普通的当然是英文，看书要能看得懂，看得快。写报告写不好的要多多地写，不要怕，越学越好，不学是不会长进的。第一种外文之外，最好还要学第二外文。每种要以能够阅读书籍为佳。

B. 基本科学：学习基本科学，这也是大学生与中学生不同的地方。我所说的基本科学，大都是纯粹科学。大学农科学生的基本科学，有动物学、植物学、化学、地质学等。比如学农艺的，没有学地质，就不能够学土壤。没有学化学，就不能够学肥料。又如作物学的基础是植物学，读育种一定要先知道遗传等，不一一例举。我要告诉诸位一句话："基本科学愈好，将来在学术上贡献也愈大"。也好比盖大楼，要想稳固，基础一点也不可马虎。许多人都说我到康乃尔大学去学棉花，我实在告诉诸位，我到康乃尔没有学一个字的棉花，我学的是基本科学。以我个人研究的学问对象来讲，如遗传、细胞、植物生理学等。可是有不少中学生，中学毕业便认为他们的化学读够了，生物读够了，我常常要向他们讲，你们到底知道多少？勉励他们继续努力。同时我还要告诉诸位，大学农科学生与老农夫有什么区别？就是老农夫不懂得农学的基本科学，所以不能发明创造。

C. 农业的一般科学：有些课题，是农学院各系学科都要学的。比如农业经济一课，农艺、畜牧、园艺、森林，哪一系不要学呢？

D. 主系及副系课目：有些大学分主系与副系，后者是与本系有关的科目。如时间可能，应当多选些他系有关的科学。如学农艺，学点畜牧、园艺。诸位有功夫，一定要学习些副系的功课，将来可应用无穷。我学棉花的，有时要参观一下麦子的育种。即使栽树、种菜、养蚕等，我们也不可不知道一点。大概现代研究学问的标准是，对一般有关的科学要懂得，不应当专限于狭小的范围，但也不应忘记了自己的本行。总之，基本科学求其广博，主科求其高深，尤如一个金字塔。

（2）读书的方法

A. 听讲与笔记：从中学到大学，头一个感到最难应付的，是听讲和笔记。过去读大学的时候，先生叫我记笔记。可是中学时代，一个字也没记过，所以当时有这样的感觉。我做过学生，也做过老师，关于演讲和笔记，就个人的经验，讲一句公平话："有利有弊"。

利的方面：假如先生准备得很充分，可以节省先生编讲义的工夫，参考更多新的材料，做成大纲，详细地讲给学生听，这是最经济的办法。又因为用作课本的书籍时时改变，不断地增订改版，用书有其困难，故采用笔记的办法是有利的。我过去读书时，在教室中即将笔记记下，课后不再整理笔记，利用整理笔记的时间去看书。加之，记过笔记的内容，脑子里印象深刻，考试时可不再预备，又是一个好处。"难过日子好过年"，就是这个意思。

弊的方面：笔记范围太小，其内容不论先生讲得多么好，学生记得多么详细，在数量上实属有限，所以，非看参考材料不可。

B. 看参考材料：这也是大学生与中学生不同之点。这里不说参考书，而说参考材料，是由于包括杂志、报告等而言。诸位在大学时代，一定要养成多看参考材料的习惯。一个大学生，应该自动去发掘知识的宝藏，而不应局限于先生所指定的范围。

C. 记忆和了解：应读的书很多，读过应记忆的当然也很多，要能记忆就必须了解，所以书要真正看过，更须真正了解。每读一门功课，每读一章一节，究竟记了多少，要把它重新组织一下，如作成摘要或笔记，只有消化了内容，才能收到融汇贯通之效。

乙、实验

学科学的基本精神是实验的精神。自然科学离不开实验。农学是自然科学的应用,当然要注重实验。中学我读的是浙江七中(现金华中学),这是一个很好的中学,设备很完全,我当时看过先生在讲台上做的实验,也看过许多标本。不过因为自己没有做过,所以,仍莫明其妙。但自从进了大学,实地做过许多实验,才体会到实验的好处,记得我头一学期日记上写道:"到南高半年,最得到益处的是在实验室内,显微镜下,图画在纸上。"

做过实验之后,凡以前不清楚的地方,可以清楚,并且可以不忘。实验的种类是很多的,如化学的实验、生物统计的计算、地质土壤的野外考察、农业经济的调查、植物昆虫的野外采集等。各个实验的基本要求为力求准确。此种精神,第一要忠实,不能假造记载得出一个曲线结果,不能把它改成直线。第二要精确,不能草率从事,应当尽可能求其精确。

丙、实习

我在南高第一年农场实习时,老师教我们挑水、挑粪、挖泥、开河、种菜,冬天还要搓草绳、割菜,有时还要拌三合土、筑泥墙等。现在回想起来,晒太阳、浴风雨、弄烂泥、施肥料,一切学会亲自动手,倒也不无用处。例如我在南通棉场任场长时,一次要施肥料,许多男女工都不肯做,我就以身作则,亲自动手,他们就都做起来了。又如一次一个朋友在郑州做农场场长,工人罢工,不得已自己带一个助手和二三个长工,自己去锄草,锄了3天,罢工的人见无法要挟,也自动复工了。举这两个例子,不过略以说明实习的好处,可以学得亲自动手的技能,有时很有用处。另外再举几个例子,比如说,中耕器的使用,自己没用过,怎么能教农夫呢。要教给农夫耕田技术,必须马上给他做个样子,他就容易学会了。我在江苏第一农校,便是这样教学生。当然也不是每个农学生,每天每一个钟头都要做苦工。我说一句公平话:农场实习是一门顶难教、顶难学的功课,若先生教得好,学生学得好,是很有用处的。如能把求得技术、练习吃苦两个目的平均发展,都达到了,乃是实习最重要的收获。

丁、研究

研究本是大学毕业以后研究院的学生做的。现在国内大学农学院的学生，也做点研究，虽然过早一点，但这是一个好的风气。做研究最早应当从大学三年级起，最好到四年级。诸位决不要轻视研究。"五四"以后，有些中学生高谈研究，究竟做的研究在哪里。研究是困难的事情，研究必须的条件是：一、必有良好的科学基础。二、必有相当的设备。田间试验还易办，例如生理和细胞研究，非有良好设备不可。三、要有确能指导的老师。

总之，大学生为发挥创造精神，研究可以做的，但不可视研究为轻易的事情。

（三）大学农业教育的目标

我国大学农学院应当训练出怎样的人才，现在还没有共同一致的结论。我个人见解，一个大学农学院毕业生，要有科学精神，能运用科学的方法，作科学的研究，利用个人的思想及知识，解决农业的问题，贡献给国家民族，以甚于全人类。换言之：作能够造福全体大众的工作。

大学农学院只教会个人技术，毕业后到社会上，种一千亩棉花，办一个乳牛场，或办一个果树园，只能自己发财，这样的大学所造就人才的影响太小了。我希望的是：大家能够作造福全体人类的工作。我是学棉花的，就棉花举例说：现今陕西关中推广四号斯字棉，每亩比小洋花增收三十斤籽花，大家算一算：关中全部增加多少收入？这岂不是学农的人经过实地实验的结果？这才是大学生应当取法的例子。总之：大学农科学生是要解决农人所解决不了的问题，创造农人不能创造的成绩，而不仅仅以学到老农为目的。

1941年1月27日冯泽芳应邀在中央大学农学院讲演《如何做研究生》(见珍存手稿)，首先讲到研究生具备之基本精神有两条，一是独立精神，要不依赖教师，独立研究。二是创造精神，不只是因袭，要能有创见。

二、执教农业院校二十载

冯泽芳先后执教东南大学农艺系、江苏省第三农校（淮阴）、江苏省第一农校（南京）、中央大学农学院、南京大学农学院、南京农学院计20年。

1942年8月，冯泽芳经沈其益介绍，回到母校中央大学任农艺系教授、农学院院长，接替任职六年的孙醒东院长，是本校毕业生做本校农学院院长的第一人。在中央大学任农学院院长时，他提倡教师要从事科学研究工作，讲课要联系生产实际。他聘请各系主任和教授时，遴选具有民主进步思想、堪为师生表率的各专业知名学者担任，如农艺系主任金善宝、教授邹钟琳和沈其益；园艺系主任毛宗良、教授曾勉；森林系主任梁希、教授干铎和郑万钧；畜牧兽医系主任罗清生、教授王栋和盛彤笙；农化系主任刘伊农；农经系主任刘庆云、教授张德粹。在他们的努力下，中央大学农学院成为学子们向往的著名学府。

欢迎冯泽芳、欢送孙醒东摄影，中大农艺系学生，卅一年（1942年）六月，渝沙坪坝（冯泽芳自注） 立者左起第七为冯泽芳、第八孙醒东

他提出，在学科的设置上，随着时代的发展，也应有所充实。作为中央大学农学院院长，他积极呼吁加强农业经济的研究。1944年7月1日在中央大学《农业经济集刊》创刊号上，他发表论著《农业经济学之重要》。文章指出：

文化学术乃时代之产物，时代进化不已，则社会生产事业与学术研究，亦无不随之而转变。农业生产，在过去以自给自足为目的，农民生产所得产品，多供家庭及本地需要，农产品买卖也仅限于本地市场。在这种自给自足的农村社会中，经济问题极为简单，近代工商业进步所推论出的经济原理，在农村罕有用武之地。讨论农业改进问题，亦多限于耕种技术之改进。学习农业科学的人，无不偏于自然科学的探讨。所谓农业经济，不仅无人注意，而且并无此名称。

及至近代，交通发达，运输进步，农产品的销售市场日益扩大，由地方市场至于全国市场，再进而至于国际市场。随着市场的扩大，农业生产日渐趋于分工，分工程度之高低，随市场范围大小而转移，此乃亚当·斯密之名言也。

近代农业为专业化的农业，即世界各国及各地区，按自然环境之适合与市场之需要，选择最有利的少数农产品，集中精力生产之。生产的目的，非为家庭需要，而是为远近各市场的需要；非为多方面之生产，以图自给，而是为特种专门之生产，为的是交换货币，再用货币去交换生活上必需之物。生产的目标既然在交换，于是农产品商业化，农业商业化。农村经济就由自给自足的原始经济，进入到近代之交换经济或货币经济。

自从农业商业化以后，各地农民必须接受并遵照地区分工之经济条件，按照经济学上的比较优势原则，去从事土地生产力之竞争、生产技术之竞争、生产效率及生产成本之竞争。还须为销售市场和销售价格进行竞争。农民的利益并不由农场完全决定，还需要由市场决定，因为农场收获的丰欠、产品的优劣，还不能完全决定生产者的收益，而市场需要程度与价格的高低，是收益的最后决定因素。回顾十九世纪之初，美国和加拿大两国生产成本低廉的便宜谷物，向欧洲倾销，结果使欧洲农户濒临破产，无法继续生产，英国欲禁止谷物进口，但未成功。丹麦、荷兰等国则根本改换农业方式，放弃谷物生产，改为专门从事畜牧。晚近一二十年来，欧洲各国常有焚毁农产品之事，如巴西历年焚毁咖啡，加拿大把小麦倒入海中，丹麦把猪牛屠宰后，不准卖肉，全部焚作肥料。

这些事实,在那些专门提倡农业技术的人们闻之,都有"骇人听闻"之感。但在经济学者看来,则是"并不稀奇"。这些国家农业可谓发达,耕作技术可谓先进,产品质量可谓精良,可是一旦遇到市场滞销,价格低落,则农民损失惨重,岌岌不可终日。政府则忙于救济,焦头烂额。这表明,处在当今时代,专事耕作技术的改进,使产品丰富而精良,并不足以解决农业问题。近代之农业问题,已非如此简单,农业经济问题的探究,有时比农业技术更为重要。

因此,农民必须了解土地的利用效率、各生产因素的配合以及农场管理的方法。农业生产既然是专业的与分工的,因而农民有很多的交换,或很多的买卖,他们要卖出自己的产品,同时要买进优良的种子、好的肥料、新式农具以及许多消费物品。因为买与卖多了,他们就由家庭自给经济阶段进入货币经济阶段,由此就要经常跟商人和银行家接触。因此,今日之农民不仅需要知道耕作技术,而且需要有商业常识、知道基本的经济原理,更需要有完整的买卖组织和健全的信用与保险机构。

总之,一切经济原理与实务在农业的应用已日趋重要,与应用于工商业者几乎无二致。今日之农业,需要科学技术与经济原理密切配合,才有成功的希望,农业经济学自当成为农学中之一重要部门。数十年来,欧洲各国对农业经济之研究极为重视,各大学农学院都有农业经济系,各研究院常设农业经济部。此外,尚有特种农业经济问题之研究所,至于农业经济上之设施,更已成为政府农业行政的中心工作,举凡农业生产的调度,农业金融的管理,农业保险的组织,农业合作的推进,关税政策的规划,以及农产运销与价格的管制等,都是一国农业行政的重心。

农业经济学在我国十年以前犹为一般农学专家所忽视,其实"谷贱伤农,谷贵伤民"之说,已在国内流行数十年,当平仓之制始于西汉,即政府平衡农产价格的政策,这是最开始的农业经济原理与实施。最近数年,因潮流的逼迫与社会的需要,农业经济一科已渐被国人重视。我中央大学农学院将近30年的历史,所造就的各种农业技术人才,皆肩负着国家农业建设的重任。唯农业经济方面的研究,颇称落后,殊为可惜。余于10年前即呼号本院应成立农业经济系,积极培植农经人才,以适合时势之需要，所幸此项主张已得实现。近来本院农经系学生日益增加，教学研究都很努力，还在极端困难的条件下，积极出版农业经济学报，这是值得欣慰的事。

在重庆沙坪坝中央大学农学院期间，冯泽芳除主持农学院院务工作外，讲授棉作学、农学概论等课。新生入学还给同学们介绍农业在国民经济中的特殊重要性和国内外状况，增强了学生学习的兴趣和信心。还分别给大一新生、大二学生、研究生做演讲："大学农学生治学之精神与方法""怎样学习农艺""大学农学生的治学精神及方法"——对大学农学院一年级生讲；"作物之重要及学习作物学之方法"——对农艺系二年级生讲；"如何做农科研究生"——对大学研究院农科研究生讲。

他在做过近十年科研、生产推广工作之后，怀着对农业、农村、农民的深厚感情，再来教书，理论联系实际，深入浅出，条分缕析，言简意赅，着重启发学生自己开动脑筋，学生们很爱听。例如在讲棉区划分时，形象地说，淮北是平原，拉大车，吃小麦，养黄牛；淮南为丘陵，推独轮车或肩挑，吃大米，养水牛等，一听就懂，且听课兴趣很高。

他要求学生绝不可只限于老师在课堂上所讲的内容。对老师开列的参考书，要认真找来阅读，自觉求知，独立思考。尤其鼓励学生要有独到见解。他教导学生，除天资以外，更重要的是靠勤奋学习，这样才能有所成就。

他十分注重实验和田间实习。每学期都要亲自带领学生到农场学习，手把手地示范。指导学生做实验时，强调要收集第一手资料，查阅原始文献，而不要图省力，借鉴于二三手资料，人云亦云。对实验报告，强调逻辑性强，数据详实，结论有据。他对每份实验报告都认真修改，乃至错别字都给予改正。

他还指出，农业是深受地域限制，亦即"地方色彩非常浓厚"的一门学科，因此显著地不同于数理等另一类放之四海而皆准的自然科学和理论科学。他告诫学生，不仅外国的东西不能照搬，就是国内某地的经验，也不能简单照搬。

因而凡是亲聆冯泽芳教诲的学生，无不被他知识渊博、苦学实干、

在江浦农场实习的同学,第二排右三冯泽芳

冯泽芳与在江浦农场实习的同学合影,前排左三冯泽芳

冯泽芳与在江浦农场实习的同学合影,前排左三冯泽芳

冯泽芳参加田间劳动,前排左一冯泽芳

冯泽芳在田间劳动

冯泽芳（右一）与学生一起拌种

1958年冯泽芳与黄滋康夫妇于安阳中棉所

治学严谨、一丝不苟、联系实际的治学风范熏陶而深受教益，从而在思想和业务上逐渐成长，而后在工作岗位上作出应有的贡献。

在南京大学农学院和南京农学院工作期间培养了硕士研究生黄滋康、潘家驹、钟一琴及马家璋、鲍惟钊等数人。

三、举贤荐才 关爱学子

冯泽芳学识渊博，待人诚恳，视学生如子弟。他常说："我一生最爱的，一是棉花，二是青年"。他一生不仅最爱护青年，更关心年轻人的成长，在教学和科研工作中十分注意选拔人才。对新认识的年轻人，就记下姓名，再次见面即能直呼其名，使人倍感亲切。他鼓励青年多做实际工作，还要善于在实践中不断总结提高。

冯泽芳在一生教学科研中，不仅认真教学，重视实践，培养人才，而且更爱惜人才，他经常介绍以往毕业生的成就，激励学生。在他严谨的治学态度启发下,苦学实干,使他们在教学、科研、生产实践中锻炼成长,成就了一番事业。他对学生和同事总是以诚相待、温和宽厚、热情帮助,是名符其实的良师益友。在此略举几例以兹说明:

俞启葆,1930年入中央大学农学院农艺系学习,1934年毕业后留校当助教,搞棉花遗传育种。1937年底抗日战争爆发,随中央大学农学院西迁重庆。1940年3月冯泽芳举荐俞启葆到农林部中央农业实验所工作,后以督导员身份到陕西棉改所,指导泾阳地区棉花生产与科研,为西北地区农业发展作出了重大贡献。1940年冯泽芳在"科学"24卷第7期上著文《青年棉作学者俞启葆君之贡献》,介绍俞启葆的工作业绩和敬业精神。文中写道:"俞启葆君年纪还轻,但是他在棉作学上的工作成绩,已经值得介绍给大家。……我认识俞君有十年之久,近五年接触更多。……他所做的文章,我常常有在发表前先读一遍的荣幸,所以知道他所做的工作。……俞君工作是很努力的,……下面的成绩,就是他每天十六小时工作所得的收获。"称赞他:"既会看显微镜,又会看望远镜"。

俞启葆李光绶夫妇70年代于上海

徐冠仁,1934年毕业于中央大学农学院农艺系,并获学士学位,因学习成绩优异留校任教并从事水稻遗传研究。徐冠仁和他的同

徐冠仁和夫人黄小玲 1955年2月摄于美国

班同学蔡旭、俞启葆都是当时从事稻、麦、棉研究的优秀青年科技工作者。冯泽芳发现徐冠仁的水稻遗传工作很出色,就推荐晋升副教授,帮他申请奖学金去美国深造。徐冠仁1946年在明尼苏达大学研究生院深造,1950年6月获博士学位,留在明尼苏达大学农学及植物遗传学系当研究员,从事小麦遗传育种研究。1956年,徐冠仁毅然和夫人黄小玲转道日本回国报效祖国,开创我国原子能在农业上的应用研究和推动我国农业现代化的发展。

奚元龄与夫人周爱华 1955年5月摄于南京玄武湖

奚元龄,1935年毕业于中央大学农学院农艺系,毕业后在中央农业实验所棉作系任职。1948年留学英国剑桥大学植物学院,进行细胞遗传研究,1950年获博士学位回国。冯泽芳1947年12月为奚元龄《棉属细胞研究之成就》一文作序,在序中写道:"奚君此文,博览群籍,撷其精英,殊值得钻研斯学者之参考,……余知此文之写成与发表,先后经历十载,奚君之笃嗜兹学。十年不倦,艰苦不忘,为学人之本色,而兹文经十年之艰辛,仍有与国人相见之一日,其中经过,有足以鼓励吾青年学子者,……并与好学之士共勉焉。"

彭加木,1947年毕业于中央大学农学院农化系,学业大部分在抗日大后方重庆沙坪坝,由于时局动荡不稳,他的生活费都是由家里寄到冯泽芳家,他再到冯泽芳家去取。

彭加木在罗布泊考察中

潘家驹，1948年毕业于中央大学农学院农艺系，留校任助教，并兼读冯泽芳棉花育种的研究生，于1951年毕业，即任冯泽芳的助教、讲师。还同他合译了《棉花遗传选种文献摘要1900—1950》，该书

潘家驹邵学芝夫妇

1959年由科学出版社出版。1956年潘家驹主持南京农学院棉花遗传育种工作，在任副教授、教授、硕士生导师、博士生导师期间培养了硕士生12名、博士生7名。他不仅是一位棉花遗传育种学家，也是一位出色的农业教育家。多次授予他"优秀教师""优秀研究生教师"等光荣称号；1990年国家教育委员会向他颁发了从事高等教育工作40年荣誉证书。

赵范茹，1955年毕业于南京农学院农学系，是三十开外、两个孩子的母亲，还有沉重的"政治包袱"。在校读书期间冯泽芳就关心和鼓励她："有困难吗？不懂就问啊！""要相信党，安心读书吧！"

许泳嘉，1956年毕业于南京农学院农学系，工作定向为棉花育种栽培。冯泽芳十分关心他的工作，并于1958年陪同苏联棉花专家考察我国棉区时，为他争取了一个名额，得到一次非常难得的学习机会。

赵范茹2007年于湘潭　时年90岁　许泳嘉与夫人王影

汪若海李秀兰夫妇

汪若海，1958年毕业于南京农学院农学系。此时，冯泽芳已调任中国农业科学院棉花研究所所长，但还兼任南京农学院教授，担任了毕业考试主考。口试中的一场交锋，将汪若海的终身定在了棉花研究所。投身了研究棉花的事业，与棉花所一同成长。随着棉花研究所的成立、发展、前进，他从品种研究室搞科研、棉花学院当助教，经历了"文革"岁月，迎来了科学的春天，于1985年先后被推上了副所长、所长的领导岗位，在领导岗位上任职12年。任职期间坚持以科研为本取得了显著成绩，先后建立了硕士点和博士点，他成为硕、博士生导师，为棉花研究所的发展和振兴我国棉业作出了贡献。

在冯泽芳的鼓励下，孙逢吉编著了我国第一部《棉作学》，冯泽芳还亲自为这本书作了修订工作；他还指导并校阅了吴中道编订的《中国棉业文献索引》。

冯泽芳乐于和同行、学生分享学术成果，1956年10月《中国的棉花》一书刚出版，他就于11月28日给在新疆八一农学院工作的唐高远及李兆林两位先生寄出该书，供他们工作中学习参考。

四、鼓励青年学子参加边疆建设

解放初期我国的西部及东北部有大片广袤肥沃的荒原，等待开发利用，当时国家号召年青人到边疆去，到祖国最需要的地方去，屯垦戍边，保家卫国。1954年冯泽芳的大女儿冯紫琅和女婿梁甲农于北京农业大学农学系毕业，正值前苏联援建的机械化大型谷物农场国营友谊农场开荒建场，冯泽芳就鼓励她到边疆去参加建设，在艰苦环境中锻炼成长。建场初期，生活艰苦，他们和战友们住的是马架子，吃的是土豆，看不到也听不到外面的消息，冯泽芳就将解放初期由朋友从旧货摊购买零件组装而成的电子管收音机，托人捎到友谊农场，让她能听到中央的声音和祖国的进步。1956年冯泽芳在北京开会，正好遇上时任黑龙江省农业厅厅长兼友谊农场场长的王操犁，就请他带一块英纳格手表给冯紫琅，要她好好珍惜时间，因为当时她刚参加工作，根本无力购买手表。随着生产的需要，农垦总局要成立农业科学研究所，他们参加了组建工作。后来梁甲农主攻小麦，冯紫琅主攻大豆，被人们誉为"麦豆伉俪"。梁甲农长期从事春小麦新品种选育工作，培育出十多个春小麦品种；获国家三委一部、黑龙江省人民政府奖励，国家科委科技进步二等奖等，先后评为"黑龙江省劳动模范"、"黑龙江科技战线先进工作者"和"全国农垦系统先进生产者"。被聘为农业部科学技术委员会委员兼粮油组副组长，国家科委发明评选委员会特邀审查员。冯紫琅也培育出10个大豆优良新品种，获国家三委一部奖励、农垦部科技成果二等奖、中国农业博览会优质铜奖等。1981年评为"黑龙江省农垦总局特等劳动模范"。1983年被评为"全国三八红旗手"。被聘为农业部大豆专家顾问组成员、中国作物学会大豆专业委员会理事、黑龙江省种子协会理事、省农场总局品种审定委员会委员。

梁甲农、冯紫琅做小麦田间调查

夫妻双双获得国务院特殊津贴。是垦区著名的夫妇育种专家。他们一直在农业科研所工作到退休（其中有3年下放到生产队除外）。退而不休，退休后他们根据生产需要自筹资金，进行经济作物籽用南瓜育种，首次育成籽用美洲南瓜杂交种。50多年来，她们秉承父亲的志向，始终在农业科研的天地里，耕耘着、探索着。

他的二女儿冯紫云1956年高中毕业去了大西北新疆，就读于八一农学院畜牧系，当年有人好意相劝："你们就这么一个小女儿了，留在身边吧。"冯泽芳夫妇丝毫没有阻拦自己的小女儿，支持她认真努力学好专业，毕业后在新疆工作。直到1981年因照顾年迈独居的母亲才调回南京。

冯泽芳在南京农学院任教时，治学严谨，关爱学生，现在有些学生回忆起当年的情景，仍对他充满着敬意。黑龙江省农垦总局红兴隆农业科研所退休的高级农艺师汪炎炳，1957年毕业于南京农学院农学系，当年在毕业生欢送会上，汪炎炳、吕士恒、胡家禄、吴风、程全生、宫英堤、刘庠七位同学志愿报名到黑龙江省农垦部铁道兵农垦局工作，冯泽芳特地走到他们跟前鼓励他们，汪炎炳回忆说："冯老师说'你们到黑龙江，那是个很好的地方，是大有用武之地。'还对我们说了很多勉励的话。作为长辈，作为老师，当我们满怀豪情壮志将告别母校，告别家乡，奔赴远方的时刻，听到他发自肺腑的叮咛，我们听后都非常感谢他，并告诉他，我们决不辜负他的期望。"他们遵守自己的诺言，一直战斗在北大荒，作出卓越贡献，被称为"北大荒七君子"。

北大荒七君子

七君子之一汪炎炳

第七章

尊师重友
勤俭清廉

一、牢记师恩　尊师重友

冯泽芳虽然在事业上有很大成就，成为我国棉业改良的一代宗师。但他始终虚怀若谷，谦虚谨慎，经常提到师长和同学们对他的教诲和帮助。在他 50 周岁时，曾套用胡适《尝试集》中诗句自咏："清夜每自思，此身非吾有，一半属师长，一半属朋友"（胡适诗中原为一半属父母），表达了他对师长、朋友的感激怀念之情。

冯泽芳求学过程中，对他影响最大的老师是南京高等师范农科、东南大学农科主任邹秉文，棉作学教授孙恩麐、王善佺，植物学教授胡先骕，动物学教授秉志。1936 年 4 月参加了秉志 50 寿庆；1942 年 9 月 26 日为孙恩麐 50 寿辰，冯泽芳等 24 人发起募集建立了"孙寿奖学基金"；1949 年南京中国棉业出版社出版了《孙恩麐先生棉业论文选集》，冯泽

民国二十五年（1936 年）四月秉师农山先生五秩寿辰志庆　前排左一胡先骕、左二邹树文、左三秉志、第二排右一欧阳翥、第三排左一冯泽芳

芳为论文选集写了编后校记（详见第九章孙恩麐）。《邹秉文纪念集》主编华恕在《高山仰止——邹秉文博士评传》一文写道："邹秉文先生毕生事农，从未间断，爱人以德，老而弥笃，因之他的许多学生，如金善宝、吴福桢、冯泽芳，他的同事吴觉农、程绍迥……始终对他尊崇备至。"冯泽芳每一提及邹老师，就肃然起敬。冯在棉花事业上大有贡献，20世纪50年代在安阳创建中国农业科学院棉花研究所，邹回国后亲自到棉花所去考察，慰勉有加。冯每到北京必前往拜谒、汇报，平时还经常书信往还。1959年8月，正值所谓"拔白旗"的高潮中，冯处境已极为拂逆，但对邹老所寄去的征询他意见的文章草稿，仍提出中肯的看法，字句都很工整，不意9月，冯即含冤去世，邹老闻讯泣不成声，数日不思饮食。"邹秉文1959年奉周恩来总理和廖鲁言部长安排，赴冀鲁豫考察棉花，曾在安阳棉花研究所停留，冯泽芳除了汇报工作外，还亲自安排生活，直到邹秉文上床休息才离开，并对陪同前来的自己的学生蒋仲良说："邹老师是我的恩师，在这里我要照顾好他的生活，邹老师离开后，你作为晚辈，就希望以太师之礼代我们照顾好他。"冯泽芳、夫人孟成玉及其子女每次去北京都会去红霞公寓看望他。冯泽芳就是以这样十分尊敬的心情对待师长，至今使后辈仍难以忘怀。

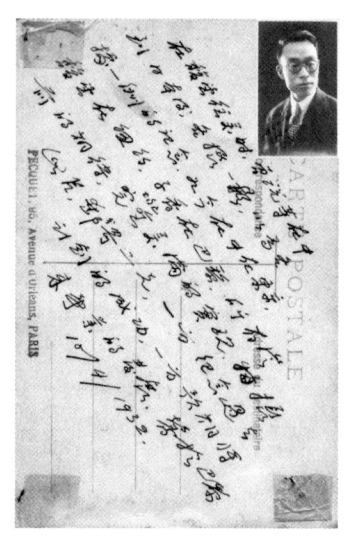

王子香在法国的留影及附言

冯泽芳与同学朋友相处，都是以学业、事业相互鼓励与切磋。周拾禄、王子香都是义乌的同乡，还是南京高等师范、东南大学的同学，周拾禄和冯泽芳学农科，王子香学工科。平时他们都认真读书，相互鼓励。1932年他们都在国外留学。冯泽芳到美国后，1932年4月的一天他收到王子香从巴黎寄来的单人照片，背面写着："在馥堂往美时，曾说等在中（即周拾禄）到日本后，各摄一影，以为各处一洲的纪念，如今在中在东京，馥堂在纽约，子香在巴黎，所有从前的期待,均已美满地实现,特摄此片分寄二兄,一方纪念过去计划的成功,一方预期将来事业的发展。王子香1932年4月10日摄于巴黎"。后来他们都学有所成,周拾禄成为水稻专家,王子香成为机电专家。

二、平易近人

冯泽芳不仅是严师又是慈祥的长者。

冯泽芳的学生原葆民回忆起60年前,师生同乐的情景,还那么清晰和感人。那是在重庆中央大学农学院时期,他写道:"在某一班同学毕业的谢师宴上,同学们为了活跃会场气氛,让大家采取抓阄入席的办法就座。席位和阄纸上分别写了《红楼梦》里的人物姓名。冯老师抓到的是排定为妙玉小姐的席位。他高兴地在大家的笑声中坐了下来,同大家谈论起这位高雅脱俗的小姐来。这时谈到人物姓名与男女性别之间的关系。同学们嬉笑着说:"芬"、"芳"等字,都是女生常用的名字,冯老师名字里也有"芳"字,恰好坐在妙玉的座位上,岂不正好合适。冯老师笑着对大家说:并不尽然,男子姓名中用"芳"字的人历来都很多。他还一连串举出一些带有芳字的男性人物来。其中,农学界的还有赵连芳和梅籍芳,再加上冯泽芳。他们在农学界都各有所专,所以有"农学三芳"的说法。大家这样毫无拘束地同他漫谈,至今还给人留下清晰的印象。"

冯泽芳喜欢和学生在一起,耐心分析解答疑难问题、介绍学习研究的路径和方法;他带学生到江浦农场或黑墨营农场教学实习,常与学生同吃、同住,亲自到田间地头示范指导学生实习;他平易近人、谈笑风生,使学生、下属受到许多教益,也使他深受大家的敬重和爱戴。家中常有学生、朋友前来求教、交谈、拜年、问候,他和夫人也都盛情接待,拿出自制的炒米糖、芝麻糖、花生糖、自种的草莓、西红柿、玉米棒款待大家,其乐融融,毫无拘束,不是亲人,胜似亲人。

1947年2月冯泽芳任棉产改进处副处长,兼北平分处主任,在北平工作一年。"五四"青年节的那一天,中央大学农学院的校友们,欢聚在中山公园,商讨校友会成立事宜。5月25日中央大学农学院院友会北平

冯泽芳

在丁家桥劝业村7号住址前与拜年的同学合影，前排坐者左为冯泽芳夫妇、右为高立民夫妇

1955年5月8日摄于南京玄武湖，左一奚元龄、左二冯泽芳、左三孟成玉、右二周爱华

分会成立,共有 29 人参加,在棉产改进处北平分处前摄影留念,均由金继汉拍照。

中央大学农学院校友聚会,三十六年(1947 年)五月四日,摄于北平中山公园(冯泽芳自注)

中央大学农学院校友聚会,三十六年(1947 年)五月四日,北平中山公园,公理战胜牌坊前,金继汉摄(冯泽芳自注)

中央大学农学院校友会，北平分会成立，三十六年（1947年）五月二十五日，在棉产改进处北平分处门前摄影，金继汉摄（冯泽芳自注）

三、五十寿辰

1948年2月农林部棉产改进处为冯泽芳庆贺五十寿辰

1948年2月20日在农林部棉产改进处任副处长的冯泽芳，49周岁，棉产改进处的同事们筹办了一个简朴庄重、学术气氛浓厚的冯泽芳先生五十寿辰暨银婚纪念会。俞启葆、华恕两位先生要为冯泽芳编印论文选集，一则祝冯泽芳五十大寿，再则将冯泽芳之著作集为专册，广为流传，俾为后学者之典范。于是请棉产改进处中国棉讯半月刊编辑吴中道，将冯泽芳著作目录全部抄出，作为选辑的参考，因吴中道在编辑工作之余，则从事棉业文献之收集，历时半年，收集有编目的卡片4 000余张。当时从吴中道处收得棉业论文60余篇，俞启葆又补充以农业及修养方面的论著10余篇，合计83篇，按其内容性质分为7类，编为索引。吴中道先生在其编目的首页写道："吾国棉产改进事业，垂三十余年之历史，其功效之著，为朝野所称道，推其原委，诸先生倡导力行之功，尤不可没，冯先生致力于棉业，亦将三十年矣，纵观其著述，亦可见我国棉产改进事业之梗概，目录中：中棉形态分类及遗传诸篇，为整理国内棉种最早之著作，亦奠定我国亚洲棉分类之基础。斯字棉德字棉诸篇，是先生主持全国品种区域试验所得之结果，此两新品种之获得，不但超越过去所有良种之成绩，使千万棉农厂商受其泽惠，且在学理上决定了国内棉区的划分，对后来的品种试验，良种推广，尤有极大之贡献；抗日战争爆发后，广大棉区沦于敌手，先生在云南从事木棉改良工作，树立了木棉在我国之希望。先生除直接致力于棉产改进工作外，尤注意培育人才，提携后进，凡曾在先生领导下工作之人员，莫不深受鼓励熏陶，能努力进修，负责工作，而成为优秀

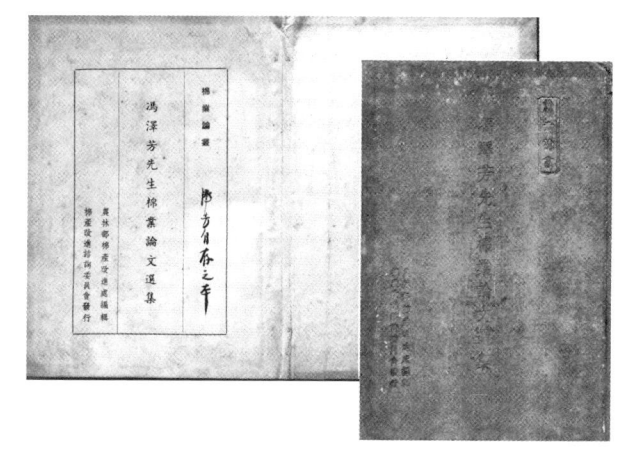

冯泽芳先生棉业论文选集

干部，故先生之言论诸篇，我辈青年，实有熟读深思之必要。"后来从中选出13篇编成《冯泽芳先生棉业论文选集》。编辑者农林部棉产改进处，于1948年1月由南京孝陵卫中国棉业出版社出版。作为对冯泽芳五十寿辰的最好礼物。

俞启葆为论文选集写了编校后记，首先他写道："我国提倡农学和科学农业先后已三四十年，成效如何？对于农业有兴味的人，自然都乐于虚心检讨。检讨的方法，可以从各种各样不同的角度去观察，而我觉得以一个生活在这期间的农学家或农业从政人员为代表，循着他学问和事

业的演化,作为检讨的资料,似乎也很适当。"他将《冯泽芳先生棉业论文选集》的13篇文章加以分析,归纳为3类:第一类是发掘知识,第二类是运用知识,第三类是归纳知识,或者更强调一些,可说是创造知识。"三十年前的农学,还在启蒙时期不要说科学落后的中国不成,连西方也很有限。冯氏运用他在校所得的工具,开始发掘农学知识。"

"冯氏最近三十年在农学研究上的贡献是不可磨灭的,在发展科学农业上有不朽的功绩。编这本选集的目的,不仅在检讨近几十年来农学农业的演化,和介绍冯氏的整个思想和贡献,最主要的还在以冯氏为例鼓舞新进的同志,只要'苦学力行',一定会有结果。望新进同志,竭尽个人之所能,师法冯氏奋斗精神,阐发农学知识,开发中国农业资源,为三万万以上农村社会中的同胞谋福利"(详见追思与缅怀第一篇《冯泽芳先生棉业论文选集》编校后记)。

1947年2月农林部又恢复成立棉产改进处,仍由孙恩麐任处长,冯泽芳任副处长兼北平办事处主任。于是他离开中央大学农学院到棉产改进处工作,全家搬迁到南京中山门外孝陵卫以东钟灵街的中央农业实验所院内,当时除了桌椅床铺外,没有什么像样的家具,连个放衣服的衣柜都没有,这次庆祝他50寿辰,特意送给他一个大衣橱和其他小家具。

四、琴瑟和谐

孟成玉五十岁生日留影

孟成玉(1901—1983)字宝琴。1901年6月3日出生于浙江义乌县城里,孟家是经商的,经营的商号叫孟元兴,在义乌县里也较有名气,不过传到孟成玉父亲这一代时,已经比较衰败了。孟成玉的父亲名叫孟宗郯,号梦周,生于光绪癸未年(1883年)9月13日,自幼读书,最后在自治研究所浙江共和法校高等政治研究班毕业。孟成玉的母亲陈氏,生于光绪壬午

孟成玉的父母及弟妹

年（1882年）1月26日。他俩生有一子二女，孟成玉是老大，下有一弟一妹。可是由于封建习俗，女孩只留头一个，因此妹妹从小就被送给金华一户陈姓人家做童养媳了。在那时女孩子都要缠足，三寸金莲才是最美丽的；要坐闺房学刺绣，极少上学读书。由于孟家是县城里比较开明的人家，孟成玉真是很幸运，她有一双大脚，支撑她走过艰难、困苦的一生。父亲不仅送她在义乌女子小学读到毕业，而且再进一步送她到省

孟成玉小学毕业合影　第四排右三为孟成玉

孟成玉在杭州蚕桑专科学校学习时 中扶树者为孟成玉

民国十五年（1926年）六月二十八日在杭州摄（冯泽芳自注）

民国十五年（1926年）十一月下旬自当涂逃兵至南京时摄（冯泽芳自注）

城深造，在杭州蚕桑专科学校学习毕业。

1926年春，冯泽芳与义乌县立女子高等小学教师孟成玉女士结婚。他们的结合是半旧式半新式的。他们不是自由恋爱，而是媒人介绍的，但冯泽芳并不完全听信媒人的介绍，他还要亲自到女方家去见面、交谈、了解，结果双方都感到满意。结婚后，孟成玉在冯泽芳的赤岸老家过不惯，因为冯泽芳的父亲封建思想和习惯根深蒂固，就是吃饭也是男人先吃，男人吃完离开了，女人们才能上桌吃。孟成玉从小自由惯了，不能适应这样的生活规则。不久，由于冯泽芳当时在南京的江苏省第一农校任教员，孟成玉就离开了她过不惯生活的义乌赤岸婆婆家，来到南京，跟冯泽芳在南京建立起自己的小家庭。并且在距离南京不远的小县城安徽当涂，谋到了一个小学教员的职位。到了 1926 年底，江苏省第一农校因为经费无着而停办，冯泽芳失业了，还在当涂小学住了半年。

十六年（1927年）八月摄于南通（冯泽芳自注）

南通二吾照相馆，十七年春（1928年）（冯泽芳自注）

十八年（1929年）元旦摄于江苏省立棉场（冯泽芳自注）

紫琅一九三一年一月二十四日生于杭州，二月二十三日产后满月（冯泽芳自注）

1927年孟成玉随冯泽芳返回南京，9月又迁到江苏省立通州（今南通狼山）棉作试验场，又随冯泽芳在南通棉场（任整理员、场长、副场长）生活了3年。1929年冯泽芳与夫人的第一个孩子，诞生在南通棉场，是个男孩，可惜只存活了7天，因脐带疯而夭折。那时的医疗水平，特别是在农村，颇为落后，接生婆也不懂消毒之事。现在医学发展以后，才知道此病是破伤风，系接生婆所用剪断脐带的剪刀没有做好消毒的缘故。

1930年秋，冯泽芳考取了美国康乃尔大学研究院作物育种学系的研究生，专攻棉花遗传育种。这时虽然夫人孟成玉已怀孕在身，但仍支持他出国深造。1931年1月孟成玉回到杭州，住在她叔叔家，生下一个女孩，遂名为紫琅。在孩子满月的时候，孟成玉特地照了一张照片，寄给远在美国的亲人。

1933年8月冯泽芳学成归国，回到南京，即被聘为棉业统制委员会技术专员，往各省考察棉花情况。1934年4月，全国经济委员会成立中央棉产改进所，由孙恩麐出任所长，冯泽芳任副所长兼植棉系主任，主管植棉技术（植棉系内设棉作、棉虫、棉病、棉化四股），同时兼任中央大学农学院教授。此时夫人孟成玉回到南京，家住在南京三牌楼校门口中央大学农学院宿舍，于1934年9月生下一个男孩，冯泽芳根据他所敬仰的孙中山的名言"要立志做大事，不要做大官"，给儿子取名为"一民"，就是一个老百姓的意思。冯泽芳一生也是按照这个思想

二十五年（1936年）九月一家人合影　南京

行事与做人，一辈子从事棉花科研、推广和教育工作。1935年春，冯泽芳的父亲冯汉规来南京探亲，老人重男轻女思想很重，这时有了一个孙子，冯氏后继有人，他非常高兴，特地来看看孙儿，孙子半岁多了，正是好玩的时候。那时候家庭经济条件较好，可是孟成玉却因产后抱病，身体很是虚弱，终日与药为伍。后来她常说起，条件好时我身体不好，生活困难时，却什么病都没有了，人就是要经得起磨难。1937年2月冯泽芳的父亲冯汉规70大寿，率一家四口回义乌赤岸为老人做寿。

1935年爷爷从义乌老家来南京

爷爷七十大寿，后排左二二媳周文玑、左三长媳孟成玉、左四长子冯泽芳、左五二子冯泽昌、左六三子冯泽弘

1937年3月，孟成玉随冯泽芳（时任中央棉产改进所任副所长兼植棉系主任）到北方棉区考察，游览了居庸关长城和颐和园。因抗日战争爆发，举家随政府机关西迁，辗转从南京经长沙、贵阳，到了大后方昆明。1939年1月冯泽芳、孟成玉又喜添一女，成为他们喜爱的心肝宝贝。小女儿小名叫囡囡，大名取为紫云。紫，从姐；云，意生在云南。有趣的是，小女儿生下来头三天，冯泽芳心有不快，因为其他好朋友，如周拾禄、沈宗瀚、李士勋等人添的都是男儿，唯有冯泽芳添的是女儿。不过三天之后，还是想通了，男女都一样，于是对这小女儿疼爱有加。

冯泽芳

一九三七年三月在居庸关长城上摄（冯泽芳自注）

二十六年（1937年）三月摄于北平颐和园（冯泽芳自注）

昆明义乌同乡会　前排右一孟成玉

紫云生于云南昆明，1939年

冯泽芳勤于工作，善于总结，经常将经验知识整理、总结、归纳、提高，每次所写文章，认真推敲，多次修改，最后的缮清、整理工作，就是由孟成玉来完成，儿女们长大了也仿效妈妈给爸爸抄过书稿。冯泽芳能专心投入他热爱的棉花改良事业，孟成玉是功不可没的。

由于冯泽芳工作的调迁、战事的迁移，家从南京—当涂—南京—南通—南京—长沙—贵阳—昆明—开远—昆明—荣昌—重庆—南京—杭州—南京—北京—安阳—南京的大迁移，孟成玉尽管身体不好，却毫无怨言，不辞辛苦，全力以赴辅佐丈夫，带上年幼的子女西迁东移，甘苦与共33载，有团聚安居的喜悦，也有别后的牵挂期盼。她承担了全部家务，勤俭持家及子女的抚养和教育工作，1950年她五十岁生日时大女儿考上了北京农业大学，1952年和1956年又将儿子、小女儿分别送到北京上大学和新疆八一农学院，1956年8月还享受了一次高校教师的疗养，一家人去庐山避暑一周。此后就分多合少，成了空巢家庭。冯泽芳经常出差，就请邻居农经系刘庆云教授之女刘咸理和土化系李恕先教授之女李竹芬来陪伴，只有寒暑假子女才能回来团聚。

孟成玉是一位贤妻良母，她以丈夫的事业为重，承担了全部家务，勤俭持家及子女的教育工作。有这样一位贤内助，使冯泽芳毫无后顾之忧，且心情愉快地几十年如一日，团结关心同仁，致力科学研究。这也是他能一心扑在工作上的一个重要原因。冯泽芳在安阳去世后，她细心保管和精心整理冯泽芳的遗物后返回了南京，为整个家庭倾注了大量心血。

一九五〇年妈妈五十岁生日，摄于南京（冯泽芳自注）

一九五四年一民入大学时（冯泽芳自注）

冯泽芳

一九五六年紫云入大学时

一九五六年八月庐山宾馆前

庐山之飞云览纵,一九五六年八月(冯泽芳自注)

一九五七年四月苏州拙政园

一九五七年四月苏州留园

一九五七年南京玄武湖

一九五七年在玄武湖

五、从重庆到南京

1942年8月，冯泽芳从中央农业实验所被聘回到母校中央大学任教授、农学院院长，遂又举家从荣昌迁到重庆沙坪坝。沙坪坝是重庆的郊区，中央大学就在重庆大学东北面的一个小山丘，因山坡上长着稀稀疏疏的松树而得名松林坡。从沙坪坝沿嘉陵江而上25华里的江北县的一个小山村柏溪建立了中央大学分校。两地相距约一小时航程，一年级新生在柏溪分校上课。农学院院长办公室位于松林坡，除了上课以外，他每天都要从家里步行二三十分钟去上班，下班后或节假日，有时候有人有急事，就找到他家里来商谈。家住在中央大学农场的一个大院里的西北角，东北角住的是园艺系主任毛宗良教授，西边一排住的是农艺系教师赵伦彝、森林系教授郑万钧、农学院秘书薄元嘉，农经系教授刘庆云住后面梁家花园，大家都住在同一座大院里，因而平时也很热闹。子女就读于中大附中和中央大学、重庆大学合办的附属小学。由于战乱，频繁搬家，子女很受害，尤其是大女儿正在读小学，转学插班通常都是要复读，到沙坪坝中央大学附属小学又复读五年级，儿子转入中大附小也是

三十二年（1943年）一月一日摄于中央大学农场，重庆沙坪坝（冯泽芳自注）

重读三年级。沙坪坝的家就在小学附近，道路上坡下坡，崎岖不平。尤其是下雨时，上坡很困难，下坡也颇危险。四川人都穿一种"钉鞋"，就是普通的布鞋做好后，用桐油涂刷，使之不会被雨水浸湿；然后在鞋底上钉以防滑的鞋钉，走在泥土的斜坡时，鞋钉插入土中，避免了打滑。穿这种钉鞋，走在下雨时的斜坡上，如履平地。孩子们穿着妈妈做的钉鞋，下雨天走在泥泞的路上，不会打滑、摔跤，比较安全，父母也放心。

那时经常有日本飞机来轰炸。在松林坡最高处，立了一根柱子，人们每天都要看看，柱子上挂没挂大灯笼。挂灯笼就预示有警报，让大家作进防空洞的准备。重庆是依山建城，就在山边开凿防空洞，当有敌机来轰炸时，就会拉响空袭警报，于是人们扶老携幼进防空洞躲避。由于时间长了，隔三差五的经常进防空洞，有时敌机也没有来，人们就存有侥幸心理，懒得在每次拉响空袭警报时都去防空洞躲避。但是，在嘉陵江对岸的北碚，遭受轰炸以后，死伤了不少，冯泽芳的一位叔伯婶婶就遇难了，这以后去防空洞躲避的人又多了起来。特别是有人说，昨天有日本侦察机来过，人们就更积极去防空洞了。

在那寝食不安的年代，物价涨得较快，冯泽芳虽是教授兼院长，但一家五口就靠他一个人的薪水维持清苦的生活。在1943年最困难时，由于营养不良，加上他经常奔波在农村，吃饭无定时，患了胃溃疡，胃酸过多，夫人也体弱多病，但他从未利用自己在棉业界的声望以及纺织企业界人士的关系谋求兼职，而是让孟成玉在中央大学的消费合作社找到一份保管员的工作,帮助解决家庭经济困难。有时薪金不够全家五口人的生活之需,就要把书藉拿去卖掉一些,换钱贴补家用。

那时的生活很清苦,大米是发霉的,把严重发霉的米粒挑出来,淘洗多次才能做饭,就是这样饭还是有霉味,就用咸菜就饭以减轻霉味。冯泽芳有胃病,为了增加营养,就买些花生来剥成花生米,炒熟用小石磨磨成花生酱,供他佐餐。磨花生酱时,是几家人约好了,同一天做,这样可以节约,即第一家人磨完后,后面接着磨的几家,就不会有花生酱沾在石磨上而浪费掉。还可以交流做花生酱的技巧,包括在投放花生同时,放适量的盐和糖。当时住在中央大学农场的院子里,房子附近有些空地,孟成玉带着两个较大的孩子,把地翻过来,种上蔬菜,还养鸡用来下蛋。距家不太远处有一个小池塘,于是养了几只小鸭子,鸭子很聪明,早上放出笼后去池塘玩耍,晚上各群都认得回各自主人家,回来时撒一把粮食喂它们,这样就会按时回来了。在1944年还养了一头小猪,长大了到1945年春节时,宰杀了过年。还自己做豆腐乳、蚕豆瓣酱,日子过得苦中有乐。

一九四五年一月在沙坪坝摄(冯泽芳自注)

每当逢年过节时,孟成玉总是买些芝麻、花生米、饴糖、糯米,把糯米炒成炒米花,将芝麻、花生米炒香,放入熬好的糖稀中,搅拌均匀,再放入用木板做成的方框中,用擀面杖压平压实,晾凉了切成小块芝麻糖、花生糖或爆米花糖,让孩子们高高兴兴、甜甜蜜蜜地欢度节日,还可以用来招待客人。

三十五年（1946年）元月二十七中央大学大礼堂门　前排左四吴有训、后排左二冯泽芳

六朝松前，三十五年（1946年）元月二十七日　前排右一吴有训、左三冯泽芳

为了节省开支，孩子们的衣服、鞋子都是自己做。当时大女儿已有十三四岁了，孟成玉除了督促她学习外，还要教她做针线活，孟成玉将衣服裁好，教她用手针缝出来。做鞋子是女儿纳鞋底，母亲做鞋帮及上鞋，因为女儿上不好鞋，容易上歪就不能穿了。这些锻炼让他们养成了勤俭节约、艰苦奋斗的好习惯，在今后成长的道路上，受益终生。

1945年8月，著名物理学家吴有训是在抗日战争取得最后胜利的时刻，从昆明西南联大被聘回到母校，出任国立中央大学校长，经过他的精心策划，1945年9月，中央大学成立了复员计划委员会，将复员工作分为重庆与南京两方面进行。11月吴有训校长赴宁，办理四牌楼校本部接收工作。冯泽芳是以吴有训校长为首的返宁复校接收南京中央大学的三委员之一，先期回到南京开展接收工作，1946年1月27日分别在大礼堂门前和六朝松下合影纪念。

1946年4月15日学校提前进行了学期考试，5月复员开始，数千师生和家属加上许多教学设备都要运回南京，确实很不容易。但由于精心策划、周密安排，全校师生终于分水陆两路8批返回了南京。使中央大学顺利地复员回到了四牌楼本部，11月1日复员工作基本就绪，开始开学上课。

从1942年到1946年，冯泽芳一家在沙坪坝住了4年，孟成玉和3个孩子从未到重庆市内游览过。在抗日战争胜利后，中央大学将要迁回南京前夕，吴有训校长把他使用的小汽车，借给冯泽芳，让他带全家人，到市里观光一圈，以告别山城。可惜的是，到了那天，孟成玉身体不舒服，不能前往。孩子们异口同声，建议改一个日期，可是冯泽芳和孟成玉都认为不要再麻烦了。于是孟成玉留在家里，由冯泽芳带着3个孩子，到重庆市里观光一圈，以此告别了山城。离开沙坪坝前6月4日还与农经系张德粹一家合影留念。于1946年6月7日走水路乘轮船从重庆顺江而下，途经汉口时看到好多投降了的日本鬼子，稍后终于返回了南京。

冯泽芳一家回到了南京，先住在成贤街文昌桥中央大学园艺场里，不久又迁到丁家桥奶牛场北面与南京医药专科学校相邻的小河边。1947年2月农林部棉产改进处成立，他又调任棉产改进处副处长，全家又迁居中山门外钟灵街。

三十五年（1946年）六月四日在沙坪坝摄　背景为中央大学大礼堂后松林坡　紫云八岁（冯泽芳自注）

三十五年（1946年）六月四日摄于沙坪坝七日即乘轮还都　紫云八岁（冯泽芳自注）与张德粹夫人及三个子女及邓善溥温焕文夫妇

一九四六年冬复员回南京后摄（冯泽芳自注）

六、节俭清廉

冯泽芳出生农家，一生始终保持农民子弟勤劳俭朴、平易近人的生活作风。父亲种田及开中药店的收入，供其小学、中学及南京高等师范农业专修科读到毕业。上中学四年仅用140元，南京高等师范农业专修科3年仅用272元。最初做大学助教及中等农校教员那几年，省吃俭用除还清上学部分债务，还寄回义乌老家父亲2 000多元，用1 000多元盖了两层楼的新屋（现已于2010年6月9日定为义乌市文物保护单位）；用1 000多元买了十来亩地。结婚以后，一方面攒钱出洋留学；还扶持大弟弟读中学及大学。留学归国之后在南京陵园区五棵松村买了14亩地，想在其中盖房子，为以后退休养老之用。解放后父亲去世还奉养母亲和自幼双眼失明的妹妹，还供小弟弟的3个儿子读书。

冯泽芳历任技术专员、场长、副场长、副所长、院长、副处长等职，一贯勤政清廉，是一位学者型的领导和教育家。在机关里他是同事的师长，总是以礼待人，不摆架子。对工作却是严格要求细致安排，并且关心大家的生活，使人感到严而可亲，尽管在各种艰苦的环境下，大家都能团结一致发奋工作完成任务。1935年他到泰源育种场视察工作时，那里的负责人采取开假旅费报销的办法向他送礼，他立即向孙恩麐处长作了汇报，撤销了那个人的职务。1941年于绍杰随他从云南开远乘火车抵呈贡时，就在路旁小摊上站着吃了碗汤圆充饥，到达昆明后，冯泽芳说"我们今天大吃一下"，他所谓的"大吃"，也就是找了一个小饭馆要了一碗有肉的菜吃饭。一次北平棉场的工作人员在看望冯泽芳时，顺便送了一筐农场生产的鸡蛋，他感到却之不恭并按价付款，还嘱咐一定要把钱交给农场。他的为政清廉一直为学生和同事们所敬仰。

冯泽芳为人耿直清廉，公私分明。具有一个中国知识分子的高尚气节和思想境界。有一次发现下属总务主任以权谋私，他愤怒地严厉训斥，以致发生争吵，幸亏夫人在旁嘱咐他做人肚量要大。

冯泽芳一生艰苦朴素，生活十分简朴，从不讲究衣着，家庭陈设简陋。严以律己、宽以待人是他的一贯作风。处处公私分明，小到私人信件，从不用公家信纸信封，而用专门印制的"馥堂用笺"。自置的家具，用具都用毛笔注明自置日期和价格，如棕绷床50元、木制相框二十五元等。他那出污泥而不染的高尚风格，一直为同事和朋友们所敬仰。

冯泽芳夫妇一生勤俭节约。1956年8月30日冯泽芳要去北京，就写信告诉在新疆上学的小女儿："南农（注：南京农学院）又有五个毕业生到八一农学院，妈妈托他们带一个书包给你。……"冯夫人要将几张照片

三十一年（1942年）十月冯泽芳自置　价二十五元（冯泽芳自注）

一起寄出，可是信件超重，冯夫人就在信纸上写上："此信过重，照片下次再寄给你，你下次写信注意信封信纸都要用薄的，这次爸爸没注意信封信纸都太厚了，所以照片一张也不能寄。"1957年4月30日孟成玉给在新疆上学的小女儿的信中写道："你那些破旧衣服袜子带回来，我倒有很大用处。"在他们的影响下，儿女们都养成了勤俭节约、物尽其用的生活习惯。

冯泽芳

第八章

开创新篇
壮志未酬

一、在南京迎接解放

1948年冬,国民党政府的统治愈来愈显示出将要崩溃的结局。冯泽芳估计南京将要遭遇激烈的战火,于是与夫人孟成玉商量,为避免战火带来的巨大灾害,由孟成玉带3个孩子回义乌老家躲避战乱,冯泽芳一人留守工作岗位。当到达杭州时,他俩又觉得义乌学校水平可能稍差,将会影响到孩子们的未来,由于年长的两个孩子在南京的中央大学附中上学,浙江大学附中可以接收,遂决定不去义乌,他们去拜访了浙江大学附中,儿子冯一民在浙大附中借读,女儿冯紫琅在杭州高中借读,于是在杭州耶稣堂弄10号租了一间房子,厨房三家合用,由孟成玉带3个孩子住了下来,冯泽芳独自一人返回南京。当时货币天天贬值,所以有一项很独

一九四九年八月杭州灵隐寺

特而要紧的事要做,那就是把冯泽芳从南京汇来的工资,从银行取出后,立即去市场兑换成银元,当需要用钱时,再拿几个银元兑换成钞票(称为金圆券)。孟成玉身体不好,长女已是十七八岁的女孩,母亲怕她不安全,所以到市场去兑换货币的工作,就交给14岁的儿子担任,一民学会仔细辨别银元的真假,一种方法是把一枚银元放在左手食指尖上,右手拿另一枚银元轻轻敲击,声音清脆者为真品;另一种方法是用拇指与食指指甲夹住银元中心,用嘴向银元的边上吹一口气,若嗡嗡发声者为真品。半年多时间,几十次交易,未上过一次当,说明还真是掌握了一点逼着学出来的实用技术。

1949年初，棉产改进处经费没有着落，有的人员已离开，实际上已停止工作。这时，冯泽芳接触到中国共产党方面派来到南京、上海联络科技界的老朋友沈其益教授，了解到中国共产党的知识分子政策，遂决定留在南京迎接解放。4月1日，经邹钟琳介绍，他又回到中央大学农学院任教授。在那里他迎来了百万雄师过大江，迎接了南京的解放。新中国成立后，中央大学改名南京大学，冯泽芳就任南京大学农学院农艺

1950年4月20日南大农艺系师生在玄武湖公园，第二排左二冯泽芳

1951年1月5日南京大学农艺系全体师生员工欢送参干同学留念，第二排右一冯泽芳

系教授，教棉作学、农艺讨论、新遗传学、作物育种学。家人在5月3日杭州解放后迁回南京，住在小铁路边的文昌桥41号，是南京大学的教授宿舍，有南、中、北舍三栋二层楼房和42号相通，同住的有教育系张士一、林学系干铎、生物系王希成、化工系时钧、建筑系李剑晨、水利系沙玉清、机械系许侠农、无线电系钱风章、医学院陈华、电机系吴大

1951年元旦摄，第三排左起时钧、冯泽芳、孟成玉、时钧夫人，第四排左起王希成，第五排左二王希成夫人

冯泽芳一家，1951年元旦摄于文昌桥41号

榕等著名教授。由于农学院在丁家桥，每天奔走于文昌桥与丁家桥之间上下班。1952年，高校进行院系调整，冯泽芳随之为南京农学院农艺系教授。家又迁到丁家桥劝业村7号，与农经系刘庆云、农艺系高立民、土化系黄瑞采为邻。

1949年6月中华人民共和国成立前夕，冯泽芳从南京到北京，出席中华全国自然科学工作者第一次代表大会筹委会。进一步体会到党对知识分子的关怀，科学工作在新中国有广阔的前途。就以更加饱满的热情，为新中国的棉花生产和科教事业的发展而奋斗。

1952年与南京农学院同事合影 左1路步高、左2冯泽芳、左4金善宝、左5靳自重、左6钱维朴

冯泽芳与南京农学院农艺系52届同学合影 前排左起钟一琴、吴兆苏、吴兆苏夫人许如琛、冯泽芳

冯泽芳与南京农学院教工合影 前排坐右1冯泽芳

冯泽芳一家在丁家桥劝业村 7 号的住址门前　　1949 年 6 月 26 日于北平

二、投身新中国棉花生产科研工作

新中国成立后冯泽芳通过学习和参加各种会议，了解了党的方针政策，他就一如既往而且更加奋力地投身于棉花生产、科研工作。多次参加国际交流活动，陪同苏联专家到国内各省棉区考察访问，座谈交流棉花丰产经验。

1950 年 9 月应山东农林厅邀请前往讲授全国棉区的划分，用他亲自绘制的棉区划分图，深受当地领导和群众的赞赏。

1950 年 9 月 8 日与任德宽、唐介石在山东临沂棉区考察。

1950 年 9 月 20 日与唐高远、潘家驹、唐介石等在徐州农业试验场等地考察。

1951 年 8 月东北人民政府农业部副部长兼沈阳农学院院长张克威邀请，在蔡以纯陪同下，南京大学农学院的冯泽芳、邹钟琳、朱建人、奚元龄四位教授来东北，进行植棉技术考察，解决培育早熟棉花品种及棉花病虫害等问题。北至北纬 46 度的黑龙江泰来县，只见当地棉花株高约 1 尺，仅有二三朵花或一二个幼铃，产量极低，显然不宜植棉。又经吉林省白城，至辽宁省辽阳考察，认为辽南、辽西一带虽自然条件不及华北，气候冷凉，无霜期短，但是如采用早熟棉种、栽培得当也可获得中等或偏上的产量。

1950年9月8日在山东临邑县棉管区，左起冯泽芳、任德宽、唐介石（冯泽芳自注）

1950年9月20号摄于徐州农业试验场，左起郑光副场长、李玉才、潘家驹、唐高远、唐介石、冯泽芳、尹聘三场长、段芳春、唐世真（冯泽芳自注）

1951年8月24日在东北考察植棉技术时合影，前排左起奚元龄、冯泽芳、邹锺琳、朱健人、中排左起蔡以纯、马国香、刘俊德、康阆亭、程振中、后排左起郑霖生、张万禄、张玉珊、王基容、×××、刘福春（本人签名）

1951年应张克威邀请在东北考察

黑龙江省泰来县雨井子村老农王希赓（冯泽芳自注）

1955年6月1日至10日，冯泽芳在北京出席了中国科学院学部成立大会，正式宣布中国科学院物理数学化学部、生物学地学部、技术科学部和哲学社会科学部成立。学部是国家在科学技术方面的最高咨询机构，学部委员是我国最优秀的科学精英和学术权威。6月3日，周恩来签署国务院命令公布中国科学院学部委员名单共233人。冯泽芳为生物学地学部学部委员。1957年5月23日，在北京召开了中国科学院第二次学部委员大会，5月27日，生物学地学部一分为二，成立生物学部和地学部。1993年10月19日，国务院第十一次常务会议决定，中国科学院学部委员改称中国科学院院士。中国科学院院士是国家设立的科学技术方面的最高学术称号，为终身荣誉。

1955年下半年农业部副部长程照轩邀请冯泽芳、华兴鼐等人陪同在新疆八一

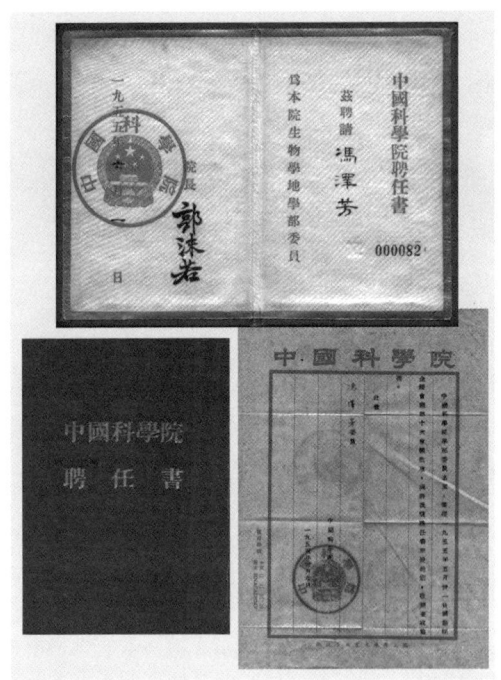
聘任书

农学院的苏联专家乌兹别克共和国植棉专家彼·伊·提托夫副教授到黄河流域、长江流域等重点棉区考察。同去的还有新疆的王彬生、孙家禄和孟梅生。并举行了有植棉专家、教授参加的棉花栽培技术报告会，最后在农业部常务副部长刘瑞龙主持下，举行了棉花生产技术问题座谈会，听取提托夫在视察黄河、长江流域棉区后，对棉花生产的意见，这对推动全国棉花单产提高起了重大作用。

1955年苏联专家来华考察　左八冯泽芳、左十苏联专家

1955年苏联专家来华考察　左四冯泽芳、左十苏联专家

　　1955年11月15日到12月8日冯泽芳在北京参加了由农业部主持召开的全国农业科学研究工作会议。在这次会议上制定了1956年到1967年12年的农业科学研究工作规划和1956年的工作要点；制定了国际技术合作中农业部门的工作方案。在会议过程中听到了许多首长的指示，尤以11月26日陈毅副总理传达了毛主席关于农村经济文化建设的十二点指示，冯泽芳备受鼓舞深感责任重大，陈毅副总理又对知识分子指出了正确的道路，因此下决心向中国共产党南京农学院农学系支部递交了入党申请书。（见珍存手稿）

　　1955年冬，高教部在北京举办《作物栽培讲习班》，全国有30多所农业院校及部分中专教师参加学习，有苏联专家契尔诺格罗文讲学，冯泽芳参加了讲习班的教学组，还负责浙江、江苏、安徽华东小组，4个月后讲习班结束，于1956年3月7日讲习班教学组成员在北京留影纪念。

　　1956年4月在北京西郊宾馆，冯泽芳参加了我国《1956—1967十二年科学技术发展远景规划》的制定工作。1956年5月26日，周恩来总

1956年3月2日大风之日，左起郭德威翻译、冯泽芳、契尔诺格罗文专家（冯泽芳自注）

1956年3月7日，作物栽培讲习班教学组同人，前排3冯泽芳（冯泽芳自注）

理在中南海怀仁堂举行十二年科技发展远景规划招待酒会。1956年6月14日党和国家领导人在中南海接见了参加制定全国十二年科学技术发展远景规划的全体学部委员和科学家，并与参加拟制全国长期科学规划工作会议的全体代表合影留念。

中共中央领导人接见参加拟制全国长期科学规划工作的科学家合影（1956.6.14），下图为局部放大图，第二排左五为冯泽芳

1956年9月农业部副部长杨显东和冯泽芳陪同苏联棉花研究所所长雷佐夫等到棉区考察，9月6日到西安，再到武汉、南京。26日陪专家到上海，住在锦江饭店。30日去杭州，10月4日回上海，后去云南。途中10月9日在昆明，给在新疆八一农学院读书的小女儿写信道："我们十月五日从上海起飞，当天到重庆，六日九时从重庆起飞，中午到昆明，住翠湖宾馆，七日往开远看木棉，八日返昆明，还要到元江去一走。昆明是你的诞生之地，开远、重庆都是你住过的地方，所以写这信给你为纪念。10月11日飞回北京，约11月初回南京。"11月3日在北京给小女儿又写一信："托李兆林先生带给你徽章一枚，是苏联专家送给我的，转送给你作纪念。"

1958年1月24日—2月5日中国农业科学院棉花研究所在北京东单农业部招待所主持召开的第一次全国棉花试验研究工作会议，冯泽芳作了会议总结，提出了五项任务、六项原则。会议选辑了此次会议有关内容，出版了"棉花试验方法手册"，叙述了棉花科学研究的具体方法、程序、调查记载、数据分析、结果整理和总结，极为详细地介绍了各种名词概念和试验程序，对规范当时全国的棉花科研工作起到了重要作用。

1958年棉花试验研究工作会议　第二排左起第7、第8为胡竞良、冯泽芳

1958年10月至12月，斯大林奖金获得者、农业科学副博士、苏联棉花栽培专家费·安·索科洛夫来我国协助和指导棉花生产工作。10月10日到达我国，1959年1月14日离北京回国，在我国3个月零5天，冯泽芳亲自拟定了周密的具体日程安排（见珍存1手稿-13），并一直陪同索科洛夫，先后考察了河南、河北、山东、山西、陕西、湖北六省棉区，访问了15个人民公社和5所研究机关。10月14日到河南安阳，参观了棉花研究所的试验工作，并和所内人员座谈，同时商议考察计划的安排。15—21日考察了安阳市的安丰人民公社、许家沟人民公社、卫星人民公社。10月22—24日在河南新乡，考察了七里营人民公社、小冀人民公社，听取了新乡县的汇报并座谈棉花丰产技术。10月25—27日在山东农业科研所所长秦杰、聊城地委第一书记李吉平陪同下，索科洛夫、冯泽芳、山西省农业科学研究所所长武藻及南京、河南、陕西、湖北代表团，到山东临清县红旗人民公社、卫星人民公社参观、考察棉花丰产技术工作。10月28—31日到河北成安县，考察了漳河店人民公社、城关人民公社，听取了成安

临清县委第一书记张镜明（左一）1958年10月25日摄于临清运河边，翻译元以志同志（左三）索科洛夫专家（右一）（冯泽芳自注）

1958年10月冯泽芳（前排左一）陪同苏联棉花专家在河南考察时的留影

1958年10月在陪同苏联专家考察时在山东与秦杰所长的合影

县的汇报并座谈棉花丰产技术。11月1日到山西太原，考察了山西省农业科研所的棉花试验工作，听取了山西省棉花生产工作汇报。11月2—5日在山西运城考察了东风人民公社、红旗人民公社、前进人民公社，并会见了劳动模范曲耀离。11月6日在陕西西安参加庆祝苏联十月革命节晚会，7日过十月革命节，参观西安市博物馆，游华清池。11月8—13日考察渭南红旗人民公社并会见了劳动模范张秋香，在西安听取陕西省农业厅及棉花研究所汇报和座谈。11月14日坐火车去汉口，16—18日考察了湖北新洲县潘塘乡及刘集乡人民公社，听取了新洲县的汇报，索科洛夫向全县干部作关于棉花生产的报告。11月19—23日到武汉听湖北省农业厅汇报，并对六省棉花生产考察工作进行座谈总结。11月24—29日经上海往广州考察木棉。11月29日回到河南安阳。

12月16日出席中国农业科学院棉花研究所主持召开的"第二次全国棉花试验研究工作会议"。索科洛夫做了"关于中国棉花增产技术措施的初步建议"的报告。植保专家霍·萨·米哈依良茨做了"关于棉花病虫害防治的综合措施的建议"的报告。对我国进一步提高棉花产量的农业技术措施，提出了许多宝贵意见。出席会议268人，列席80余人（中国农业科学院棉花研究所技术人员及安阳棉花学院学生）。29日会议结束，12月30日苏联专家离安阳赴北京，向中国农业科学院和农业部汇报棉花生产考察工作，于1959年1月14日回国。冯泽芳整理考察报告，写出"关于索科洛夫专家工作的评价"一文（见珍存手稿-14），肯定了专家提出的建议对我国制定棉花丰产措施、传授技术、提高理论和如何做好试验研究工作起到很大的作用。另外索科洛夫专家近年在苏联农业机械化、电气化研究所工作，对棉田机械化很有研究，到会的代表都希望索科洛夫专家再来一次，专对我国棉田机械化栽培再做具体的指导和帮助。

1959年6月棉花所开始着手准备接待苏联棉花选种及良种繁育专家伊·基·马克西敏科，来中国考察交流棉花选种及良种繁育工作。6月29日冯泽芳亲笔拟稿与江苏省农业厅商量，专家来华考察的行程和路线（见珍存手稿-17、18），并报中国农业科学院批准。于8月中旬到9

月上旬，他陪苏联棉花选种及良种繁育专家伊·基·马克西敏科，到安阳、徐州、南京、郑州考察棉花选种及良种繁育工作，历时半个多月，回安阳后整理考察报告并准备讲习会的讲稿。原来计划10月要接着举行的良种繁育讲习会和棉花选种座谈会，他因故过早地走了，没有参加，这是冯泽芳唯一一次也是最后一次没有自始至终完成的工作。

冯泽芳与苏联棉花专家马克西敏科在华考察

三、赴苏联考察棉花生产

1957年9月9日冯泽芳与暑假回家的儿子冯一民一同离开南京，10日到北京，冯一民回北京大学上学。冯泽芳则准备随杨显东副部长赴前苏联考察棉花生产。

1957年9月15日冯泽芳写信给在新疆八一农学院读书的小女儿冯紫云："我定于25日出国，直飞莫斯科，今年不到乌鲁木齐来了。你院王彬生教授一同出国，我大约要到十二月初才回国，所以在9、10、11三个月内你不要写信给我了。"

1957年10月11日冯泽芳在莫斯科寄明信片给儿子冯一民："我10日到依尔库次克，11日到莫斯科，已看到莫斯科大学及红场。住列宁格勒大旅社。明天往塔什干，15日起开会。寄此莫斯科大学校景照片为纪念。"（见珍存家书）同时还给小女儿冯紫云、农经系刘庆云教授的女儿刘咸理寄了苏联风光明信片，以作留念。

1957年9月农业部副部长杨显东率中国棉花代表团去苏联，出席10月15—22日在苏联塔什干召开的苏联棉花综合科学会议。代表团成员有冯泽芳、过兴先、王彬生、尹莘耘等。会议开得很紧凑，大会报告只有两天,由行政首长报告,杨副部长也作了"中国棉花生产的发展"的报告。分组会议两天,分 8 个小组进行,这 8 个组可以代表苏联棉花科学研究的各方面。我国代表团长杨显东副部长因返莫斯科,去参加由郭沫若为团长的中国科学代表团,与苏联科学代表团共同商讨我国科学十年规划问题,先离开塔什干。冯泽芳参加第二组:农业生物学、育种及良种繁育;尹莘耘参加第六组:棉花虫害、病害及杂草防除,并作了"棉花黄萎病枯萎病"的报告;过兴先和王彬生一起,有时参加第一组:提高土壤肥力,有时参加第三组:土壤耕作及田间管理,过兴先在第三组作了"棉花落花落蕾"的报告。大会总结 1 天,最后由苏联农业部长马茨凯维奇做总结发言。会后集体参观 2 天,第一天参观中央选种站、农业技术试验站、斯大林集体农庄;第二天参观第二示范机器拖拉机站、机械化电气化试验站、东方之星集体农庄。大会结束后,代表 4 人及翻译黄永宁在乌兹别克共和国首都塔什干附近继续参观 12 天,参观访问了几个棉花试验研究机构,包括列宁农业科学院植物栽培研究所中亚细亚分所、全苏棉花研究所中央选种站、乌兹别克科学院遗传及植物生理研究所分类及种类形成研究室。他们在乌兹

在塔什干棉田考察时与专家和采花工合影　左三冯泽芳

别克棉区参观,看到干旱区棉花优良的长势和一望无际的灌溉沟渠,留下深刻的印象。他们考察了塔什干大片棉田,农民们正在忙着收花,与他们交流了丰产栽培经验。后来他与过兴先一起参观了塔什干中央选种站温室的多年生棉和野生棉,在考察过程中由当时在苏联留学的孙济中做翻译。结束了塔什干的参观访问。返回莫斯科后又参观 5 天,参观了莫斯科大学,并在罗蒙诺索夫像前拍照留念。他还到季米里亚捷夫农学

背景为多年生棉和野生棉 同立者为过兴先同志，一九五七年十月在塔什干中央选种站温室内（冯泽芳自注） 左过兴先、右冯泽芳

在塔什干与在苏联留学的孙济中（左一）、考察团成员王彬生（左三）合影

冯泽芳（后排右二）过兴先（右一）在塔什干俱乐部前留影

冯泽芳在莫斯科大学主楼及罗蒙诺索夫铜像前留影，一九五七年十一月摄

院参观访问，并看望了在那里留学的中国留学生，在那座第三宿舍里有许多中国留学生，还请留学生黄慕玉给在新疆读书的小女儿写信寄苏联邮票。他们在莫斯科参加了十月革命40周年庆祝活动，冯泽芳被邀请登上观礼台。1957年11月19日回到北京。

回国后将此次会议和访问考察进行了整理总结，完成了"苏联棉花选种及有关的研究工作考察纪要"（见珍存手稿-10）。

四、创建棉花研究所

1956年4月冯泽芳到北京参加中央召集的《1956—1967年科学发展远景规划》的制定工作，他很兴奋，在会上积极建议成立全国棉花研究所。

1957年2月18日冯泽芳与夫人孟成玉一同来到北京，孟成玉住在景山东街45号文字改革委员会家属区，她堂妹孟俊家，堂妹夫赵平生任职于文字改革委员会。到京后的前几天冯泽芳参加棉花工作会议，从2月25日起参加中国农业科学院成立大会，中国农业科学院于3月1日宣告成立。正巧他们的大女儿冯紫琅和女婿梁甲农，从黑龙江友谊农场出差来到北京，冯泽芳夫妇就抽空在2月24日星期日和第一次见面的女婿，及在北大物理系学习的儿子冯一民共5人，在王府井照相馆拍了一张合影，这

1957年2月24日冯泽芳夫妇（前坐）与冯紫琅（左一）、梁甲农（右一）、冯一民（中）合影

也是他们和大女儿女婿唯一的一张合影。冯夫人还为将要出生的小外孙购置了一皮箱小孩用品及衣服，给女儿女婿各买了一双皮鞋，还送给女婿一件皮夹克。3月5日大女儿和女婿返回友谊农场。3月8日冯泽芳与夫人也回南京了。

1957年6月4日中国农业科学院院长会议决定"同意陈仁提出筹建中国农业科学院棉花研究所的建议"，即日成立筹备组，由冯泽芳、陈

仁、胡竟良、彭寿邦组成，冯泽芳为召集人。6月冯泽芳到北京住在中国农业科学院，进行筹建棉花所的工作。首先是所址的选择，当讨论到所址选在何处时，有人主张在北京建立总部在棉花产地建试验场，而冯泽芳则主张建在产地。他就到华北各地考察选择所址，当时他参加完全国棉花品种区域试验会后，去石家庄选址，从山西省农业科学院汾阳农业试验站来参加会议的王道均是冯泽芳的学生，毕业后时有书信来往，这次相见很是高兴，就随同冯泽芳去石家庄，他们看了几处地方，觉得石家庄太偏北，不能完全代表黄河流域。以后冯泽芳经过对棉区的气象资料、地理条件、棉花生产等有关建所要求的科学依据，进行反复对比考虑，主张将棉花所建在棉产区中心的河南省安阳市，后来选中有4 800亩土地的安阳棉场做所址，非常有利于棉花的生产和棉花的科研。同年8月27日国务院科学规划委员会（57）科字第120号文件，批准成立中国农业科学院棉花研究所，由北京华北农业科研所棉作室为基础扩建而成，任命所长冯泽芳，副所长胡竟良、李庆。

这是他第三次执掌全国棉花改良工作，他满怀热情地一心投入棉花科学研究、棉业改良事业。建所之初，全所只有30人，其中研究员3人、副研究员3人、助理研究员11人，设所长办公室、品种研究室和栽培研究室。他怀着极大的热情，积极进行筹建工作，放弃了大城市优越的工作环境和生活条件，率先来到棉区腹地，主持工作。1958年2月，在安阳棉花研究所基建尚在进行中，他就把夫人从南京暂迁到北京，将家安置在北京中国农业科学院，住在红楼109号。

1958年3月28日棉花研究所由北京迁到河南省安阳市，与安阳专署棉场合并。新所址在安阳市东14公里的白壁乡大寒集。3月1日冯泽芳因患急性盲肠炎在北京住院开刀，3月中旬出院，28日他顾不得休养马上来到安阳。当时正在进行基本建设工作，没有电灯，用煤油灯。在基建的同时，就开始棉花的试验研究工作。

1958年7月2—6日中国农业科学院棉花研究所在河南安阳召开全国棉花群众选种座谈会。到会的有11个省的劳动模范和研究所、试验站、技术推广站及国营农场的技术人员。会上交流了棉花选种、良种繁育、培育新品种等方面内容。冯泽芳在会上作了题为"依靠群众提高棉种质量和创造新品种"的发言。

1958年8月底，棉花所简易的砖瓦平房盖好后，他就将夫人孟成玉从北京接到安阳安家落户。当时十分重视向苏联学习，要邀请苏联专家来进行学术交流，探讨棉花高产栽培经验。于是，就在建所初期，条

1959年2月 河南安阳棉花研究所棉花学院师生 前排左六冯泽芳

送给敬爱的冯所长 学院第二组（59.9.16） 前排坐左二胡竟良 左三冯泽芳

件困难的情况下，特地修建了专家接待室，聘请了西餐厨师。1958年到1959年就先后接待过苏联农业部主任农艺师、全苏棉花研究所所长、乌兹别克共和国农业部副部长、选种及良种繁育专家、植物保护专家等人。冯泽芳也多次陪苏联专家到各省棉区考察、座谈、交流经验。

1958年9月经农业部、中国农业科学院及河南省委批准，在棉花所成立四年制棉花专业的高等农业院校——河南安阳棉花学院，这是我国唯一的一所棉花专业的高等学府。冯泽芳兼任院长，所里科研人员兼任教师，自编教材，边编边教。利用老棉场的仓库改成教室，第一届学生58名都是来自河南省各地的高中毕业生，多半来自农村，生活简朴，勤奋好学。冯泽芳亲自给学生讲授棉花在国民经济中的重要地位和《棉花植物学》《棉作学》，经常教导同学们学习要刻苦钻研、要做笔记、要做到"听得懂、记得牢、做得来"，十分注意理论联系实际、培养独立思考和实践操作能力，培养了一批棉花科技骨干。

在安阳的第一年，虽然条件很艰苦，但过得很充实，冯泽芳又可以全身心地投入到他所钟爱的棉花改良事业。1958年棉花所的基本建设和棉花生产、试验研究，都取得了很好的进展。棉花生长茁壮，枝繁叶茂，到秋天棉花收成很好，棉花所的棉花尤其好，参观的人很多，冯泽芳就更忙了，从来没过一个星期日。就10月1日放假1天，阳历年放假2天，其余没有一天休息。他夫人孟成玉也和大家一起积极参加义务劳动拾棉花，每天拾40—50斤，一个季节下来共拾了1 000多斤棉花。

在棉花所初建的日子里，虽然环境艰苦，工作繁忙，但是他对事业充满信心，充满希望，以饱满的热情工作着！

冯泽芳嗜书如命。虽然他极少去商场，但书店却是经常去的，数十年如一日，故藏书颇丰。搬到白壁后，乡下没有书店可去，他就在北京新华书店邮购部，保持百元左右的余款，来了新的有关棉花和农业书籍，立即给他邮去。他去世后，冯夫人把这些书都捐献给棉花研究所。他自己爱书，还引导孩子们爱书，40年代他就给老家义乌赤岸的小学赠送了一套商务印书馆出版的《少年儿童文库》，有几百本之多。在家也会给孩子们买书《王安石》《石達开》《增广贤文》《古文观止》等书，还要背诵

"三字经""千字文"等。到棉花所后他还自己出钱，给附近小学订了《人民日报》等主要报纸和《人民画报》《解放军画报》。1958年末，又替他们续订了一年，到1959年9月他去世时，报刊还未到期。

五、最后的日子

中国农业科学院棉花研究所于1957年8月在原华北农业科学研究所棉作室基础上在北京成立，1958年3月由北京迁到河南安阳市东14公里的白壁乡大寒集，与安阳专署棉场合并。3月1日冯泽芳在北京因盲肠炎手术住院治疗，同时查出患有糖尿病，他在3月22日给新疆小女儿的信中写道："我已起床工作，不必挂念。我于四月一日往安阳。"结果还是提前于3月28日到达安阳。

他在5月22日给新疆八一农学院头屯河农场孵化室实习的小女儿的信中写道："我是三月二十八日到安阳的，我这边也没有电灯，夜里点煤油灯，和你那个农场一样。我们这里正在盖住宅，五月底可以盖好，妈妈六月便可以来安阳。不过我在六月又要陪苏联专家往各省去了。……你实习孵小鸡和养鸡是很有趣的，你要好好学习。"当时条件相当艰苦，住房尚在建设中，这些丝毫没有影响他的工作热情和积极性，满腔热情信心十足地投入工作。

在5月25日给小女儿的信中又写道："我今年陪苏联专家的计划上没有到新疆来的规定，因为新疆已经有苏联专家了，不过和你所推想那样，在你在八一农学院求学的四年中，我总可能到新疆来的。安阳的房子六月可以盖好，大小共有六间，你回来可以住在书房里，另有一间会客室。妈妈仍在北京，可能七、八月才来安阳，她在北京学太极拳。我六月要到北京，将陪苏联专家到黄河流域各省去。祝你们小鸡孵化率提高！"。

6月30日给小女儿的信中又写道："牛奶便宜你买点牛奶喝喝，钱不够问妈妈要，妈妈可能七月内要搬到安阳来，新房子盖好了，有六间小房子，你如回家，在书房里加一个行军床，给你睡。苏联专家哪天来还未定,所以我尚在安阳。"

7月16日在郑州给小女儿的信中又写道:"妈妈就要迁居安阳,你以后寄信寄到安阳·白壁·棉花研究所,不可再寄北京。我现在郑州开会,明天就回到安阳。"

8月15日从安阳写给到西安参加全国第一届大学生运动会的小女儿的信中又写道:"你到西安了吗?妈妈、姐姐都在北京等你,你乘从兰州直达北京的快车,到北京站下车……哥哥也在北京,你们四个人照一个相,如我赶得到,我们五个人照一张相。"

8月20日的信中又写道:"你可以去北京玩几天,你陪妈妈来安阳,住一天便够了。"正值小女儿回家探亲,与妈妈、姐姐、哥哥在北京欢聚后,帮助妈妈把家从北京搬到了安阳白壁,自此老俩口在棉花所安家落户踏踏实实过日子了。

1958年于北京留念　前坐孟成玉,后站左起冯紫云、冯一民、冯紫琅

10月14日开始了陪苏联棉花栽培专家费·安·索科洛夫往六省考察棉花之行。他在1958年10月23日夜于河南新乡给小女儿的信中写道:"我现陪苏联专家往河南、河北、山东、山西、陕西、湖北六省考察棉花,大约11月初回安阳。你和妈妈、姐姐、哥哥四人合照的照片,照得很好。你和妈妈在故宫照的小照片差一点也不要紧。我现在身体好了。"

11月3日在山西运城的信中写道:"我陪苏联专家出发考察已半个月,约11月回安阳。我们11月6日到西安,七日过十月革命节。"

12月4日信中写道:"我已于11月29日回到安阳,妈妈天天拾棉花,每天拾40～50斤,身体很好,我也好。你们锻炼很紧张是好的,脚好了没有?你的脚在重庆时曾经压伤了一次。安阳天天下霜,已冷了,早晨冻冰了。今年棉花收成很好。棉花研究所的棉花尤其好，参观的人很多。我很忙，从来没有过一个星期日，星期日都照常工作。"

12月12日一封极简短的信写道："我们12月16日开全国棉花试验研究会议，我很忙，所以不多写了。"从他在安阳给小女儿的信中可以看到他对棉花事业的执著，对艰苦生活的顺应，对家人的关怀和爱。

1959年1月4日的信中写道："妈妈去年拾了1 000斤籽棉（义务劳动），她现在天天打太极拳。棉花试验研究会议已开毕了，我已于31日回到白壁，年初一（编者注：应是元旦）天气晴，全所吃饺子，大家很快乐。我们到白壁以来，十月一日放假一天，这次阳历年放假二天，其余没有一天休息过。"

1月12日的信中写道："哥哥在阴历过年时要到安阳来。你在上海好好地过一个春节吧！妈妈天天早晨打太极拳，这几天我也打太极拳。"

河南安阳棉花所办公用房，1959年春节（冯泽芳自注）左起孟成玉、冯一民、冯泽芳

河南安阳棉花所家门口1959年春节（冯泽芳自注）左起冯泽芳、冯一民、孟成玉

2月11日的信中写道："这封信到成都时你们也已经可以到达成都了。你地方走得很广，可以增加许多知识。从宝鸡到成都这一条路上可以看见许多东西，是和兰州、乌鲁木齐不同的。成都是个大地方，物产很丰富，吃的东西也很好。成都是全国有名的出'锦缎'被面的地方，我们家里有一条被面就是'锦缎'的，你如有钱，可以买一条，一则为

你到过成都的纪念，二则为你自己得到工资的纪念。这是不急需的物品，买不买你自己决定。"

哥哥于1月31日回来了，他明天要回北京了。我们过春节过得很好，我仍在小灶吃饭，妈妈、哥哥在大灶吃饭，饭拿回来吃，自己家里买到野兔子、鸡、鱼、鸡蛋、白菜。文娱方面有晚会、有舞会、有电影、有篮球赛、乒乓球赛，等等，在乡下地方总算很好了。

现在春节四天已经过完了。我们再鼓起冲天干劲，干吧！妈妈天天早上打太极拳。

附苏联邮票是孙济中寄书给我的。和已寄给你的那份相同，留下来可给姐姐。"

2月20日最爱看戏的夫人孟成玉和冯泽芳给小女儿的信中写道："前天安阳第三钢铁厂来所慰问演出，剧目有西厢记、白蛇传、审马龙、昨天晚上打台湾、韩信挂帅。寄给你苏联邮票七张，是孙济中寄书来的。"

2月28日的信中写道："运动会开好了吗？成绩怎样？好好锻炼，不可灰心，不要着急！另寄给你三张苏联邮票，也是孙济中寄信来的。

义乌人民公社吃饭不要钱。宝树兄弟一家（编者注：冯泽芳的三个侄儿）都好过了，宝树哥哥每月有五元七角工资。你的舅舅劳动力差，每月只一元工资。侠民（编者注：冯泽芳妻弟的小儿子）在上宁波师范学院数学系。

妈妈天天早晨打太极拳，我没有坚持打下去。妈妈把饭拿回家来吃，自己家里有一个灶，烧点小菜，比以前好多了。"

1959年那一年应该是他很高兴的一年，因他又可以在新成立的棉花所从事他所热爱的棉花改良事业。同时他的儿子冯一民要从北京大学物理系毕业，将要参加工作了。他的小女儿冯紫云在新疆体育代表队，9月可以到北京来参加第一届全国运动会，还可以与家人团聚。7月19日儿子就写信给父母，告诉他暑假的安排："爸爸、妈妈：昨晚我到金伯母家去看电视'中匈篮球赛'，很好，赛球你们大概不怎么喜欢看吧。金伯伯（编者注：金善宝）出差到南京去了，约二十几日才回来。金伯母请我吃了一块西瓜和一支香蕉，香蕉不易买到，是她的'干女儿'送她二支,她就请我吃一支。紫云昨天来信说已达到一级运动员了,所以她到北京来参加全国运动会是不成问题了,她们八月底左右就到北京,所以我考虑一下暑假的安排,我们7月26日交论文初稿,7月26日至8月1日考哲学——辩证唯物主义,然后做毕业鉴定,约要一星期,然后就要宣布分配到哪里,分配完就回家,起码也要到8月10日,过不久紫云也要来了,我们假期约到9月1日。所以我想分配完毕就回家来,看看爸爸,在家住到大约紫云到北京时,就和妈妈一起到北京来,爸爸大概不会有空吧,那时已是八月底了,在北京陪紫云玩几天,就到工作岗位去,你们看这样好不好。后天学校请我们毕业生进城看剧"蔡文姬",所以我今天不进城,后天再去给爸爸买治糖尿病的药片。"

冯泽芳于7月26日给小女儿一封信中写道:"你的来信收到了,祝贺你达到一级运动员的标准,预祝你能到北京参加全国运动会。现将哥哥来信转给你看,希望你们兄妹二人能在北京和妈妈再聚会一次,我因工作忙,不能预计,8、9、10月我要陪苏联专家。爸爸写。"

他是热爱生活的,生活就要光明磊落,但生命不能在谎言中延伸。

1959年是棉花所初建时期,各种工作千头万绪。基本建设、人员安置、棉花的生产科研工作、棉花学院的基本建设和教学、还要接待外宾等。冯泽芳不怕忙,因为他从来没闲过,只要心情舒畅,工作再累,困难再大,都能想法子克服,因为他头脑是清醒的,思维是敏捷的,意志是坚强的。

可是在1958—1959年人民公社化、大跃进带给中国人刻骨铭心的记忆。这段历史,演绎出无数个有悖常理,不尽人情,亦或近于荒唐的故事,无数可笑的令人啼笑皆非的悲情人物。特别是农业生产形势作了不切合实际的估计。从此,放"卫星"、高指标、瞎指挥、浮夸风、共产风为主要的"左倾"错误在全国严重泛滥开来。那是让人看一眼就心颤的场景,那艰苦的日子,就象永远挥不去的噩梦。正同全国一样,棉花所也成立了大食堂、小食堂,所有职工家中灶冷烟灭到食堂就餐。因冯泽芳是所长吃小食堂,夫人孟成玉是家属吃大食堂,他也没有利用他的权位提出任何要求。

在那大跃进的年代，"极左"思潮泛滥成灾，浮夸风遍及全国，农业生产上流行的豪言壮语是"人有多大胆，地有多高产"。在"万斤籽棉为纲""亩产千斤棉"的年代，要他去做那些违背科学的事，"选拔单株棉花王""放卫星"等，与他做事的严谨、实事求是的作风大相径庭，使他无法面对现实。他显得跟不上"形势"，而且常说些"不识时务"的话，做些"不识时务"的事。例如在一次棉花放"卫星"的献计献策座谈会上，有人突发奇想说："咱这里的茄子大，一个茄子有斤把重，将茄子和棉花杂交，棉桃变大，棉花就可以增产了。"他听了很不以为然，面有愠色，沉思了一会儿说："冬瓜不比茄子更大，一个冬瓜有一二十斤，何不把冬瓜拿来和棉花杂交？"以表达他的不同意见和不满。那时紧跟形势的人会在棉花"卫星"地边砌上土坯墙以提高温度或立上玻璃反光镜以增加光照，他就会去观察并测量一下温度。他的这些言行肯定招来批判"右倾保守"、"拔白旗"。甚至他们夫妇打算捐赠1个月的工资（一级教授330元+学部委员100元）给所里幼儿园买些玩具、用品，也被认为是资产阶级糖衣炮弹，而未能如愿。

在6月份的时候，他还对即将到来的苏联棉花选种及良种繁育专家马克西敏科来华，作了周密详细的考察日程及举行两次棉花选种座谈会和棉花良种繁育讲习会的安排，并亲自与江苏省农业厅联系苏联专家考察的路线和行程。8月中旬他与杜春培、邢以华、汪雄时等陪苏联专家马克西敏科，到徐州、南京、郑州考察棉花选种及良种繁育工作，至9月上旬回到安阳，进行考察总结，准备座谈会。这时儿子大学毕业，回安阳探视父母；大女儿从北大荒到农垦部汇报工作，请了3天假，从北京第一次来到安阳的新家，当时冯泽芳忙于接待苏联专家，晚上很晚回来与家人小聚，交谈的时间也很短。3天假期转眼就到，大女儿要返回工作岗位，儿子也要到新岗位报到，小女儿已到北京参加即将召开的第一届全运会，于是冯夫人和两个孩子离开安阳，去了北京，9月13日在北京体育场，见到了从新疆来的小女儿，他们4人以北京体育场为背景，照了几张照片留作纪念，次日大女儿就返回黑龙江，冯夫人还在北京，住在中国农业科学院金善宝家，打算采购些食品以改善身患糖尿病的冯泽芳的生活。

冯泽芳虽然热爱棉花事业，对国家的棉花科学研究工作、棉花生产与产业发展有着长远的设想和宏伟的蓝图，但这时，在一个新的环境里，在那浮夸的年代，在亲人暂别的时候，独自一人留在棉花所的冯泽芳在极左思潮的压力下孤独无助。他爱棉花事业，爱家庭、亲人，爱同事、学生，最终还是被迫离开了他所爱的亲人、同事、学生，离开了他为之奋斗一生的棉花事业。

1959年陪苏联专家考察，右三冯泽芳

1959年9月于北京工人体育馆前合影，左起冯紫琅、冯紫云、孟成玉、冯一民

第九章

棉业界的大小三元

我国近代棉业的开拓、改良和发展的几十年中，有一批批科学家、实业家为之奋斗终身。循着棉业发展的轨迹，就能看到他们努力奋斗的深深足迹，棉业界的大小三元，就是他们的代表。大三元是孙恩麐、冯泽芳、胡竟良；小三元是俞启葆、奚元龄、华兴鼐。1982年江苏省农业科学院研究员朱绍琳先生写了一首诗，题目是"棉乡述怀"，诗曰："柔似胲皮白胜鹅，梁朝武帝弃绫罗，传流盛赞无名氏，纺织归功黄道婆，大小三元更旧学，纵横万里谱新歌，艰辛创业垂青史，后浪掀天继逝波。"

大小三元虽然年龄相差10～20岁，但都是出生、成长在清末民初，当时国弱民穷，给他们留下了刻骨铭心的经历。同时民主、科学的理念日渐兴起，给他们思想打上深刻的烙印。他们都是有远大抱负的，立志刻苦努力学习，科学救国、教育救国更是他们共同的奋斗目标。

他们成长发展走的是基本相同的道路，青少年时刻苦努力学习、重视实践，然后留学美英，归国后用专业知识报效国家，造福人民。

他们在学习上都是严谨治学，深入钻研理论，密切联系实践。在工作上具有广阔的视野，长远的思虑。着眼于棉花学术理论的提高，更重要的是在棉业生产的发展。

他们之间，或有师生之情，或是同窗之谊；在棉业领域是同事，在生活上又是亲密的朋友。他们既是棉业的科学家、实践家，也是农业科学家、农业教育家。他们都把毕生精力与才智献给了祖国的棉产事业、农业科学、农业教育和农业生产，并作出了巨大贡献。

冯泽芳先生终身奋斗的事业与他们是息息相通的，从对大小三元其他五位的事迹介绍中，我们既可大概看到他们个人的主要成就与贡献，也可看到棉业大小三元之间的关系；更重要的是还可窥探到以他们为代表的中国棉业工作者的共同努力，及我国现代棉业科研与生产的显著提高与发展的脉络。

孙恩麐（字玉书）(1893—1961)

冯泽芳

农业教育家和棉花专家，中国棉产改进事业先驱者。他是我国第一位留学美国专攻棉花的学者。为我国棉花界大三元之首。

1893年8月出生于江苏省高邮县，幼年丧父。由慈母教养成人，六岁开始读私塾。自幼喜爱花卉，八九岁时每天要花两三个小时莳花弄草，家中常有鲜花数十盆，供欣赏消遣，从而使他对种植业逐渐发生兴趣。当时清政府腐败无能，丧权辱国，少年时遂决心走"科学救国"的道路。1906年随叔兄到上海复旦大学学习，1911年考取北京清华学校公费留美预备班。经3年学习，成绩优异，名列前三位。1914年与钱天鹤等80余人同行赴美，在伊利诺大学农学院学习，4年课程3年全部学完，1917年毕业，获该院荣誉奖状。后转入路易斯安娜大学农学研究所攻读棉花专业，毕业论文为《棉花育种之研究》，1918年获硕士学位，在我国留学生中他是该专业的第一人。毕业后由当时我国驻美公使顾维钧指派为参加"国际旱农会议"的唯一代表。在美期间，深感美国棉花生产有许多方面可供我国借鉴。从棉花品种来看，美国用陆地棉，而我国仍沿用中棉，陆地棉的产量与品质均优于中棉；从耕作制度来看，美国是3年轮作，我国则为一年一熟或一年两熟制。因此，他认为我国应更换棉种，以陆地棉取代中棉，同时要研究制定适合我国棉花生产的耕作制度和栽培技术。

1918年初回国，在江苏省第一农校任教，并兼任校长。不久便先后到河南农业专科学校、东南大学农科、中央大学农学院、南通农学院任

孙恩麐　摄于1934年10月

教授。冯泽芳、胡竟良是他的得意门生，冯还是棉作研究助理。1920年筹办东南大学暑期植棉讲习所，讲授棉花专业课程。他要求师生都要从事研究工作，老师要有一项专长。要联系实际，熟悉生产；研究工作要与推广并重，他特别重视实际操作，经常亲自带领学生到现场实习。学生每2～4人为一组，备有一头牛和全套农具，从耕地、播种、施肥、治虫到收获、脱粒他都和学生一起劳作。经过这样严格的实践，培养了一批既有理论知识又有实践经验的青年科学家。那时国内棉花田间试验方法极为粗放，为此他特意撰著《棉作栽培试验》一册作为实验实施指南，并亲自领导东南大学所属各棉场的栽培试验。

孙恩麐开始接触我国棉花研究和生产时，就十分关心中国棉业发展问题。早在1921—1922年间就撰写了《推广中国棉作应取之方针论》《我国棉业问题之重大及其改进方法》《改良推广全国棉作计划书》等文章。他回国后就积极主张引进美棉。1919年在《中华农学会报》发表了《输入美棉之研究》《美棉栽培简法》等文章。可以说，他是倡导我国引进、推广陆地棉的先驱，并且注意到良种良法要相互配合。

1921年冯泽芳从南京高等师范毕业，转入东南大学补修本科学分，因家境经济困难，就半工半读，在校做棉作助教和棉作研究助理。两年后孙恩麐介绍冯泽芳到江苏省第三农校和第一农校当教员。1927年介绍冯泽芳到江苏省立棉场工作，一直到1930年考上康乃尔大学，才辞去棉场副场长职务。

1933年，当时的全国经济委员会下设立棉业统制委员会，孙恩麐任委员。1934年该会在南京成立中央棉产改进所，他兼任所长，冯泽芳任副所长兼植棉系主任，共同领导全国棉花科研与推广工作。他与有关方面协作实施《原棉设施纲要》，使我国1936年产皮棉85万吨，创历史最高记录，全国棉产实现自给。

1937年"七七"事变后，中央棉产改进所并入中央农业实验所棉作系，孙恩麐任系主任。1938年初，他随所西迁，取道武汉抵达重庆。当时邹秉文和他商量在危难之中如何保全农业科技力量的大计，为了保全农业科技力量，倡导各省农、林、牧、渔等场、站、所合成一体，以便集中力量发挥综合作用。为此，成立了湖南省农业改进所，孙恩麐被聘为第一任所长。荟萃高级专业人才30余名，连同原有专家共280余位。除充实原有稻场外，还建立了5个棉场及园艺场、轧花厂等。对湖南省的粮棉生产发挥了很大作用，使湖南省粮食达到自给，棉花产量得到提高。

1942年9月26日孙恩麐50寿辰，冯泽芳、周拾禄等24人发起各省学生募集1万元建立"孙寿奖学基金"，培养优秀青年棉业人才。冯泽芳为发起纪念奖学金，写了征文："吾师孙玉书先生，自民七归国以后，致力棉业，20余年，至抗战之前夕，吾国棉产已达自给之境，虽由政府之决策，而技术之领导，皆由先生任之。"

抗战胜利后，1947年农林部恢复棉产改进处，孙恩麐任处长，冯泽芳任副处长兼北平分处主任，他俩又共同领导全国棉花科研与推广工作。孙恩麐提出推广良种、举办棉贷、提高单产、防病治虫、设立轧花厂及运销机构、实施原棉分级、加强试验研究等7项工作任务作为棉花生产科研推广人员的努力方向。

1949年中国棉业出版社出版了《孙恩麐先生棉业论文选集》，这是我国棉业的重要历史文献之一。冯泽芳为论文选集写了编校后记："孙玉书先生的一生是立德立功立言，三者兼备，而最应传世者，为他的道德及事业，这本棉业论文选集，不过记载先生学问事业思想之一鳞一爪而已。先生的道德可以'学农为人'四字代表之，所以他的一生，专心为农业服务，不分心，不兼差，不图升官，不求发财，只求于农业有所建树，这种以'服务为目的'的精神，为学农者的模范，亦是学农者的最高道德。……先生的事业，是一部中国棉产改进史的前期史，他是中国棉产改进开山祖师，亦是成功很大的人物。自他领导工作以来，棉产改进事业才上了新阶段，亦才有真的成就。"

20世纪50年代他已是花甲之年，仍不辞劳苦深入华北、东北棉区进行调查研究和指导生产。1956年筹备中国农业科学院期间，孙恩麐因患脑血栓长期卧病不起，在1961年病危时仍关心我国棉花生产和科研的发展。他始终不渝坚守"学农为人"的信念，为我国棉产改进事业献出了毕生心血。不幸于1961年9月17日在北京逝世。

胡竞良（字天游）（1897—1971）

棉花科学家，中国棉产改进事业开拓者，为我国棉花界大三元之一。

1897年4月生于安徽省滁县。家境贫寒，幼年刻苦读书，成绩优良。18岁丧父因亲友资助得继续学习。1918年考入南京高等师范学校农科。1921年毕业后任安徽省第一农业学校教师、东南大学郑州棉场主任技术员。1926年调任东南大学棉作推广委员会推广专员。1927—1934年任广西农务局技师、江苏南汇棉场主任技术员兼湖南棉业试验场推广部主任。1934年由全国经济委员会棉产统制委员会公费派送去美国，在得克萨斯州农工大学深造，1936年获硕士学位后回国，任全国经济委员会技术委员兼河南省棉产改进所所长，下辖10个植棉指导所和6个棉场，为推广"德字棉"做了大量工作并取得良好成绩。1938年他与冯泽芳先后任中央农业实验所技正兼棉作系主任。1939—1944年历任四川省农业改进所副所长、四川大学农学院教授。1938年起发表《四川推广美棉释疑》等论文。为四川省推广"德字棉"付出了心血。1944年，胡竞良参加联合国善后救济总署农业考察团，赴美考察棉花育种、推广、加工、运销和棉籽工艺，访问63个单位，并与142位棉作专家商讨适合我国农业环境的棉花发展途径，并加入美国农艺学会。1946年，他代表中国向联合国善后救济总署接洽供应棉花良种3 000吨，新型轧花、脱绒、榨油机各15套，这是我国引入棉花加工装备的开始。1947年，农林部成立棉产改进处，他任副处长兼上海分处主任，并担任棉产改进咨询委员会秘书。与纺织实业界进行了广泛的接触，并筹集资金17亿元，开展

胡竞良

棉产统计调查。并集资创办了《中国棉讯》等 8 种刊物，为促进棉花生产和棉业发展做了不少工作。

《中国棉产改进史》是胡竟良在棉业史研究上的代表作，1945 年由商务印书馆出版。全书 7 章 10 万字，对我国棉产改进的阶段进程、试验研究成果及其推广、分级检验、棉产统计等均做了论述，并引用了 83 篇文献。这在当时是一部系统记述我国棉业发展历程的重要著作与历史性文献。此外，他还发表一系列有关棉业政论文章，如《原棉改良与棉纺业》《农业推广的基本问题——整个的管理》《论战后复兴中国棉业》《中国棉产复兴纲领》等。尤其是后二者，提出了战后复兴棉业 12 个方面的一揽子计划，内容丰富，对抗战胜利以后的植棉政策和技术要略均有精辟见解，表现了作者不但是棉花技术专家，还是一个出色的棉业政论家。

新中国成立后，胡竟良任华东农林部特产处处长。为尽早恢复棉花生产，1950 年决定从美国引入"岱字棉 15"种子 480 吨，集中在 3 省 6 县繁殖，种植 16 万亩。1958 年扩大到 5 248 万亩，占全国棉田面积的 61.7%。胡竟良为我国引种和发展"岱字棉"作出贡献。

1952 年，他被调任农业部经作局高级农艺师。1957 年，中国农业科学院在河南安阳成立了棉花研究所，由冯泽芳任所长，胡竟良担任副所长，并在该所连续工作 14 年，为新中国棉花事业献出了后半生。

胡竟良一直倡导多途径、多方式推广植棉，并推行棉种管理区制度，保证纯种供应，为我国棉花生产作出了积极贡献，他还注重编著棉产史料，激扬科学技术。1935 年，胡竟良《关于棉业的史料》一文详细介绍了世界各国的棉花发展史，《新输入我国三种美棉考略》是他在美国学习期间，代表我国经济委员会批量购买"德字棉 531"、"斯字棉 4 号"、"美本胜利棉"时，根据多方收集资料写成的；1941 年著的《我国古代植棉考略》介绍了古代植棉技术和选种方法；1947 年著《棉桃小史》是对棉籽工业、短绒和籽壳利用的介绍。这些著作及论文对中国棉花的推广及生产，有很大影响。

胡竟良对棉花科学的造诣既深且广，除致力于棉作栽培外，对棉纤维的改良研究也很有专长。1936 年，他在美国学习期间写了题为《用纤维排列法对籽棉纤维的研究》的硕士论文，首先提出测定实效长度的简单方法；《棉纤维簇之成因》《未熟棉籽之研究》《棉纤维品质的遗传及不同环境影响纤维品质研究》等文章，都是从农业和纺织业角度，针对我国棉纤维改良进行的早期探讨；他在1953年的全国棉花检验会议上提出外棉进口要按照我国标准进行检验，并对纤维、原棉检验技术提出许多修正的建议，得到大会的采纳和表扬。

胡竟良在主持中国农业科学院棉花研究所工作的十四年内，使棉花研究工作颇多建树，该所育成的"中棉2号""中棉3号""中棉4号""中棉5号"，产量均超过当时对照品种"徐州209"和"岱字棉15"；对全国棉种纯度进行的4次大规模考察并提出的改进报告，支持开展黄河流域棉区棉粮两熟套种技术和华北平原灌区成套植棉技术研究，筹建了纤维实验室等，都凝聚了他的心血。

胡竟良献身棉产改进几十年，成绩卓著，为棉花研究所早期业务的开展奠定了良好的基础。他留下著作7种、论文百余篇、报刊短文演讲百余篇，他有眼光、有造诣、有壮志，为我国棉花事业的发展做出了积极贡献，是我国棉花事业发展史上一位杰出的人才。

胡竟良于1971年12月28日病逝于上海。

俞启葆（字遂初）（1910—1975）

农业科学家、棉花遗传育种学家，是西北地区农业科学事业的主要奠基人。为我国棉花界小三元之一。

1910年出生于江苏昆山。1922年离家去上海，入中华职业学校商科，1925年毕业后，在上海三友实业社当职员；1929年在南通农学院附属高中农科读书时，曾到南通江苏省立棉作实验场借抄棉作育种记录，当时冯泽芳任场长，此为彼此第一

俞启葆

次交往。1930年考入南京中央大学农学院，尚未开学，即在该校农场准备试验，冯泽芳赴美国学习前去中央大学，又短暂相见。1933年秋冯泽芳兼管中央大学农学院的棉作育种事业，1934年春讲授棉作学，俞为学生；同年夏俞启葆毕业留校任助教，管理棉作试验，两人遂成为同事，直至1937年；相别后，俞启葆常将研究结果寄冯泽芳审阅。1940年冯泽芳撰写专文《青年棉作学者俞启葆君之贡献》，发表在《科学》杂志，详细介绍了俞启葆在棉作遗传、棉作育种、棉作生理、对棉区观察四个方面的研究成果，指出"中国棉作遗传论文登入外国著名杂志的俞君为第一人"。认为俞启葆是具有宏观和微观眼光的棉作研究者。并呼吁社会"不可只注意出过洋的留学生，而且要注意到国内埋头苦干的无名英雄。"另一方面又劝导青年，"不可只怨社会学术环境不好，而要加紧自己的努力。"1938年，随着南京、济南、开封、武汉的沦陷，中国的集中棉产区除陕西关中外，均被日军占领。俞启葆心系抗日军民的衣被急需，曾利用假期作了50天实地考察，写出了扩大四川棉产区域的报告，递交当时国民政府参考。

　　1940年3月，经冯泽芳举荐，俞启葆调入国民政府农林部中央农业实验所。接着，以棉花督导的身份被派驻陕西农业改进所。到陕西后，他一头扎在泾阳农事试验场，与工人、技术人员一起，开展棉花的研究与推广工作。凭借自己渊博的知识和丰富的实践经验，培育出棉花抗虫新品种鸡脚德字棉，选育出棉花高产品种泾斯棉，还成功地进行了亚洲棉与陆地棉的种间杂交。这一时期，他还抽出时间，先后考察了陇东、陕南、鄂北、豫西南棉区，提出了许多发展棉花生产、提高皮棉产量的建议，对促进该地区的棉花生产起了一定作用。他的这些福泽后世的科研成果，都是在十分艰苦的工作和生活条件下取得的。那年月，重庆寄给他的薪俸虽然数目可观，但由于通货膨胀，货币贬值，待收到时，也就够每月买40来斤面粉填饱肚子，衣着花销再也无钱支付了。夏季棉田闷热难耐，他把唯一的长裤剪成短裤；秋冬天气寒冷，他在短裤外裹一件夹大衣，照旧在田间观察、在室内试验。有一年深秋，一个学校请他讲课，他就是穿着这套大衣裹短裤的特殊服装走上讲台。尽管生活如此困难，他还把陆续获得的 3 000 元奖金，接济了连饭也吃不饱的穷苦人家。

1945 年初，俞启葆作为实习生前往美国，当他来到指定的学校时，发现导师的水平不如自己。许多学者因为早就从他的论文中知道他的学识和才华，都不敢收他为学生。在这种情况下，他首先考察了美国的所有棉区，接着在康乃尔大学选读了几门课程，后来又在克乃其研究所遗传学部住了 3 个月，写了几篇论文，在美国一年余，便启程回国了。并将留学美国期间省吃俭用节约的 1 000 美元，将其中 500 美元交给了中华农学会作奖学基金，另外 500 美元资助了他已故老师的遗属。

留美期间，已传来抗日战争胜利的喜讯。俞启葆急切地返回祖国，是想用自己的知识为建设贫困落后的祖国效力。为此，他一踏入国门便奔走呼号，希望尽快实行孙中山平均地权的主张，并说服母亲把自家的田地分给穷人。去鄂、湘、赣、苏、浙、冀、晋、豫各省棉区考察，力图发展棉花生产，解决国人的穿衣问题。然而，他的兴国富民梦想，很快就被国民党反动派的独裁、卖国和内战政策粉碎了。人民解放战争的节节胜利和国统区一浪高过一浪的"反饥饿、反内战、反迫害"斗争，使他逐渐认清了"只有共产党才能救中国"的真理。因此，南京解放前夕，当国民党军警欲挟持中央农业实验所的高级知识分子去台湾时，他与同事相约：决不离开大陆，保护好仪器设备和图书资料，迎接解放。

中华人民共和国成立后，俞启葆于 1950 年 7 月被任命为西北军政委员会农林部技术研究室主任。赴任路上，他由潼关下火车，徒步前往西安，沿途查看田间庄稼生长，与农民研讨麦棉品种和耕作技术；思考着如何加强对西北 13 个农业试验场的技术指导，到任不久就草拟成《关于西北各省农业试验场的报告》。1952 年俞启葆奉命筹建西北农业科学研究所，后任所长、研究员。1954 年加入中国民主同盟，1956 年加入中国共产党。同年参加农业部赴苏农业考察团，并任棉花组组长。1958 年，西北农业科学研究所改称中国农业科学院陕西分院，俞启葆任副院长，主持科研工作。曾被选为中国农学会西安分会理事长、陕西省科学技术协会副主席，还受聘担任农业部科技委员会委员、国家科委农业组成员，还是全国政协第二届委员会委员。

中国共产党重视科学的各项政策,使他备受鼓舞,像一架开足马力的机器,不知疲倦地工作着。在他的组织指导下,不仅找到了恢复陕西关中老棉区生产和开发河西走廊与新疆内陆棉区的途径;而且组织区域性大协作,从育种和栽培等多方面入手,找到了小麦条锈病和棉花黄枯萎病的综合防治技术,为陕西、西北,乃至华北地区的农业发展作出了重大贡献。

俞启葆非常关注棉作生产的发展。由于他的业务基础好,见多识广,生产经验丰富,在就地进行技术指导时,往往能针对症结所在提出对应措施。20世纪50年代中后期,陕西的棉花多种植在灌区,但因土地面积小,难以进行合理轮作倒茬,致使虫害日益严重,产量逐年下降,俞启葆在全面考察的基础上,提出"陕西关中旱地发展棉田的意见",得到了政府部门的采纳。在此后的20～30年中,旱地植棉面积迅速扩大,每年约占棉田面积的一半,为陕西省棉花生产的发展作出了贡献。

1953年春,新疆生产建设兵团拟在石河子开发亩产籽棉百斤丰产方2万亩,为论证其可行性,邀请俞启葆会商。俞启葆对新疆情况比较熟悉,他以科学家的高度责任心,历数石河子气候、土壤、降水、灌溉等条件,结合棉花生长发育对外界条件的要求,进行了细致详尽的分析,发表十分中肯的意见,致使兵团领导心悦诚服地下定决心,很快把这个大面积植棉计划付诸实施。

他在担任中国农业科学院陕西分院副院长时,十分重视棉花抗枯萎病和黄萎病的育种工作。在20世纪50～60年代,陕西关中一带是我国棉花枯萎病、黄萎病的重病区,造成棉株成片死亡。在俞启葆倡导下,陕西分院的科技人员与外省、市科研单位一起开展了协作研究,先后培育出包括荣获国家发明奖"陕1155"良种在内的10多个抗病品种,控制了枯萎病危害,防止了黄萎病的蔓延,为国家挽回10亿元以上的经济损失。

俞启葆一生倾注了全部心血深入棉区考察,亲自掌握第一手资料,才华出众,早在青年时代就已在棉作遗传、棉作育种等领域中崭露头角。

这是他倡导"科研工作一要严谨，二要勤奋，最害怕的是科学家不科学"而身体力行的结果。进入中年时期，又以沉着稳重见称，大有长者风范，同事们就给他冠以"俞圣人""俞夫子"的称号。他在长期担任农业科研单位的领导职务中，更是兢兢业业、任劳任怨，把全部心血精力倾注在科研管理工作上。人们都称他"16小时工作者"。他十分重视农业科研单位的基本建设。除积极协助政府部门，对农业科研机构的设置和合理布局，做出规划安排，使陕西省相继成立了大区一级的农科所，陕西省农业科学院西北农业科学研究所、中国农业科学院陕西分院。同时为使科技队伍不断壮大，多出成果，四处增调科技人才，除了尽量调动老一辈科研人员的积极性外，还特别爱护并下工夫培养理论联系实际的中青年科技干部。凡是新分配来的大中专毕业生，他都要亲自找他们谈话，反复强调要："先作通家，再当专家"，并以自己切身的体会指出："只靠每天8小时上班的时间学习和工作，当不了专家"。科技人员钦佩他的学识和思想境界，都愿意向他请教，他也推心置腹地谈出自己的见解。他处理日常工作、业务工作更是认真负责、一丝不苟。凡是大家送来的科研计划、总结以及论文和著述，总是从命题看到结语，除在大的方面提出些意见之外，连错别字和标点符号也不放过，有时发现文中数据可能有问题，他就不厌其烦地亲自进行复算。他苦学力行、严谨治学的精神和只讲奉献、不思回报的道德情操，影响、教育了陕西一代农业科技工作者。

由于长期奔波在农村，生活无定，加上过度劳累，俞启葆的身体日渐衰弱，1975年初竟至进食不畅，经医院诊断为胃癌晚期，时任省委书记霍士廉等前往探望，指示医院全力医治，但为时已经太晚。俞启葆丝毫没有悲伤，没有多想自己的病痛，而是考虑如何抓紧这属于他自己已经不多的时间，处理他住院前还没有处理完的工作。他同各研究所的45位科研人员谈话，讲述了他对今后工作的意见；他给十几位在各地蹲点的科研人员写信，对他们正在进行的课题提出建议，鼓励他们勇于创新，早出成果；他还写信给上海复旦大学的王鸣岐教授，恳请他帮助陕西农科院植病专家刘汉文搞好红矮病的研究。病危时刻，他想到他对中国的棉花生产还有许多话要说，便召来长期跟随他进行棉花研究的郑剑芸和温茂萱，口述论文，要她俩记录整理。当这篇题为《论中国棉种改革，兼论今后我国棉花选种》的论文初稿完成时，他已经不能下床了。工作上的事全部安排完了，他才想到自己的家事，那是1975年9月12日清晨，他以微弱的声音向夫人和儿子、儿媳说："我过世后，不要向组织提什么要求。"当天晚上便与世长辞。

"棉学师表，业绩千秋"是人们对俞启葆的赞颂和缅怀。

奚元龄（1912—1988）

棉花遗传育种学家，是我国农业生物技术的先导者之一。为我国棉花界小三元之一。

奚元龄1912年出生于江苏省武进县农村，1932年以优异成绩从江苏省省立常州中学考入国立中央大学农学院。1935年毕业后至1948年在中央农业实验所棉作系任职，其中1941年应国立中正大学校长胡先骕的聘请，在中正大学农学院任教。1948年获得英国中英文化协会资助，远涉重洋到英国剑桥大学植物学院进行细胞遗传理论的研究。经过两年半的努力，完成了"果蝇红眼轨迹的位置效应"的研究论文，于1950年获得博士学位。回到新中国，在华东农业科学研究所任研究员、特种作物系主任，中国农业科学院江苏分院研究员、植物遗传生理所所长。曾任第三、第五届全国人大代表；第五、第六届江苏省人大代表及第六届江苏省人大常委；中国棉花学会第一届理事会理事长、第二届名誉理事长；中国植物生理学会第一、第二届理事会名誉理事长；中国遗传学会第一届理事会副理事长。九三学社社员，中共党员。

奚元龄

奚元龄在中央大学农学院学习期间，在老师冯泽芳和同学俞启葆鼓励支持下，树立为改进棉花而奋斗终身的志愿。并参加了俞启葆的棉花遗传研究课题，合作撰写了"中棉遗传研究"，并完成了学士论文"亚洲棉异品种间杂交优势研究"，分别获得《文汇报》、中华农学会"费耕雨奖金"，从此与棉花结下了不解之缘，从事棉花遗传育种、栽培生理和组织培养等方面的研究达50余年。

1935—1937年在中央农业实验所协助冯泽芳建立细胞实验室，致力于棉花细胞遗传和栽培生理的研究，进行棉花高温诱变观察，并研究中棉和陆地棉品种资源，在前人的基础上，完成了中棉部分1500份材料的观察记载和整理。他还对宜棉地区进行了勘察工作。1938—1941年，他在中央农业实验所云南工作站参加冯泽芳主持的木棉研究，负责木棉的生长习性和栽培特性的调查和实验、肥料三要素试验。对推动当时云南地区木棉扩大种植面积具有理论和实际指导作用。冯泽芳与奚元龄是师生、同事、朋友，冯泽芳还介绍我国著名水稻专家周拾禄之女周爱华与奚元龄结为伉俪。1946—1948年他又与俞启葆进行了棉花远缘杂交杂种后代细胞学观察，掌握了棉花染色体观察技术；从细胞学上证明了杂种后代的孕性与双亲的染色体的密切关系；通过秋水仙素诱变获得了4倍体中棉，取得了有关其减数分裂行为的资料，撰写了《关于棉花品种之新评价》《木棉辨》《云南植棉概况》《棉属细胞之研究》等论文，并翻译了《棉属之进化》一书，这些都是棉花工作者阅读的基本资料。1948—1950年在英国剑桥大学植物学院进行细胞遗传理论研究，获得了博士学位。并翻译了威廉斯所著的《农业原理》一书，以传播威廉斯的土壤学说和农耕理论，为新中国农业生产作出了贡献。

新中国成立前，奚元龄目睹贫穷落后的祖国受到帝国主义的控制，而反动统治屈服于列强，棉花生产难以发展，激起他为发展祖国棉业而奋发图强的爱国之心。他在自传中写道："个人为之奋斗的事业心，必须建立在为国民经济做出有益的贡献的基础上，才能做到坚定不移，不为困难所屈服。"正由于他有如此认识，从1933至1948年间，从南京辗转到云南、江西，工作岗位由科研到教学，却始终未离开过棉花科研与生产实践。

1950年奚元龄怀着将自己的科学文化知识贡献给祖国棉花事业的赤子之心，从英国回到新中国。一方面着手实验室建设，一方面深入生产实践进行科学试验。1950—1953年，他主持长绒棉3号选育和长绒棉2号的决选，以及陆地棉蕾铃脱落问题的研究。他所主持的华东地区棉花区域试验，确定岱字棉15号为推广品种，得到大面积增产。1956年还主持以棉花为主的多种作物授粉受精机制的研究；1958—1962年，在试验并总结棉花高产施肥经验的基础上，系统的研究棉株糖、氮代谢的变化规律，论证其生理基础，修正并完善了棉株一生糖、氮代谢水平的变化规律的理论，提出了高产施肥应掌握的原则，并在生产上得到了广泛的应用。再度转入棉花营养生理的研究，1965年进行了棉花氮素营养的研究，探明了棉花氮素营养的特点与生育变化规律，找出了适宜的含量变幅，提出了棉花高产施肥的基本原则，为棉花高产提供了理论依据和具体措施。1973年又主持了棉花花药培养和其他途径产生单倍体及其细胞分化机理的研究，终于研制成S7-1棉花花药培养基促使小孢子启动分裂，还组织了全国棉花花药培养协作攻关研究，并将成果编写成论文集，该项研究成果居当时世界先进水平。1979年又主持筹建农业生物遗传生理研究所，他认识到遗传学研究必须从静态方式转变为动态方式，运用生理、生化、数学等学科进行了深入探讨。并受农业部委托举办了两期全国植物遗传学讲习班。他研究涉及的领域较广而深，有遗传、育种、生殖、营养、生理、生化，甚至运用数理，由于他知识丰富，理论基础扎实，因此都能取得优异的成果。他于1956年参加了农业部组织的中国赴印度农业考察团考察了印度农业科研、教学、生产，并写出了《全印棉花科研和生产情况》的总结报告。1978年作为中国代表团的顾问出席了在加拿大召开的第四届国际组织培养会议，了解了加拿大植物组织培养的科研成果和技术，还指导加拿大科学家做油菜花药培养技术获得了成功。

奚元龄非常重视深入生产实际，认真总结农民先进经验。认为植物生理研究能更快地为农业生产服务，必须把实验室、试验场、生产田结合起来。1959年他与年轻科技人员到启东的棉花高产大队蹲点，通过田间调查测定，对数据分析处理，明确了棉花生长发育期中叶柄硝态氮含量的动态变化规律，苗、花、铃期叶柄中硝态氮的高产低限水平。这对掌握施肥和耕作管理措施有普遍指导意义。1962年亲自带领年轻人赴浙江、山西等省，以先进植棉者的高产施肥经验为基础，以科学的植物营养生理学原理为指导，修正充实了棉株一生中的醣、氮代谢水平有规律变化的理论，提出高产施肥应掌握的原则，在生产上得到广泛应用。先去浙江慈溪县学习总结甘金海劳模和国营第二农场的高产植棉经验，后又到山西学习总结全国劳模曲耀离、吴春安、省劳模常修文等植棉"八仙"的高产经验。每到一处，他总是先深入田间认真调查，然后再与劳模促膝座谈，边问边记。他对曲耀离的"看天、看地、看棉花"的施肥管水经验十分赞赏。奚元龄把他在植物生理学理论与生产经验相结合的施肥方法介绍给劳模，直接为农业生产服务。他对曲耀离在"大跃进"中"打擂台"，坚持实事求是的报产量，不浮夸的作风钦佩不已。

奚元龄一贯坚持实事求是、科学分析的原则，1958年秋，浮夸风盛行，据报导山东省出现棉花"万斤"高产田，他带领两个青年到江苏、山东考察，访问高产队，每处都要亲自下田调查，有的公社干部将"高产"田四周用篱笆围上。无奈，他们只好蹲在田边观察棉花生长发育情况，测量棉株的密度，调查结铃坐桃数量，取得第一手真实的调查资料。当然，调查的结果总是与介绍的产量有很大的差距。奚元龄不怕带上"秋后算账派"帽子，如实地整理资料，将结果送给当地负责同志，坚持一个科学家应有的原则态度。

奚元龄一生嗜书如命，爱书、藏书、读书。1950年留英回国托运的全是科技书籍，家里陈设简陋，最引人注目的是大大小小、高高低低的书架和数不清的书籍，真可谓"学富五车"。每次出差无论乘车、坐船，总是手不释卷，专心阅读文献资料。在"文革"关牛棚期间，仍坚持看书学习，打倒"四人帮"后，痛感失去的时间太多，欲奋力赶上，常常看书写作到深夜。

奚元龄非常关心爱护年轻人，特别关心青年科技人员的成长，重视对青年科技人员的培养。对外语基础较差的,他经常利用业余时间给他们补习英语,20世纪60年代几乎每个周末的晚上都集中在他家进行辅导。而且还介绍学习外语的方法和准确表达的经验。在工作中他对青年人提出要求、指点路径、独挡一面、得以锻炼,充分调动他们的积极性。当遇到困难和挫折时,总是组织大家一起讨论,寻找原因,制订对策,共同找出解决方法。他还亲自主持和组织读书报告会,重要文献由他主讲,对中青年科技人员按承担的不同研究任务提供相应的原版文献资料,对每人翻译的译文他都要逐字逐句地修改。在他的指导下,研究室全体科技人员共同翻译了《植物组织培养参考资料》一书,培养出了一批活跃在农业生物技术科研第一线的技术骨干。

奚元龄热爱祖国,忠于祖国,为祖国、为人民贡献了自己的全部才智和毕生精力。

1988年5月16日病逝于南京。

华兴鼐（字和州）（1908—1969）

华兴鼐 摄于1948年8月

棉花遗传育种学家。为我国棉花界小三元之一。

华兴鼐1908年出生于浙江杭州。自幼父亲经常教育子女不要做官,要从事实业。故从小热爱自然科学,特别对生物科学感兴趣,高中毕业后,便立志学习农科。于1929年考入南京中央大学农学院农艺系,于1933年毕业。1933—1939年先后任浙江余姚棉场主任,河北保定农学院讲师、副教授,湖南第二农业试验场技术股主任,湖南沅陵湖南农业改进所技师。1939—1949年在南京中央农业实验所技士、技正、代理棉作系主任，兼任棉产改进处棉作股股长、孝陵卫棉场场长。从事棉花科研生产工作，其中1945—1946年赴美康乃尔大学进修两年。回国后任中央农业实验所技正。南京解放前夕，为了保护中央农业实验所的财物免受损失，勇担护所委员会副主任，与留所职工一起参加了护卫工作，保护了国家财产，迎接了解放。新中国成立后，受到党和国家的信任，历任华东农业科学研究所研究员、特种作物系主任，中国农业科学院江苏分院研究员、经济作物系主任。华兴鼐为九三学社社员，曾任九三学社南京分社副主任委员，南京市、江苏省人大代表、第三届全国人大代表，中国农学会理事、江苏省农学会常务理事、农业部品种审定委员会委员。1958年参加中国科学院的考察团赴阿拉伯联合共和国考察长绒棉的科研与生产，并进行学术交流。

华兴鼐一生致力于中国棉种改良事业。长期从事棉花研究。曾在我国组织引种推广岱字棉。后研究长绒棉和海岛棉与陆地棉杂种优势利用，并在长江流域棉区区域试验、江苏省棉花区划方面作出了贡献。20世纪30年代中期在湖南第二农业试验场工作期间，从事中棉品种选育，采用系统选种法育成品质好、产量高的新品种"紫茎铁籽20-2"，并对中棉育种的取材、方法、成效以及中棉育种的途径进行了详尽的总结分析与探讨。1939—1949年任中央农业实验所技士、技正和代理棉作系主任期间，评选出陆地棉高产、优质新品系"德字24-424""德字24-1099"，曾在四川省及江苏南京、太仓等地推广种植。为了解决棉花因叶跳虫危害引起缩叶病的问题，他在四川遂宁进行了陆地棉抗叶跳虫品种的选育。利用优质、高产陆地棉品种珂字棉等与低纬度抗叶跳虫品种罗甸铁籽等进行杂交，成功地将抗叶跳虫性状转移到优良陆地棉品种中，获得了一批有利用价值的品系。此项育种工作后来在南京继续开展，先后育成华东2号、华东6号抗叶跳虫品种，有效地防止了棉花缩叶病的危害。

早在20世纪40年代，华兴鼐就对中国棉种改良问题提出一套独特的想法，他认为"棉种改良是棉作育种和棉种推广两部曲的合奏。棉作育种是用科学方法选择种子，重点为试验研究。棉种推广是将改良种籽扩大民间种植，重点为繁殖、示范、指导和管制"。他构思的一个棉区的远景为"在一广大棉区中建一个育种场，如卫星一样围绕着它设几个繁殖场，繁殖场四周有许多植棉指导员办事处，星罗棋布，其间点缀一些大的星点是轧花厂和种子仓库。棉种每年更新换代，在这些星点所覆盖的广大空间中常年生育着一片旺盛的棉株"。这是一幅多么美丽而壮观的画面。

20世纪50年代任华东农业科学研究所特种作物系系主任期间，华兴鼐积极倡导发展陆地棉，以代替生产上应用的产量低、品质差的中棉和退化洋棉。1950年岱字棉15号引进后，华兴鼐深入江苏棉区培训技术人员，积极组织、指导和示范推广，使这一品种迅速普及全省，并扩大到长江流域和黄河流域，为棉花生产上新台阶作出了贡献。同时，他还对棉种退化组织调查研究，倡导并建立了棉花良种繁育体系，使岱字棉良种在较长时间保持其优良种性，并为中国以后建立棉花良种繁育体系做出模板。

1956年华兴鼐任华东农业科学研究所特种作物系主任期间，主持了长江流域棉花品种区域试验，建立了一套总结和分析方法，推荐出一批棉花新品种，在生产上大面积推广应用。

1959年华兴鼐任中国农业科学院江苏分院经济作物系主任期间，为了发展长江流域长绒棉的生产，他主持海岛棉与陆地棉杂交一代优势利用的研究，研究查明了高产优质棉花杂交组合宁杂1号（彭泽1号×长4923）等的生理特性以及简易有效的制种技术，如MH杀雄剂的应用、利用隐性指示性状鉴别杂种一代等。他选用芽黄棉株为材料，与彭泽1号杂交和回交，转移这一隐性性状到彭泽1号，育成"芽黄彭泽1号"新品系。这一变异材料至今仍为棉花遗传研究工作者所应用。与此同时，他还研究了杂种一代施肥、密度等综合高产栽培技术，并在国内较早地实施农业科研、生产及纺织部门相结合的"一条龙"研究方法，以促进优质长绒棉的发展。海陆杂交种的育成和试种成功，为中国长江下游及淮北棉区发展优质长绒棉指出了一条可行的途径。

随着植棉地区的扩大，粮棉两熟争地、争时的矛盾日益突出。1954

年华兴鼐主持棉花营养钵育苗移栽技术的研究，包括营养钵钵土成分的配制、制钵机具、制钵技术、苗期管理、移栽时期以及移栽方法等，同时倡导采用玻璃温床棉花育苗，以利早播、早发、早熟。示范推广结果证明，应用这一技术，可以有效地缓解麦棉两熟栽培的矛盾，提高粮棉产量。此法用于新品种繁殖，可以扩大繁殖系数、加速良种的推广。棉花营养钵塑膜覆盖育苗移栽是棉花栽培技术的一项重大改革。

华兴鼐对棉花密植增产技术研究多年，认为农业产量是以单位面积上群体的产量总和来计算。因此，要想达到棉花单位面积产量高，必须每亩株数多，同时又要单株产量高，而这二者之间有一定矛盾。要获得高产，必须根据不同地区、不同栽培条件求得最有效的种植密度，这些研究结果为20世纪60年代江苏棉花密植增产起到了指导性作用。

为解决棉花蕾铃脱落这个难题，华兴鼐在20世纪50年代中期从内因和外因进行了较深入的研究。初步明确，要从棉花整个生育期着眼，根据不同生育阶段的长势和气候特点，运用肥、水、摘、整等措施协调营养器官和生殖器官生育的矛盾，使双方都能有节奏地生长；生育早期应适当促进营养器官的生长，中期适当抑制其生长，后期又要促进其生长，这样才能相辅相成，把蕾铃脱落的影响降低到最小程度。

20世纪60年代初期，华兴鼐就对农业改制十分关心，并进行了一些调查研究，他认为农业制度改革是一项带战略性的增产措施，对农业技术改革具有根本性和决定性的影响。针对江苏的农业改制，他提出了3点意见：增加复种指数，改种高产作物，平整土地、连片种植、旱改水。事实证明这些意见是对的。

华兴鼐除为发展我国棉产改进事业倾注全部力量作出卓越贡献外，还是中国蚕豆研究的开拓者和奠基人。自1936年起他在湖南常德、四川遂宁、江苏南京等地对蚕豆遗传进行了较长时间的深入研究。华兴鼐从科学实际出发，将过去的蚕豆遗传研究资料进行整理分析，写出题为《蚕豆连锁遗传研究报告（一）》和《蚕豆遗传的研究》的论文都是他在蚕豆遗传研究方面的力作，也是中国蚕豆遗传学研究的宝贵文献。

1969年3月30日病逝于南京，年方61岁，英年早逝。

第十章

正本清源

一、追悼会

1980年1月9日，中国农业科学院在北京八宝山革命公墓礼堂补开了冯泽芳先生追悼会。冯泽芳夫人孟成玉率领从北大荒、新疆、南京大三角赶来的子女及孙辈，参加了追悼会。追悼会前，冯泽芳的子女从北京来到安阳寻找父亲的遗骨。1959年，冯泽芳的遗体简单地埋葬在棉花所西北几里外的地里。经历十年动乱后，坟墓早已无影无踪，棉花所人员和附近农民，没有一个说得出去向。眼前一片茫茫棉田，冯泽芳的遗体已经永远溶化在他毕生耕耘的棉花地里了。棉田就是他的墓地，棉花就是他的墓志铭。

北京八宝山革命公墓礼堂冯泽芳先生追悼会　　冯泽芳先生追悼会

参加追悼会的有农业部、中国农业科学院、中国科学院、北京农业大学等单位的领导及冯泽芳先生的同窗、同事、学生、亲朋好友等。

在追悼会上，中国农业科学院院长金善宝致悼词，对冯泽芳一生作了高度评价。悼词写道：

冯泽芳先生，男，汉族，浙江省义乌县人，生于1899年2月。九三学社成员。

冯泽芳先生于1959年9月22日在当时长期的政治压力下，在棉花所寓所内，被迫服毒含冤死去。

冯泽芳先生死后，当时中国农业科学院派去处理后事的同志与当时棉花所党总支在所的成员共同研究，错误地认为冯泽芳先生之死是反党反社会主义的行为，并决定不开追悼会。事后，当时棉花所党总支的部分成员还在各种场合多次说冯泽芳先生之死是反党反社会主义的行为，应该批判、消毒。

中国农业科学院院长金善宝致悼词

今天我们开这个追悼会，对冯泽芳先生之死表示深切的哀悼，同时对曾经加在冯泽芳先生身上达二十年之久的不实之词彻底推翻，给冯泽芳先生平反昭雪。对冯泽芳先生的家属在冯泽芳先生死后，继续长期承受政治上的迫害深表歉意。

冯泽芳先生是我国著名的科学家。早年留学美国获得博士学位。长期从事棉花行政、科研和高等农业教育工作。我国过去和现在不少有成就的棉花科技工作者和专家，都是冯泽芳先生的学生。冯泽芳先生发表过不少有水平的棉花论文和专著。先后担任过教授、农学院院长、中国农业科学院棉花研究所研究员、所长、中国科学院生物学部委员。对我国棉花科学技术的发展，促进我国棉花生产做了大量有益的工作。中国农业科学院棉花研究所就是在冯泽芳先生积极建议下建立的，并亲自参加了筹建工作。

冯泽芳先生治学严谨，坚持科学态度，诲人不倦，平易近人，虚怀若谷，作风正派。

冯泽芳先生热爱党，热爱社会主义，在国民党1949年逃离南京时，仍留在南京坚持教学工作，对国民党不抱丝毫幻想，这在当时像冯泽芳先生在国内外棉花科技界都享有崇高威望的老知识分子中是难能可贵的。

今天我们悼念冯泽芳先生，要学习他业务上精益求精，刻苦钻研，从不骄傲自满，对工作坚持科学态度，反对弄虚作假，对同志热心关怀乐于助人的精神，为四化多作贡献！

冯泽芳先生之死，对我国棉花科技界是一大损失，如果他还能活到今天，这二十年的时间，凭他的学识将会对我国棉花科技工作作出更多贡献！

今天在以华国锋同志为首的党中央领导下，坚持有错必纠，要完整地落实党的知识分子政策，终于将冯泽芳先生二十年的冤案弄清了。

冯泽芳先生安息吧！

金善宝院长还说："半个多世纪以来，人们提起冯泽芳，就会想到棉花；提起棉花，就会想到冯泽芳。冯泽芳的一生，是为祖国棉花事业奋斗的一生，他为祖国棉花事业献身，万古长青，他为祖国棉花事业创造的光辉业绩，将为后人永远铭记。"

在追悼会签到簿上签到的有冯泽芳的老师邹秉文，农业部、中国农业科学院、中国科学院、北京农业大学等单位的领导、同窗、同事、学生、亲朋好友等人。（签到簿见珍存）

寄来唁电、唁函的有冯泽芳的老师四川省农业局王善佺先生寄来唁电："重庆一别遂成千古，缅怀旧情深切悼念"。复旦大学谈家桢先生寄来唁电："冯泽芳先生为中国农业科学事业的发展卓著勋劳，遽尔辞世竭胜悲悼，特电致唁，并请代向冯先生家属致以深切的慰问之忱"。河南省农林科学院柯象寅、何家泌、吴中道等唁电"冯先生从事棉花科研、棉产改进、棉业教育等事业垂四十年，辛劳倍赏功勋卓著。不幸在大跃进期间遭受极左分子迫害饮恨泉下，消息传开棉界黯然。现在以华主席为首的党中央拨乱反正，为广大知识分子平反昭雪、正气伸张、沉冤大白，大慰先生在天之灵，给农界同志以极大激励"。河北省农业科学院丁纪元、韩泽林等唁电："顷悉冯泽芳先生追悼会在京举行，多年哀思方得平慰。冯先生治学严谨，鼓励学术争鸣，投身棉花科研事业始终不懈，做出不朽贡献。先生平易近人，诲人不倦，培育不少人才，晚辈等屡蒙教诲，受益良多，昭昭美德仍在鼓舞后辈为我国四化建设尽力，每当忆及实深哀悼"。安徽省农林科学院棉花研究所刘家樾来信："冯先生的逝世，是我国棉花科技界的极大损失。回忆20年前冯先生主编《中国棉花栽培学》时，对参加编写的同志，殷切关怀，循循善诱，使编写工作能于建国十周年前完稿，不意编写完成时，竟将主编者的名字删掉，在同志们的思想上长期蒙罩着深沉的阴影。如今沉冤昭雪，不仅先生可以告慰于九泉，更给后者以莫大的策励，愿将有限的余年，遵循先生的遗教，为早日实现四化而做好本职工作。谨表哀思"。福建农学院卢浩然先生寄来唁电："冯师对棉花生产科研和人才培养作出贡献，不幸早逝，党落实政策，慰先生九泉之下"。新疆石河子生产建设兵团151团刘守仁先生寄来唁电："冯泽芳老师是最受我们学生尊敬的老师，为我国的农业和教育事业做出了杰出的贡献，因受极左路线的迫害含冤死去，获悉冯老师的冤案已得到平反，在京举行追悼会，特发唁电以示哀悼"。浙江省建德县教育局金鸿程先生寄来唁电："舅父千古，生前苦为衣民泽，丽日重开留永芳"。

寄来唁电和送花圈的还有冯泽芳的老师邹秉文，全国人民代表大会许德珩，农业部霍士廉、朱荣、郝中士、杨显东，全国政协吴觉农，北京大学周培源、宗白华，中国科学院贝时璋、严济慈，中国医学科学院黄家驷，中国科学院院部一局过兴先、薛攀皋，中国科学院水生生物所伍献文，中国科学院动物所蔡邦华、朱弘复、张广学、陈世骧，昆明植物所吴征镒，中国科学院植物生理研究所殷宏章、夏镇澳、郑泽荣，中国科学院植物研究所汪发缵，中国科学院上海生物化学所王应睐，中国科学院植物生理研究所彭加木、夏淑芳，北京301医院姜泗长，农业部科技局臧成耀、孟昭宇、崔璇、马瞿翁、张强、赵乃文、杨树藩，农业部种子局王桂五，全国供销合作社程养和，九三学社中央委员会孙承佩、李毅，中国农业科学院金善宝、徐源泉、贺致平、何光文、左叶、林山、包贯洛、董涛、程绍迥、张云、任志、戴松恩、方悴农，中国农业科学院植物保护研究所吴福祯、齐兆生、陈善铭，中国农业科学院作物研究所鲍文奎，中国农业科学院原子能利用研究所徐冠仁，中国农业科学院品种资源研究所许运天、王晓，中国农业科学院土壤肥料研究所高惠民、张乃凤，中国农业科学院棉花研究所王兆荃、邓煜生、孙善康、唐耀升、张方域、马家璋、习光中、王继之、蒋国柱、邢以华、汪若海、项显林、谈春松，中国林业科学研究院郑万钧，中国林业科学研究院吴中伦，中国农学会张心一、陈仁、蒋仲良、金沛、沈文福、张心侃、华恕、王前忠，北京农业大学沈其益、蔡旭、吴亭，北京农业大学农学系马藩之，北京农业大学兽医系熊大仕，北京大学中文系钱理群，北京文字改革委员会赵平生、孟俊、赵一凡、孟小凡、罗曼仲，复旦大学经济系吴裴丹，上海师范大学生物系黄福麟，上海许绥泰、刘瑞三、袁昌国，云南省人民代表大会张天放，九三学社南京分社陈鹤琴、吴桢、严恺、李庆逵，南京大学高济宇，南京邹树文，南京紫金山天文台张钰哲、陶强，南京土壤所熊毅，南京林产工业学院马大浦、杨致平，南京工学院陈章，江苏省粮食厅戈福鼎，南京农学院李扬谦、吴荃荪，南京农学院裘保义、龙子平、殷恭毅、谢成侠、盛彤笙，南京农学院黄瑞采、李扬汉，南京农学院邹钟琳、朱健人、刘伊农、马育华、方中达、樊庆笙、高立民、蔡绍遂、吴兆苏、熊德麟、朱克贵，南京农学院潘家驹、夏祖灼、王业遴、曹寿椿、朱立宏、沈丽娟，南京夏绮文，江苏省农业科学院奚元龄、周爱华，江苏省农业科学院陈仲芳、钱思颖，江苏省农业科学院倪金柱、刘艺多、朱绍琳，南京狄福豫，江苏南通地区农林局冯靖，浙江省农业大学季道藩、周承钥，浙江省农业局程光銮，浙江省农业科学院田万禄、周介方、孙仁清、鲁衍坤，华中农学院孙济中，武昌棉花所余传斌、张驹、王健民，湖北省农业科学院黄德禊，水果湖周咏曾，水果湖华中农学院许子威、许传桢、胡仲紫、刘同利，陕西省农林科学院王远，运城山西省棉花所朱续高，新疆农业科学院王敬儒、龙荫潭、张惠安、朱洪柱、沈蔷芳，新疆农垦科学院王彬生，新疆农业科学院经作所张运生、田庆丰、朱文金，新疆纤维检验所王振华，新疆八一农学院唐高远、杨茂盛，新疆八一农学院时蓓、李之相，广州于绍杰，成都李士勋，山东大学生物系周光裕，山东省农业科学院秦杰，山东惠民地区农科所黄滋康，安徽农学院石华、赵伦彝，安徽省农业科学院黎洪模，河北省农业科学院丁纪元、韩泽林、冉英、杨树栽，辽宁省农业科学院马世钧、范胜兰、曹玉琨，抚顺李兆林，长春吴学周，河北省廊坊地区农科所俞履圻，保定王恒铨、杜孟庸，邯郸地区农科所杨家风、陈世耕，河南省农林科学院刘葆华、黄肇曾、王佐堃、杨福成、李宗良、张耀增，河南省水利厅科研所郭钫，河南省农业厅李庆，安阳魏希云，江西省九江棉花所周祥忠，，南京吴永生、朱渝先，南京市人民检察院卢德曾，南京口腔医院王佛汉、金缕芳，南京孙文治，南京江苏国画院李山、金缕梅，南京金法茂，浙江义乌孟允明、孟侠君、黄毓仪、孟美珍、楼展天、孟侠民、何文宪、孟小玲，金华孟月华、陈士弘，浙江义乌朱赤红[①]。

寄来唁电和送花圈的单位有农业部、农业部科学技术委员会、九三学社中央委员会、中国科学院生物学部、中国科学院院部一局、九三学社南京分社、中国农学会、棉花学会、中国农业科学院党组、中国农业科学院院办公室、中国农业科学院人事局、中国农业科学院科研部、中国农业科学院作物所、中国农业科学院情报所、中国农业科学院棉花研究所、中国农业科学院郑州果树研究所、中国农业科学院茶叶室、中国农业科学院哈尔滨兽医研究所、中国农业科学院兰州畜牧研究所、中国农业科学院油料作物研究所、中国农业科学院品种资源所、中国农业科学院植物保护研究所、中国农业科学院烟草所、中国农业科学院新乡灌溉所、南京农学院、江苏省农业科学院、南京农业技术史研究室、江苏省农业科学院经济作物研究所、浙江省农业科学院、新疆农业科学院、新疆八一农学院、新疆畜牧兽医科研所、鄂棉麻学会、杭州茶叶所、上海血研室、上海科技出版社、镇江蚕业所、沅江麻科所、中国农业科学院果树研究所、益都烟草所、南京通信工程学院理化教研室、南京建邺区绿化队[①]。

追悼会后，孟成玉带领全家拍了一张全家福，大女儿捧着冯泽芳的骨灰盒，里面放着他的"冯泽芳先生棉业论文选集"，小女儿捧着冯泽芳的遗照，这是冯泽芳家唯一的一张全家福，也是冯泽芳一家以这种方式的大团聚。含冤20年后的孟成玉自此才得到了1 500元的抚恤金和每月30元的遗属生活补贴。

---

① 名单由当时的资料整理而成

追悼会后孟成玉（前排中）带领冯紫琅（前排左二）、冯紫云（前排右二）、梁甲农（中排左一）、吴莉莉（中排左三）、冯一民（中排右二）、牛树理（中排右一）和孙辈全家合影

二、迟来的荣誉

1984年12月中国农业科学院学术委员会给冯泽芳颁发了表彰状，内容是"冯泽芳同志在担任中国农业科学院第一届学术委员会委员期间对本会工作做出贡献特给予表彰。

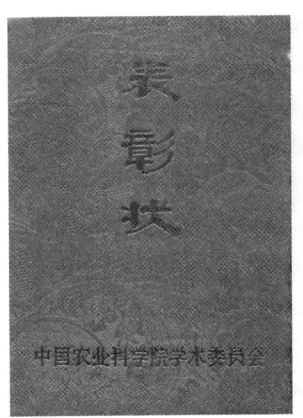
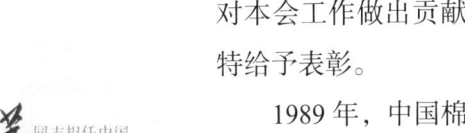

中国农业科学院学术委员会表彰状

1989年，中国棉花学会成立10周年，为了表达对老一辈棉花科技工作者的崇敬和缅怀，学会常务理事会作出"表彰和怀念老一辈棉花科技工作者的决定"其中怀

念人员（指已故）43名，冯泽芳名列前茅，除发函告知外，在《中国棉花》上公布，达到饮水思源，继往开来，促进我国棉花科技事业传承发展的目的。

1997年4月1日中国农业科学院棉花研究所成立40周年，召开庆祝大会，同时举行冯泽芳先生铜像揭幕仪式。中国棉花学会的会员们，捐资铸造了冯泽芳先生铜像，留住他睿智而和蔼的容貌。冯泽芳铜像由棉花学会理事长孙济中和农业部科技司司长程序揭幕；在揭幕仪式上，孙善康先生代表棉花研究所介绍了冯泽芳的生平；冯泽芳之子冯一民代

棉花学会表彰和怀念老一辈棉花科技工作者

1997年4月1日举行冯泽芳先生铜像揭幕仪式，缅怀前辈，昭示后人。

冯泽芳铜像揭幕

庆祝棉花所建所40周年暨冯泽芳铜像揭幕仪式会场

孙善康在冯泽芳先生铜像揭幕仪式上代表棉花所讲话

冯一民代表家属在冯泽芳铜像揭幕仪式上发言

金鹏程三兄弟在冯泽芳铜像揭幕仪式上送的锦旗

表家属讲话致谢;现今仍在台湾的外甥金鹏程和他在大陆的兄弟金鸿程、金鹄程特地送来一面锦旗,上书:《学者风范 凛然永生》;大会期间,南京农业大学教授潘家驹介绍冯泽芳的科技创新成果和循循善诱、教书育人的精神风貌;时任中国农业科学院棉花研究所所长汪若海深情地说:"至今为止,中国棉花科技界在学术与威望方面,尚未有超过冯老者。我们应该纪念他。"冯泽芳的子女也应邀参加了庆祝大会和铜像揭幕仪式。

冯泽芳铜像与子女冯一民(左一)冯紫琅(右二)冯紫云(右一)合影

家属代表在冯泽芳铜像前留影

三、设立奖学金和科技创新基金

冯泽芳不仅关爱他的学生,也关心他周围的人。义乌同乡王梅园由于他的资助完成学业,后旅居海外,是美国园艺学家。在海外的日子里,她常常想念家乡,想念亲人,但由于历史的原因,很长时间无法取得联系。一直到1999年冯泽芳去世40年后,她在祖籍浙江省义乌市赤岸村的赤岸小学捐款1万美元,设立"泽成奖学金",纪念她深深敬重的冯泽芳、孟成玉夫妇。每年"六一"儿童节期间,该校为"十佳少年"颁发"泽成奖学金"。

义乌市赤岸村赤岸小学六月一日为"十佳少年"颁发"泽成奖学金"

2005年12月31日,中国农业科学院棉花研究所为了学习和弘扬我国著名的棉花科学家、农业教育家冯泽芳的科技创新精神,激励全国广大棉花科技工作者潜心科学研究,多出原创性科技成果,为推动我国棉花科技进步奉献才智,由棉花研究所所长、博士生导师喻树迅发起,创立了"冯泽芳棉花科技创新基金"。该基金由中国棉花学会及捐资人等组成基金管理委员会。作为发起人,喻树迅将他个人获得的2005年"首届中华农业英才奖"20万元奖金,全部捐献给"冯泽芳棉花科技创新基金",作为该基金的第一笔捐资。

四、还原历史

1979年上海辞书出版社出版《辞海》有一条辞目《冯泽芳》；1989年8月中国农业科学院编辑出版《中国现代农学家传》，书中冯泽芳传记由邓煜生执笔；1993年5月中国科学院编辑出版《中国科学技术专家传略》，书中冯泽芳传记由邓煜生、黄滋康执笔；2004年12月南京大学出版社编辑出版《南雍骊珠》——中央大学名师传略，书中"著名农业科学家冯泽芳教授"一节的作者为邓煜生；2007年4月为庆贺中国农业科学院棉花研究所建所50周年、纪念冯泽芳先生诞辰108周年，中国农业科学技术出版社出版了由中国农业科学院棉花研究所编的《冯泽芳先生图存》，由宋晓轩主编；2010年1月1日中国大百科全书出版社出版的《中国大百科全书·农业》也有《冯泽芳中国现代棉作科学的奠基人》；2011年10月科学出版社出版的《20世纪中国知名科学家学术成就概览》农学卷第一分册也有《冯泽芳》……。篇篇都证实冯泽芳襟怀坦白，一身正气，学识超群，誉满中外，诚为我国棉业科技与教育界的一代宗师。作为我国近代棉作科学的开拓者和奠基人，永远值得后人学习和怀念。

五、补发《中国棉花栽培学》稿酬

1958年冯泽芳亲自拟定了《中国棉花栽培学》大纲20章，并组织国内研究试验机构及农业院校18人，脱产工作3个月，编著了新中国成立后的第一部棉花专著《中国棉花栽培学》，1959年在上海科学技术出版社出版，在编著者中，冯泽芳被无辜除名。

1980年为冯泽芳落实政策补开追悼会后，经家属询问，为体现平反政策棉花所给冯泽芳补发了《中国棉花栽培学》稿酬80元。一直存在银行至今已达266.16元，如数汇入"冯泽芳棉花科技创新基金"。

六、亲友的怀念

1991年9月冯泽芳在台湾的表弟王晋贤携夫人，辗转回到南京，找到冯泽芳的子女，表达他多年来埋在心里的感激、敬重之情。还要求冯泽芳子女陪同他们专程到中山门外钟灵街江苏省农业科学院，寻找50年前原中央棉产改进处旧址，终于在柳营农业部南京农业机械化研究所院内找到了，在那幢旧楼前，徘徊良久，回忆冯泽芳当年帮助他学习，并推荐他从义乌来到南京工作的情景，并拍照留念。

2000年11月冯泽芳的学生、同事、朋友我国著名昆虫学家、中国科学院院士、中国科学院动物研究所研究员张广学先生夫妇应邀来南京参加我国最早的昆虫研究学术团体"六足学会"成立80周年暨江苏省昆虫学会成立40周年庆祝活动，为了表达对冯泽芳的缅怀和追思，特地在南京农业大学植保学院王荫长教授陪同下来到冯泽芳的女儿家，瞻仰冯泽芳塑像并照相留念。

1991年9月来自台湾的冯泽芳表弟王晋贤（左二）在柳营农业部农机所旧楼前留影　左一冯一民　左三冯紫琅　右一冯紫云

1998年春冯泽芳在沈阳工作的外孙梁硕甫去河南出差，专程到安阳中国农业科学院棉花研究所瞻仰外祖父的铜像，并摄影留念。

张广学夫妇（右一、左二）与冯泽芳先生铜像合影
左一冯紫云

1998年春冯泽芳外孙在棉花所瞻仰铜像

七、捐赠中华农学会印章

新中国成立后，1951年4月经内务部核准备案，中华农学会更名为中国农学会。冯泽芳于1951年9月作为筹备委员之一加入了中国农学会南京分会为会员，并任该会秘书长。并担任《农业学报》编辑委员会常务委员。中华农学会的印章也就结束了它的历史使命，但冯泽芳一直将中华农学会的4枚印章珍藏在他写字台的中间抽屉里，这4枚印章为《中华农学会》《中华农学会理事长之印》《中华农学会会计图章》《谢琏造章》。1958年初冯泽芳家从南京迁居北京，同年9月又从北京迁居安阳，1959年9月22日冯泽芳不幸去世，夫人孟成玉在万分悲痛，只身来南京投靠儿子生活之时，不忘冯泽芳的心愿，把这4枚图章带回了南京。当子女整理写字台的中间抽屉时，发现这4枚印章，就与中国农学会取得联系，直至1997年5月23日在南京农业大学外宾楼会议室举行了中华农学会的4枚印章交接仪式。由他子女将中华农学会的3枚印章及谢琏造章赠还中国农学会，当天出席交接仪式的有中国农学会副秘书长姜英，南京农业大学副校长王荣、科研处处长潘根兴、校办副主任李友生，江苏农学会负责人和有关人员以及冯泽芳子女。当场签订了《中华农学会印章交接仪式备忘录》，并授予冯泽芳女儿冯紫云为中国农学会荣誉理事证书。

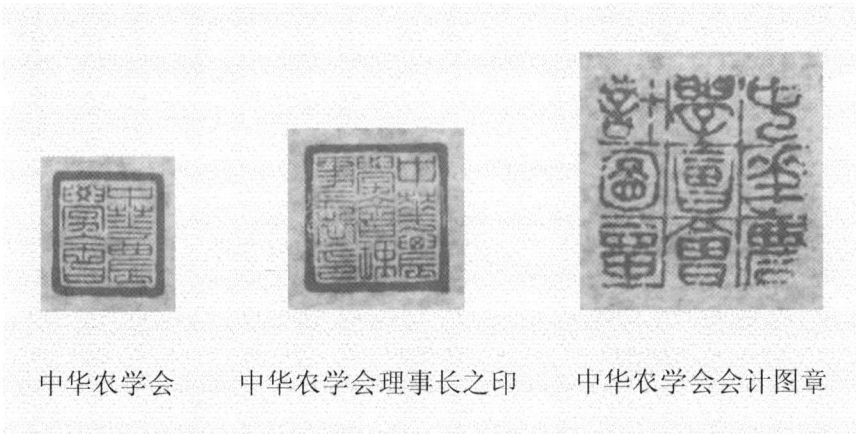

中华农学会　　中华农学会理事长之印　　中华农学会会计图章

中华农学会三章

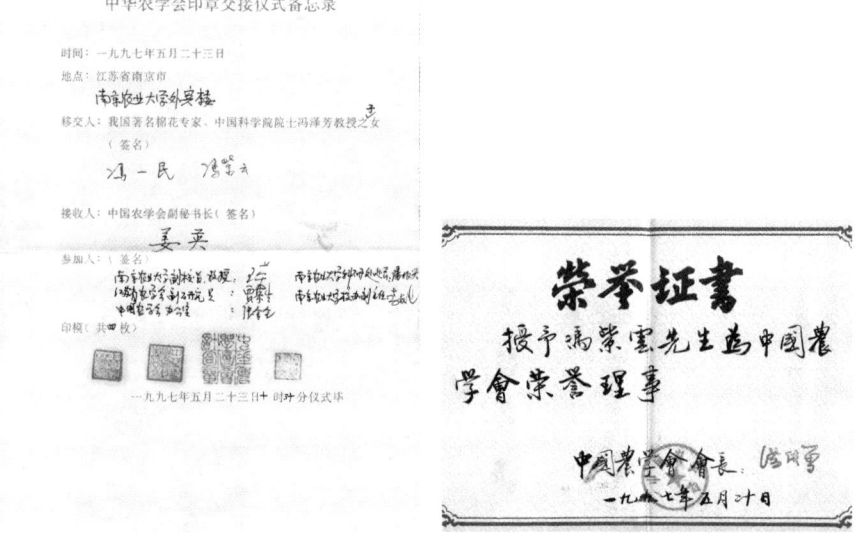

备忘录　　　　　　　　　　　荣誉理事证书

八、家乡的纪念

1999年义乌人士又筹款铸造了一尊冯泽芳铜像，安放在他的母校——端本学堂旧址。端本学堂创办于1906年，是赤岸镇乔亭村办小学，是义乌市最早的小学之一，正厅上悬挂着清代的古匾"贡元"、"江

冯泽芳铜像，安放在他的母校——端本学堂旧址

右醇臣"、"威镇福沙"古朴庄严，现为义乌市级文物保护单位。

2010年6月9日由义乌市人民政府公布冯泽芳旧居为义乌市级文物保护单位。并于2011年6月8日由义乌市文物管理委员会在旧居前立牌"冯泽芳故居"。又于2013年8月进行了修缮。

故　居

故居石碑

冯泽芳惟德惟贤一世奉献永存人间，克勤克俭毕生成就长留青史。

追思与缅怀

《冯泽芳先生棉业论文选集》编校后记

俞启葆

我国提倡农学和科学农业先后已三四十年，成效如何？对于农业有兴味的人，自然都乐于虚心检讨。检讨的方法，可以从各种各样不同的角度去观察，而我觉得以一个生活在这期间的农学家或农业从政人员为代表，循着他学问和事业的演化，作为检讨的资料，似乎也很适当。

冯泽芳先生浙江义乌人，世业农，民国7年开始在南京高等师范学习农科，民国10年毕业。旋在东南大学任助教，一年半后改任江苏省第一农校教员，同时在东南大学续读，民国14年毕业于东南大学。在一农任教，则一直到民国15年为止。民国16年起任省立南通棉场场长，民国19年秋去美研究，民国22年返国，任中央棉产改进所副所长并兼中央农业实验所技正，民国27年棉改所归并，专任中农所技正兼棉作系主任。民国31年春，任中央大学农学院院长，民国36年春任农林部棉产改进处副处长。氏除努力于责职外，勤于写作。有关农的共有80多篇。除讲演外，其余统出于手笔。所以这种论料有绝对代表性。因种种限制，并为讨论方便计，所以只有挑出其中13篇。这13篇文章，就性质说，可以归成3类：第一类是发掘知识，第二类是运用知识，第三类是归纳知识，或者更强调一些，可说是创造知识。

30年前的农学，还在启蒙时期，不要说科学落后的中国不成，连西方也很有限。冯氏运用他在校所得工具，开始发掘农学知识。

《中棉之形态及其分类》，是调查112种不同来源的中棉标本的记载，并把它们加以归类。自有这篇调查报告，我国方始了解中棉毕竟有多少性状，因世界上大量栽培这类棉种的只有亚洲诸国。英国人虽在印度做了些整理工作，但是，中国的材料，仅在英人著作中聊备一格而已。从冯氏这篇报告以后，才给后来人一些了解。

《中棉之孟德尔性初次报告》为民国12年至民国14年的工作。这篇文章研究5（编者注：冯泽芳改为11）个中棉性状的遗传，得到清楚的结论。当时中国除掉几个留学生之外，大学学生而敢尝试研究这种问题并且有具体结果的，确实要有些魄力才行。

《亚洲棉与美洲棉杂种之遗传学及细胞学的研究》，是冯氏在美研究的结果。原著发表于 Botany Gazette 九六卷 485～504 页，后由其助教曹诚英先生译成中文。这篇报告，对于这个问题虽非空前绝后，但极为成熟，而在美国杂志中，此篇可称创见，故以后研究这个问题的，都引征他的著作。

以上3篇是冯氏发掘农学知识的代表作，前后10多年。从一个东方初学农业的人，渐渐变到能在西方科学发达的国家发表其论文，此固冯氏之荣，同时当然也可以象征中国农学在进步着。

上文已经说过，冯氏在出国之前，曾经做过十几年事，在这十几年中间，除掉发表多篇论文之外，同时增长了不少对于棉花的经验，那是他以后10余年成就的基础。其实每个在道德、学问、事业上有成就的人，都得经过那样一段"悬梁刺股"的磨练。现在有一部分人，尤其是青年人，观察不深入，以为有学位，有后台就是什么都够了，事实上那有那么容易。以我看来，冯氏以后十几年的贡献，是靠他高等师范毕业以后十几年打下的基础，要没有这个主要因子，我不相信冯氏以后会有后面那一段成就。这又象征着中国农业改良的风气在逐渐变换。先于冯氏或与冯氏同时在国外研习农业的不知有多少人，其中有贡献的固然不少，庸庸碌碌的，实在也多。前面一种人，知道农学的真髓，凭他们的智能和学力，去实地调查、统计、实验、分析，他们自然有心得，有学问，逐渐成熟，而有所贡献。后面一种人，他们的思想未适应潮流，还滞留在科举时代，他们以为只要"金榜题名"时，高官厚禄即可袖手而得。科举废了，洋八股代之兴起，他们拿着洋八股做幌子，结果官高厚禄也许得到也许得不到，但是对于科学农业和农学，不但没有好处，反而有了损害，因为农学界以外的人会误会这就叫"农学者"。很可惜这种陈腐思想，至今还在弥漫着。就这点说，我们科学农业和农学的成就之所以不够多，也不是无因。

《适於中国栽培之美棉新品种》和其他3篇关于斯字棉的论文,是充分表现斯字棉发展的过程。这4篇文章中间的前3篇,系冯氏在棉产改进所副所长时代写的。论材料来源,也可以说全国从事棉花试验工作者的集体创作,而冯氏则为执笔人。《陕西斯字棉推广之经过》是民国29年在陕西做的,那时候许多人以为他是一向做试验研究工作的人,那能领导推广工作,但他能"沉着"气,仆仆于陇海路西段两旁的各产棉地带,埋头努力。这对于没有耐性的人是受不了的,他竟忍受着,终于完成他的任务,而且奠定了陕西棉作推广的基础,获得了同志们一致钦佩。

这4篇文章说来也怪,一起才只有两万字,但是这两万字的经济意义,和引申出来的文章,真有些"非笔墨所能形容"。随便举个例就可以知道其梗概。假如我们把抗战以前和现在上海报纸中的经济新闻棉市一项加以比较,你立刻可以发觉,过去只有郑州棉、灵宝棉、脱里司等等名目,现在除掉过去许多名目外,加了两种,那就是冯氏《适于中国栽培之美棉新品种》中所说的新品种——德字棉和斯字棉(有时叫泾阳棉)——不仅仅有名目,并且价钱比其他棉花都高,天天可以查到。有一般人常喜欢带着嘲笑地问:品种改良收了多少实效?其实上海每份著名报纸,天天都在那里回答。只因问的人自己不留意,把注意力集中于国民政府命令中谁特任,谁简任,没有把其他的也顺便留意一下而已。

另外一件事也可以做证明的,棉花改良历来承厂商很瞧得起,时常自动出资补助,并且数目相当多。初期因为纱厂巨子穆藕初先生,他是学农的,所以特别爱护,这是25年以前的事了。最近数年中,何以纱厂老板还愿意接二连三的拿出钱来提倡改良棉花呢?穆先生已经不幸在抗战期中物故了,改良棉产的人,靠山已经不在,但是改良棉产的成绩,纱厂老板是"亲聆教益"的,所以它做了介绍人。我在农业界中也混了些年,我很知道要钱这件事,向政府机关好要,因为政府机关兴致来的时候,一五一十是不算数的,有时你也可和主管人拉拉关系而如愿以偿,和老板们相商可不同了,他们当然也爱听国计民生那一套,但是,谈"掏腰包",即便你把亲戚、故旧、同乡、同学、种种关系都搬出来,也不容易上你那个钩,他们要盘算盘算,犯得着?犯不着!棉产改进所以打的开老板们的腰包，因为老板们吃到过"甜头"才干的。他们尝的当然不仅一样，而改良棉种——斯字棉和德字棉——也是主要的一个。从这件事看，谁能说农业改进没有成绩呢？

至于从冯氏那4篇文章中间而引申出来的文章，可说"汗牛充栋"。如其论文章的品质，同时要冯氏自己说，他一定会很诚恳而谦虚的说："我做了'抛砖引玉'的功夫"。读者把最近10年的农业杂志查一下，会相信我所说的即使"过分"，也很"有限"。

因为说明冯氏这4篇斯字棉的文章，我连带想起一件有关的轶闻，也很有趣。农业界中有一批"洋迷"，提起斯字棉，他们每窃窃私语："冯某何人，竟敢贪天之功，把发现斯字棉的荣誉，标榜自己。这是民国20年前后实业部美籍顾问洛夫（H.H.Love）博士发现的"。"洋迷"们写文章的时候，自然要雅致些，但大意也差不多。民国22年在全国各地试验许多棉种，确是洛夫博士开始的，并且斯字棉是其中的一种，有报告可稽。洛夫的报告，现在遍传于世界各国收集较广的农业图书馆中。读者可以把洛夫的报告从头至尾详查一遍，他何尝有一句提到"斯字棉是适于黄河流域栽培"的话，像冯氏在那四篇文章里所说的。这件事知道内幕的不多，而冯氏自己当然不肯表白，不要说文字，连口头也从没有过。一则洛夫是冯氏的老师，"尊师重道"是一般有涵养的人共守的通则，二则中国论理学中传统的精神，是"功成不居"，只有粗鲁的人才"唱丑表功"。这种轶闻我所以要提起，并非给冯氏打不平，只是供"虚心"检讨而已。假如不把事情弄清楚，如何会得到准确的结论。提到这点，实在很惋惜，农业界中，其实全国各界又何尝不是一样，能有多少人，能运用"洋玩意儿"而不盲目迷信"洋玩意儿"的！就这点说，现在我国从事科学农业工作的人，尚有一部分怀着"自卑疙瘩"而缺少自信。

冯氏民国29年在陕西推广斯字棉时，写信给他一个管理木棉的部下："斯字棉德字棉和木棉是我三个孩子，这次到陕，看见斯字棉发展到将近一百万亩，而且到处受农民的欢迎，我心里十分欢喜"。"木棉是我新生的小女孩子，我爱木棉同我爱我的小女儿一样"。从流露情感的书信中，冯氏对于提倡木棉所寄托的希望，可见一般了。我也最欣赏他的木棉，我喜欢木棉并不是因为"她"是小姐；对于棉农和纱厂贡献的普遍性说，他的"大小姐"——斯字棉——到目前止最为有功，就科学的立场说，木棉价值最大，并且"洋迷"们再也不能牵强附会了。何以呢？因为木棉在民国27年以前，仅仅在云南迤南毛厕旁边或笆篱中间才可以找到几株，把它恭维些至多称它是一种观赏树木而已。民国23年，我从北方到迤南去考察，访问许多木棉棉农，我叨了不少光：敬茶敬烟，不必去说，有几家硬留我吃饭，以"宣腿""洱茶"相待，说来木棉棉农与我过去并无一面之缘。棉农何以会这样好客？问题很简单，因为他们受了实惠，他们感谢木棉，所以连我一个漠不相关仅仅是考察木棉的人都成了他们的上宾。木棉究竟是怎么回事，在云南怎样提倡起来的，冯氏的两篇木棉论文中，说的很清楚。我所要补充的：现在木棉除掉迤南毛厕旁边篱笆中间生长以外，还有三四万亩山坡和农田栽培着它，如其集在一起，大约有南京城那么大的面积，每年木棉出产照目前的情形计算，比国民政府所支出的全年农林经常费还多1/3。读者可以客观的批评，农业和农学有没有结果。

木棉现在固然相当成功，回想当年开始试验和推广，有一段辛酸的经过。农业被视为"小人之事""由来久矣"。冯氏是"洋翰林"，凡人俗子的预期，他一定是"文质彬彬"的"斯文人"，事实上他初到开远的时候，他能见官府，有地方士绅拜候，确实是如所预期"有派头"，不虚为"洋翰林"也。但他决定着手试验推广木棉以后，他立即拿出做农业试验推广应有的生活方式，下地下乡；凡俗们当作笑柄，至今还是茶余酒后的谈天资料。这固无所影响于冯氏的工作；最困难的，没有办法使农民相信木棉是衣被资源，而乐于种植。有的时候，他访问农民，苦口婆心想说服农民，但是成效不太大。他另外想办法，他和助理人员，候赶场的日子，在交通要道，凡是他们攫得着的农民，就给些木棉种子，再加几句说明，其实"言者谆谆，听者茫茫"，种的还是不多。忠厚的农民，给这种诚恳感动了，就把所得的种子种下，以后开花、结果、吐絮。农民们收了棉花，就找冯氏问出路，那时木棉还很少，纱厂当然不会去收买，冯氏没法，只能自己"掏些腰包"买来，农民才相信木棉真有人买，种的人逐渐多起来。以后农学家，农业从政人员，银行、纱厂、大家都有了认识，木棉才"否极泰来"。回想民国33年春我随着冯氏去考察，目见地方各界对于冯氏崇敬爱戴的热烈，我虽在还没有下乡的时候，对于木棉的成就，已经了解了几分。

这六篇谈棉种的文章，在冯氏的上司看，是冯氏最好的文章。因为这六篇文章给他们创造政绩。在冯氏的下属看，也是冯氏最好的文章，因为这是给他们造饭碗。纱厂老板们看来，结论也一样，因为这是给他们培植财源。"书生"之见略有不同，认为这是冯氏运用知识，而产生的几篇研究和业务报告。冯氏在学术上最大的贡献，我以为还是下面的第三类。

属于第三类的，选了4篇关于棉区和棉工业区的文章。在篇首说过，冯氏回国以后，在中农所当了10年技正。他不像有些好逸恶劳天天在办公室坐着批公事、拟计划的公务员，他平均每年有一半在全国各地跑，所以10年之间，跑遍了过去或现在盛产棉花的区域，因此对于中国的经济地理有了深刻的认识，尤其关于棉业方面的。这类四篇文章，除掉他书本上和年青时代所积聚的知识作为基础以外，用极广泛的观察结果建筑而成。4篇文章虽然合起来还不到两万字，但是在学术上经济上的价值，极具重要性的。因为调查统计无论如何多，没有归纳，乱七八糟，只会使人眼花撩乱。他先把中国棉产分布的情形与气候、土壤、农情等等，找出关系，然后用已存的和新输入的棉种对于环境的反应，归纳成3个棉花适应区域，再从棉产区域指出将来棉工业区域的所在地。这四篇文章成一个思想体系。冯氏所提出的3个棉区，除非以后科学和经济的发展，有划时代的革新，将永久有它的价值。这并不是说他所提出的结论，永无修正的需要，而是说他的说法，是这个问题的创见。以后研究，须以此为出发点。他所主张的棉工业区域，据我所知道，至少有一位经济地理学者不以为然。这位地理学者所根据的是美国主要棉工业区何尝在产棉区域，英日两国根本不产棉花，纺织业照样发达。我不是经济地理学者，也不是纺织工程师，不敢随便申说。但是我们如其注意以下几件事：①美国棉区中纺织工业逐渐崛起；②英日两国因为没有棉花而纺织工业像浮萍样的动荡；③最渺小而最现实的例子，我们国内目前棉业上遇到的困难，——有些地方棉花没有销路，有些地方有锭子而没有棉花的脱节——以及纱厂界的见解（见全国第二届纱厂联合会石凤翔论文）等事实来评价冯氏的主张，我们应该承认他的结论有充分理由。

二三十年以前，国内所有农学家，不是"解放后的小脚"，就是不知"天高地厚"的"小伙子"。前者不懂科学的真髓，有的甚而至于连外貌都不知。后者对于定律原理固然透熟，但对于国情很隔阂。要这两类人创言立说，自然不会有什么高论。近年来情形不同了，方才所说的那批"小伙子"，观察逐渐多，思想渐渐成熟，因此农业论文情形大大不同。我们时常可以看到"引经据典""有条有理""有内容有见解"的文章发表。冯氏这4篇文章，就是一个实例。就这方面看，农学是在进步中。

综观以上事实，科学农业已经开始把实惠给农民，仅仅木棉一项代价，已经超过政府常年农林经费。如其连其他棉产改良和农业改良的实效都计算进去，其收获确实很可观。但是何以农民生活还是很苦呢？这并不能反证我的结论不确，只因为农业人口所占全国百分率太高，再加以每户耕地面积太少，而政治尚未修明，所以即使有些农业改良的实效，尚不能使全国农民的生活有普遍而显著的改善。如其看一二个局部，例如陕西泾惠渠区，那情形并不如此，近年因为农业改良的缘故，那里农村建筑增加的多，农民丰衣足食的情形，以及保学的发达，比之15年前，真可以说有"天壤之别"的进步，但面积还是太小而已。

至于谈农学，那成绩更具体些。前几天我手中无意的拿到3本冯氏都常参与，而性质又相似，期间又各先后相差约10年的棉作刊物，翻阅之后，给我一个很大的兴奋，因为我发觉显著的进步。20年以前的棉作刊物大部分的材料是"纸上谈兵"，10年以前已经有相当进步了，而目前的，大部分是实际的试验报告，内容相当充实，棉作学虽然仅是农学中一个渺小部门，而期刊只代表整个学术研究的一角，它在进步，它的地位相当于整个巨流中的一个小泡沫，巨而不流，它那能有进步？这个例我想谁都不会反对。

以上两点，就乐观方面说。但我们也不能过于乐观。前面已经说过，国内还弥漫着"醉心洋玩意儿"的空气，农业改良和农学研究当然跳不出这个范围。但是农业受区域的限制，地方色彩非常浓厚，与经济组织也有关系；不但外国器材不能不加选择而随便普遍应用，连方法有时都要考虑。这是研究农业与研究自然科学和其他理论科学不同的地方。例如冯氏所选定的四号斯字棉于民国32年以后，每年栽培几百万亩，在中国作物改良中其经济价值最值得称道的许多种中间的一种，说来奇怪，这个棉种在美国从来没有大量种植，而在中国竟有如此惊奇的成绩。美国农部最得意的品种——爱字棉，我们没法利用。另外一个例，冯氏本人是在美国留学的，但是在言语、生活、处事、处人的方法上，他"美化"的程度很少很少。如其过去未见冯氏的人，骤然见到，还要把他当作"乡巴佬"；谁都想不到他就是做过前面所说的一番轰轰烈烈的事。他是一个了解"洋玩意儿"，能利用"洋玩意儿"，而不迷信"洋玩意儿"，也不以"洋玩意儿"眩耀甚而至于吓人的典型人物，农业界里这类人不太多。从以前两个例，同我默察几十年来农业改良和农学研究的演变，我觉得我们既不应"固闭深拒"，又切不可"盲目迷信"，我们需要和各国"观摩研讨"，自然更喜欢"晋才楚用"，但决不能急于丢掉那根藏有发财票的讨饭棒，尤需设计产生适合国情的材料和方法。假如中国目前的颓风不改变，我很为中国农业改良和农学研究的前途担忧。

以上就是冯氏学问与事业的演化，论过去农业改良农学研究的成败得失。至于冯氏最近30年来工作的总结果是什么，我可以平心静气说，冯氏在农学研究上的贡献是不可磨灭的，在发展科学农业有不朽的功绩。只因为我和冯氏将近20年的关系，从当他的宾客起，以后做他的学生、助理、属下，所以了解特别深刻，他是我最敬仰的若干前辈农学家中的一个。惟其关系太深，又不能不有所忌讳，因此，不能写得太多了。

末了在检讨冯氏学问事业之余，我必须提起另外两个人的功劳，也许是成功人常具的条件，至少在冯氏半生奋斗中尽了很多力量：他的老师孙玉书先生，在冯氏学农以后10多年中，做了辛勤而准确的指导，冯夫人孟成玉女士的贤劳协助，也是使冯氏能致全力于学问事业的重要因子，如其客观分析事实，那种优惠条件是不容忽视的。

最后，编这本选集的目的，不仅在检讨近几十年农学农业的演化，和介绍冯氏的整个思想和贡献；最主要的还在以冯氏为例鼓舞新进的同志，只要"苦学力行"，一定会有结果，不一定要有"生而颖悟""出自名门""家学渊源"一类的条件。换句话说，在这思想社会转变急剧的时代，我希望新进的同志，认识潮流所趋，竭尽个人所能，师法冯氏奋斗精神，阐发农学知识，开发中国农业资源，为三万万以上农村社会中的同胞谋福利，对于自身说是一件痛快的事，对于国家说是一种极珍贵的工作。

顺便要提起的，冯氏在任农学院院长的5年中，写了一套介绍农学和研习农学的文章，共计5篇，可惜因为性质的关系，未能编入这本选集中。

俞启葆民国37年3月14日脱稿于紫金山麓

本文作者（1910～1975）1934年毕业于国立中央大学农学院农艺系，西北农业科学研究所所长、中国农业科学院陕西分院副院长。

缅怀冯泽芳先生

过兴先（2002.5）

科学分区君创新　　引种洋棉得依循
奋辟棉产发展路　　当誉功勋领衔人
敬业精神众仰钦　　利棉利民拳拳心
舍城居乡近古稀[1]　　如此学人骄当今
湄潭论文蒙赏评[2]　　求才若渴太仓迎[3]
后邀安阳去未成[4]　　耿耿于怀感盛情
正直谦和风格高　　"白旗"屈冤那堪忍
错失相处多引劝　　内疚深深犹未泯

*¹ 中国农业科学院棉花研究所从北京调至安阳白壁

*² 1944 年

*³ 冯先生亲自来到浙江大学农学院相见相识，与院方协商借调我去太仓棉场做中、美棉肥料试验及调查研究

*⁴ 1957 年

2002 年 8 月过兴先生在他的文集中的研究工作的首页上写道：特别一提，以上湄潭的研究论文曾得到当年中央大学农学院冯泽芳教授的赞赏。他主持农业部棉产改进处时，特来杭州浙江大学农学院，彼此相识，他商请院方调我去该处工作，后院方同意借用一年，于是在太仓棉场做了肥料试验和调查研究。冯先生去安阳中国农业科学院棉花研究所任所长后，又恳切邀我去该所，惜因科学院工作需要等问题，未去成。数年后，他因面对不切实际的严厉的政审压力竟冤屈自绝，噩耗令我哀痛泪下。多年来萦想如我去成安阳，与他朝夕相处，坦诚劝导，他或可有开朗的领悟而避免那大不幸，对此我至今内疚不泯。

本文作者1938年毕业于国立浙江大学农学院农艺系，中国科学院生物学部副主任。

给农业部副部长曹冠群的信

曹冠群同志：

原农业部棉花所所长冯泽芳先生的夫人和她的子女特地为冯先生昭雪的问题来京呼吁，当我了解到他们和农业科学院联系的一些情况以后，我想作为一个对冯先生相当尊敬的棉花工作者的身份，向您表达一下我的心情和希望。冯先生是一个为我国棉花生产和科研奋斗终生的农学家，贡献很大，无论科研和教育工作，都有卓越的成绩。他的含冤屈死给他相知的人极大的悲愤！我在抗战初认识他以后，工作上常有联系，他当

生物学部学部委员后，对他了解也更深。因此我深深感到组织上如能适当满足冯先生家属现在提出的要求，是落实党对知识分子政策的反映，不仅对家属是莫大的安慰，对广大认识冯先生的农业科学工作者也是很大的鼓舞。为此，我禁不住写这封信请您帮助冯先生的家属呼吁。

此致
敬礼

过兴先
1979年12月6日

瞻仰冯师铜像 *[1]

蔡以纯（2003年）

史册谠论九穗禾
斯、德 *[2] 推广留恩泽
今朝俯仰瞻铜像
最喜棉研奏凯歌

*[1] 冯泽芳，我国近代棉作科学奠基人。
*[2] 斯字棉、德字棉。

本文作者1945年毕业于中央大学农艺系，安徽农业大学农学院教授。

忆重庆中大农学院

蔡以纯

我所知的"中央大学农学院"1941—1945年的若干有关简况：

我1941年秋考取中央大学农学院农艺系，当时大学一年级学生均在柏溪分校上课，农学院各系新生（农艺系、农经系、园艺系、森林系、畜牧兽医系、农业化学系）除与各院（如工学院、理学院）新生共同上英文、数学（高等数学）、动物、植物等外，另在柏溪农场内每周上一次"农场实习"课，内容为农事操作各个环节，由选地、整地、犁地、耙地……播种、收获等，共1年。这门课例由农艺系派助教兼技术员担任，我1945年毕业即任此职，同时担任的有张驹、张学琴两同志，他两人比我毕业早2～3年，为我师兄。冯院长，也常称冯老师对农场各项工作是关心和重视的。他在给我们班讲课时，常自述曾在南通农场当技术员，进行棉花试验时，亲自挑大粪、种田、栽棉花……。强调学问要自实践中获得。强调学生要多参加田间各项操作。这几句话很平常，尤其对当时已"考上中大来学习"的学生来说，确既是一席清凉剂，又是一盏指路明灯，受用岂止一时一事哉！

我念书时（1941—1945）农艺系学生与冯先生较亲热，当时冯先生虽是院长，但院长办公室在第三教室（指沙坪坝中央大学校区内），我们农艺系系办公室及我们的上课自修教室也在第三教室，因而碰面的机会多，容易亲近，多问候两句，叙谈两句。当时有系会组织，我们农艺系系会是每年毕业生走前开一次欢送会。一年新生到校后全系举行欢迎会。这样两次例会，每次都要由轮值的主持系会班的代表学生去冯院长家、金老师（金善宝，当时是农艺系系主任）家……等去邀请，我记得当时冯院长家在农场一角，共同居住的是农艺系的一位老助教余友泰先生（余先生后去美国一年，转从事农机学科研究，解放后去东北某一农机院任负责人），冯师母、女公子紫琅、公子一民均请到会。金老师家在中渡口一斜坡处，金师母常有病，金老师公子金孟浩也一定请到，在这样的会上，冯、金老师，还有其他老师一定发言，两家的孩子往来嬉戏增加会议的热烈气氛。老师发言记不清了，寓教于乐，引导学习，引导做事，做人，均留下深刻的印象。不失为良好的教育青年人的一种形式。

　　冯老师讲课不教条，充满活知识，引人入胜，不会忘记，受教深刻。我们1941—1945年农艺系那一届，作物学（包括麦作学、杂粮学……）是金先生授课，稻作学是徐冠仁先生授课，棉作学是赵伦彝先生授课，只是四年级上学期冯老师专门为我们这一班开"中国棉产改进史"选修课，每周一次，授课生动，娓娓道来，如数家珍，全是实际知识，一听不会忘记。例如，1933年前后我国每年输入洋棉达500余万担，当时成立棉业统制委员会，委任冯师在棉统会下设中央棉产改进所，任副所长，主持全国棉花全国区域试验。那时国事艰难，人才缺乏，经费不足，冯师主其事的担子之重可想而知，但冯师着力为之，每年全国棉花区域试验冯师均亲赴各省植棉县的现场，与棉产干部选地布置试验，一一指导，生产期中还去现场考查，终于依据田间结果，评选斯字棉4号适合黄河棉区，德字棉531适合长江流域棉区。新品种产量增加显著，奠定我国主要棉区大规模换种，提高产量，贡献巨大！黄河流域棉区和长江流域棉区的名字，是冯师主持全国棉花区域试验后才响亮起来的。他说，我国由秦岭到淮河可联成一线，此线以北为黄河流域棉区，以南为长江流域棉区，是天然形成的。黄河流域棉区，雨水较少，温度较低，生长期较短，是一年一熟地区，旱作物地区。长江流域棉区，雨水较多，年平均温度较高，生长期较长，一般是一年两熟，作物以水稻为主。此外，农情也不同，黄河流域耕地多用马，田间各项运输多用马车，而一过淮河，则田间耕地都用水牛，田间各项运输多用人力手推独轮车，见不到马车了。可见，冯师亲身经历，绘声绘色讲述棉情、农情。学生一个个受教深刻，终身不忘，非同一般！

　　本文作者1945年毕业于中央大学农艺系，安徽农业大学农学院教授。

怀念冯泽芳教授

夏镇澳

冯泽芳教授离开我们已经 50 年。回首往事，他对我们的教导如在眼前。1942 年我在重庆江苏旅川临时中学读书，在高中毕业前面临升学问题。当时我很想考工学院，但在抗战时期像我这样一个流亡青年能够有贷金读书已是很不容易了。同学们都知道要学工至少也要有计算尺之类的工具，可我平时连买本书的钱都没有，怎么办？那时就考虑到去考农学院。这样如能考上，入学后可能就不需要花太多钱，将来毕业后还可以去农场种种作物过日子。因此就改考了中央大学农艺系。入学后第二年听了冯泽芳教授讲棉作学时，我非常高兴。他讲课内容丰富、条理清晰，不仅谈到种质改良、合理栽培；给我印象最深的还涉及到棉属的分类、形态、生理及遗传等各个方面，开拓了学生们的思路和兴趣。还记得他曾亲自带领过我们到郊区的农场去考察实习，平时他对学生们都和蔼可亲，就如家人，感到很温暖。

我大学毕业参加工作以后，与冯师见面不多，只记得听说为了开展棉花事业，放弃了在北京的工作条件，他带几个学生到河南安阳筹建了棉花研究所。有一次我出差到河南便去安阳拜访他老人家，不巧他正好外出开会，我就在老同学的指引下参观了冯师创办的棉花所。看到有那么大的规模和研究进展，真使我非常感动。这些都是和冯师一生热爱科学热爱棉花事业，认真贯彻理论联系实际方针分不开的。敬爱的冯泽芳教授永远活在我们心中。

本文作者 1946 年毕业于中央大学农艺系，中国科学院植物生理研究所研究员。

回忆冯泽芳教授一二事

钱维朴

我第一次见到冯泽芳教授是在1948年的下学期。地点在金陵大学农艺系的实验室。是金大农艺系主任靳自重邀请他来作棉花生产和科研进展的学术报告。听课的有农学系全体教师和高年级学生约30多人。我当时是农艺系助教也去听的。冯先生在报告中介绍了当时国内外棉花育种科研的新进展，用陆地棉与中棉杂交，海岛棉与陆地棉杂交，选育高产、优质、多抗的新品种。栽培方面研究棉花的生长发育规律，棉花高产、优质的栽培技术。提高棉花机械化水平，用播种机点播，可节省间苗劳力，用机器收获，在美国已很普及。报告内容精彩，听众多报以热烈掌声，我对这次报告的印象很深。当时我也知道了冯先生是中央大学的著名教授、国内著名的棉花专家。

1952年全国高等学校进行院系调整，金陵大学农学院与中央大学农学院合并成立南京农学院。院址在丁家桥原中央大学农学院的校舍。我原来工作的农艺系与中央大学农艺系合并成为农学系。下设有作物栽培、耕作教研组和作物遗传、育种教研组。冯先生和我同被分配在作物栽培、耕作教研组工作。他担任作物栽培学与棉作学的教学和指导研究生工作，还兼任农学院科研部主任，工作较忙。冯先生是一级教授、学部委员，德高望重，我和系内的同事都很尊重他。

冯先生教作物栽培学重视理论联系实践。在1953年上学期7月间。他带领农学系二年级一个班级30多人，到太平门外黑墨营农场，进行为期一个月的教学实习。我随他一起去农场指导学生实习。他制定实习计划内容主要是棉花、水稻、玉米等作物的田间管理，有棉花整枝、病虫害防治、水稻栽培、玉米去雄和人工辅助授粉等。冯先生在农场与学生同吃、同住，还亲自到田间指导学生实习。

在棉花蕾期，冯先生到棉田指导学生做去叶枝整枝实习。他先讲棉花果枝与叶枝的区别。果枝直接显蕾、开花、结铃；叶枝间接结铃，由叶枝的叶腋生出果枝，再由果枝结铃。果枝生长呈曲折状与主茎所成的角度大；叶枝生长斜直向上与主茎所成的角度小。果枝多发生在主茎中、上部各节，叶枝一般发生在主茎中、下部几节。叶枝生长势强，消耗养分多，任其生长，会抑制果枝发育。所以要及时除去叶枝。通常在第一果枝出现，可以区别果枝和叶枝时及早除去叶枝。去叶枝要重复进行几次务求彻底。他讲过后，做了去叶枝示范操作，带学生在田间进行去叶枝的操作实习。

在棉花的花铃期，冯先生又数次到棉田指导学生进行摘心、抹赘芽、打边心和去空果枝等整枝实习。他讲棉花主茎具有顶端生长优势，棉叶合成的有机养料，首先向茎的顶端输送。适时摘心，可以改变棉株体内营养运输分配，使大量养料运送到生殖器官，有利多结铃，增加铃重。打顶要适时，如打顶过早，会减少有效果枝，影响总铃数。打顶过迟，则上部无效果枝增多或结些无效花蕾，消耗养分，减轻铃重。一般在盛花期前打顶为适宜。同一田块打顶应分次进行。在施肥水平高的田块，会促使赘芽丛生，不仅消耗养分，还影响棉田通风透光，应及早抹除赘芽。打边心，可以改变果枝的顶端优势，使养分集中到棉铃，提高铃重。对长势过旺的棉田，应从上而下分批打边心。在讲过后，他就带学生在棉田做摘心、抹赘芽、打边心的整枝操作，学生提出问题，就在田间解答。经过多次实习，学生掌握了棉花整枝技术，反映很好。我对冯先生不辞辛劳，到田间指导学生实习十分敬佩。

本文作者1947年毕业于金陵大学农艺系，为南京农业大学作物栽培学教授、博士生导师。

老院长的教导使我终生受益

蔡宝祥

我于1943年进入重庆中央大学农学院畜牧兽医系学习，当时农学院的新生都要把"农业概论"作为必修课。主讲这门课的老师就是当时农学院院长冯泽芳教授。我在听他的课时对他的一口浙江乡音感到特别亲切。他在讲课时怀着对我国农业、农村和农民的深厚感情，告诉学生农业在国民经济中的特殊重要性，使我们对"民以食为天"有了更深切的认识。同时他还满怀信心地阐述了农业科学技术在我国的发展前景，使我们这些刚进入农学院，还对学习农业科学是否有前途怀有疑虑的学子增强了学习的兴趣和信心。他以丰富的学识和生动的描绘，概括了农业科学各个领域与国计民生的关联。使我至今难忘的，例如谈到美国的畜牧业十分发达，畜牧业产值占总产值一半以上，畜产品在人民食品中占重要位置，大约3/4的蛋白质来自动物性食品，能量中的1/3也是从动物性食品中取得的，人民的健康水平与畜牧业的发达密切相关，因此他们对畜牧业的发展十分重视。并谈到，将来我国若要国富民强，一定要大力发展畜牧业，因此畜牧兽医科学是大有发展前途的。这些话在我这个初学者的心里生根发芽，使我从疑虑、动摇逐渐转化为坚定的信心，终于一辈子得以坚守兽医科学技术教育岗位。他的谆谆教导，使我终身受益。

2008年9月1日

本文作者1947年毕业于国立中央大学农学院畜牧兽医系，南京农业大学动物医学院教授，博士生导师。

怀念冯泽芳老师

任继周

冯泽芳先生是棉花专家、学部委员。我是草业科学工作者。专业不同，当然接触不多。但作为他早年的一个普通学生，冯泽芳老师给我留下了深刻印象。

1943年秋季，抗日战争中期，我考入搬迁到重庆的中央大学农学院的畜牧兽医系。那时正是冯泽芳老师担任中央大学农学院院长的时候。

入学的第一件事就是报到，并接受院长的面试。我有些忐忑不安，因为我报考中央大学有一段故事。

当时我在重庆南开中学读书，读完二年级，还差1年毕业。因为负担我的学费的哥哥，在西南联大任讲师，物价飞涨而工资菲薄，他是靠借贷供我读书的，我心里非常不安。我想提前一年考大学。因为那时的国立大学完全公费。入了大学，生活和学习就有保障了。我就请一位山东同乡引荐，找到山东省驻渝办事处的庄专员。我谎称是山东某一中学的流亡学生，从沦陷区逃出来，毕业证书遗失了，请求山东省政府给以证明，报考大学。庄专员朴实诚恳，看到我的情况，也没有多问，就点头同意，开了一个证明给我。我想他也未必相信我是沦陷区来的学生，好在是凭本事考大学，带着几分同情，给些帮助，有益无害。伪造学历考学，当时虽然不算什么犯罪，但进入大学，毕竟有些不踏实。一旦被发现，可能发生麻烦。而且我就读的中学，与中央大学同在沙坪坝，双方的老师同学随处可以见面，谎言是难以保密的。为了心安，我决心向院长坦白我的故事。

带着这样的心情，我来到中央大学办理报到手续，进入了院长办公室。进得门来，看见一位略微偏胖的中年老师坐在那里，这就是冯泽芳院长了。见他平静、怡然、和蔼可亲，一派长者风度。从他这里感受到一种亲和力。这就使我增长了几分信心。

冯先生（当时在大学里，不论什么职务的老师，都叫先生）面试的第一个问题就是，你为什么第一志愿报畜牧兽医系？大概根据他的经验，畜牧兽医系这样的冷门，对多数考生来说，很难排在第三志愿以前。我带着一些腼腆地说："我们中国人身体不好，主要是动物性食品太少，营养不良。我想发展畜牧业，改变国民营养。"冯先生温和地笑笑说，"你的口气不小。"我觉得他的言外之意是：虽然有些幼稚但其志可嘉。这样的善意，更加鼓起了我说真话的勇气。

我老老实实地把上面的故事说了。他未置可否，却简短的说，"好好学习"。这就是告诉我可以正常入学，证件的事不必介意。这是一个非常简单的对话，却反映了当时老一辈知识分子与青年一代之间有一种自然的理解、善意和信任。而冯泽芳先生的亲和力是坦诚对话的触媒。现在很难想象，一个陌生的青年与一个陌生老师之间能够如此坦诚交流。

还有一件令我至今难忘的印象。新生入学，各个学院的院长都要给本院的学生讲话，介绍本专业和与专业有关的国内外状况。冯先生就抗战时期的农业形势、问题、与农业有关的各类现象讲了2个课时。我们这些青年人，基本都是流离失所，失去家乡的难民学生，对农业陌生而新鲜，但时隔60多年，具体内容已经记不起了。但有几句话，冯先生说得精辟入理，很是生动，至今记得清清楚楚。冯先生说：现在的农业部长是陆军将军，从新疆调过来的盛世才（就是屠杀大量革命人士的那个新疆土皇帝），他的前任农业部长是海军将军沈鸿烈（国民党撤退到了四川等内陆地区，海军早已不存在了）。大概下一任农业部长应该是一位空军将军了。几句话，深刻揭露了国民党官僚体制对农业不重视。讲完以后，冯老师在喉咙里发出浑厚而畅快的笑声。这笑声至今还在耳边震响。

我毕业以后，与冯先生失去联系。后来听说，因为他的突出的科学贡献，被评选为建国后第一批学部委员（现在称院士）。后来又听说，在反右倾运动中被迫害含冤而死。

一个浑厚而真诚的科学家，可以因开拓创新而成为院士，但在谎言世界里却没有他存活的余地。他那浑厚而畅快的笑声，是黑暗中的闪电，与谎言是不能并存的。

我亲蒙冯泽芳先生渥泽，过去 60 多年了，冯泽芳先生在我的心中却长保鲜活，没有丝毫衰减。

本文作者 1948 年毕业于国立中央大学农学院畜牧兽医系，中国工程院院士、兰州大学草地农业科技学院教授、博士生导师、名誉院长。

我最尊敬的冯泽芳老师

潘家驹

当我在前南京大学农学院（现在的南京农业大学）求学时，曾经聆听过冯泽芳老师为我们讲授的棉作学（包括棉花栽培和育种等课程），以后又被分配担任过冯老师的助教。他对我国棉花生产和品种选育的丰功伟绩，在教学工作上的卓越成就，以及待人接物的优秀品德等方面，无不在我脑海中留下了极其深刻的印象，时刻铭记心间，永远不会忘记。

关于冯老师的动人业绩和学术成就，已经有了许多专家的专门著作作了介绍，现在我仅就和冯老师曾经相处和接触过程中，感受老师的热爱专业和宽厚待人、勤俭节约等方面的点滴体会写在下面，聊表我对最尊敬的老师的深切怀念。

冯老师对科学研究工作勇于创新，深入钻研，因而有卓越超人的成就。他 1925 年在前中央大学农学院农艺系毕业后，在国内农学界工作了几年，1930 年考入美国康乃尔大学攻读研究生，当时无论国内外都还没有人深入研究棉属种间杂交，尤其是亚洲棉和陆地棉种间杂交遗传规律及其后代选择利用等问题。他在当时即对这一课题进行深入研究，在美国那时候也很少有人涉及这样的课题。在学校的温室中他种植种间杂种棉花植株，并进行深入细致的调查和鉴定。据他说，当时经常有美国及其他国家的学生在温室窗外观赏这些植株，并不断地拍手赞赏，高声呼喊："多漂亮的花朵啊！"。种间杂种分离后代的植株，长出花瓣形状大小和色泽各不相同，引起了在校学生的惊异，这种难得的景观，说明当时进行这样的棉花种间杂交试验，还是十分罕见的，说明冯老师从事科学研究工作的先进性。

冯老师从事科学研究工作，除在实验室内进行辛勤细致的深入钻研以外，他还十分强调结合进行田间目测检定的必要性，他经常强调作为一个农业科学工作者，除从事实验室工作外，一定要结合进行室外田间和试验地的目测检定工作，好像一个医生必须亲临病房对病人进行目测诊断一样，他说身临田间和试验场地，我们可以亲眼目测棉花植株的生长发育情况，所看到的是整体的而不是局部的，动态的而不是静止的。只有在田间和试验地，我们才能检测个体和群体间、植株和周围环境的关系，及其对棉株生长发育的影响，再结合试验室统计分析所得的数据，最终对一个棉株、一个品系或品种作出确实可信的检测和评审，棉花育种工作才能获得较好的实效。

当冯老师在解放前担任中央棉产改进处副处长时，一项极其重要的任务是负责全国各棉区新品种的比较试验和评审工作。在他的主持下，全国各大棉区每年安排棉花品种区域试验，负责审定适应于各棉区推广种植的高产优质品种。除了安排各试验区专人负责区域试验田的调查鉴定工作以外，他自己每年在棉花主要生长季节还一定要亲自到各棉区检查棉花品种区域试验，亲自检测不同品种在不同棉区生长发育情况。据他说，为了及时跑遍各个试验区进行调查考察，他利用了各种交通工具，飞机、火车、汽车、三轮车、甚至独轮车等都被用上了，在偏僻的农村甚至步行。回来以后，根据在各地亲自目测检定的结果，结合从各个棉区交来的区域试验报告结果，作出了结论，陆地棉品种德字棉适应于长江流域棉区种植，斯字棉则适应于黄河流域棉区，按照他的建议，这两个品种分别在两个不同棉区种植了多年，终于获得理想的效果。进一步分别从这两个品种中选育了许多新品种，供生产上推广应用。冯老师深入钻研，身体力行，紧密联系生产实践，为农业生产作出重大贡献，值得我们认真学习。

冯老师不仅是一位有卓著成效的科学工作者，在决定棉花生产栽培技术、选育和繁殖新品种，以及钻研棉花性状、遗传和棉种分类等方面都有重要成就和杰出贡献，他又是一位循循善诱、诲人不倦的好老师。他教导青年人，作为教师要为学生上好课，首先自己一定要认真深入地学习，才能对听课的学生有所教益。他曾经说过，我们要传授给学生的像一滴水，我们自己必须首先贮备一杯水，甚至一瓶水一样的内容。另外，每次讲课有一定的时间限制，我们一定要在有限的时间内以完整而简明扼要的概念讲明一定的内容。他曾经举过一个十分生动的实际例子教育我们。他说，比如有人要我们在2分钟时间内画出一个人体的形象。其中有一人画了一个圆形的头，再在圆内画出眼睛、鼻子、耳朵和嘴巴，甚至头发、胡须和眉毛也都画得清清楚楚，一丝不漏，但时间已到，不允许他再画了。另一个人则先画一个小圆圈表示头部，再在它下面接连着画一个较大的长椭圆形以表示身体，再在小圆圈下端画两条短的向上举的直线以表示双手，在下面长的椭圆形圈下端画两条较长的向下伸的直线以表示双腿，时间正好2分钟。冯老师问哪个画得比较好呀？他总结说前一个人虽然画得十分细致，毛发都画得一清二楚，但他所画的只是一个头，而不是整个人体的形象，并不符原定的要求。后一个人虽然画得比较简单，但人体形象毕露，给人以一个比较全面完整的概念，符合原定要求。他说作为教师给学生上课，也应该每堂课都讲授给学生一个比较有系统有条理而局部完整的概念，供他们进一步自学时参考。而不应该头重脚轻，甚至断章取义，使学生在自学时难以理解，无所适从。冯老师生动的实例给我们留下了极其深刻的印象。他自己每次讲课都取得这样入木三分，深刻理解而完整周到的效果。

　　冯老师作为教师，决定每次讲课的内容，都采取这样的提纲挈领重点突出而点面结合，颇有一定节制的方式，以适应讲课授意的要求。但对某一事物的具体研究，则有所不同，采取面面俱到，全面了解，而深入透彻，精细入微的方式，以便对该事物有极其透彻深入的了解，以供生产实践上具体的可以信赖的参考。

　　例如，中国是世界植棉大国之一，棉区范围广阔，但不同棉区有各不相同的自然条件，要种植合适的棉花品种和采用适宜的栽培种植技术措施，必须对各个不同棉区的自然条件作十分详尽细致的调查和了解。

为此，冯老师在担任前全国棉产改进处副处长期间，曾亲自带领青年人到全国各棉区进行细致深入的了解和调查，对各地的地形地貌、土壤结构和肥力，每年降水量和气候变迁等都作了极其详细的调查研究，并取得确切可信的数据。根据这些调查结果和数据，他将全国植棉地带分为五大棉区，并绘制了全国棉区划分图，又提出了各棉区适宜植棉的技术要求与品种类型，供各地参阅。冯老师对全国棉区的划分，对各地采用合适品种和种植方式提供了极其有用的参考。1951年冯老师应山东省农林厅邀请，前往讲授全国棉区的划分，用他亲自绘制的棉区划分图，深受当地领导和群众的赞赏。他的棉区划分，直到目前对全国棉花生产计划和实施的拟订，仍有一定的参考意义。冯老师经常对我们说，世界上任何事物的发展变化都是十分复杂的，教师在课堂上讲课时，因为有课程的学时数和授课时间的限制，必须全面而扼要，有启发性。但作为一个科学工作者对探索研究某一事物时，则必须全面而深入细致，才能获得确切可靠的结果，他经常教导我们，要"析义理于精微"。冯老师自己身体力行，他的这一教诲永远深刻铭记在我们心中。

冯老师是我国一位知名的教授，我国首届中国科学院院士之一，但他平时生活十分俭朴，在生活习惯上严格要求自己，从不抽烟饮酒，日常生活简单朴素。例如，他喜欢吃花生米，但是由于他有胃病，医生劝他少吃这种不容易消化的食物，他就每次取出7粒放在桌上，逐粒取食，吃完第7粒以后，就绝不再吃第8粒，直到下一次。他每天到办公室工作，有时会有饥饿感觉。在他办公桌旁，放着一个罐子，贮藏着他夫人亲自替他制作的他浙江家乡特产的面粉脆饼，他就取出一两块充饥，但从不上街购买花钱的点心。他本人很注意节俭，但对支援别人则非常宽容，一点不吝啬。例如，当他在安阳担任中国农业科学院棉花研究所所长期间，因当时集体经济条件也较差，购买物资较困难，他经常自己取出一部分工资，无偿地为集体购买必需的用具，从不计较。

冯老师对他的专业，棉花栽培和遗传育种研究，有极大的兴趣和爱好。他经常对别人说他热爱他的专业。每当他在办公室埋头工作，十分疲劳，或有烦心琐事使他感到不愉快时，他会独自前往棉花试验田观看不同的棉花品种和不同类型的棉株，他的身心疲劳和抑郁烦恼会立刻烟消云散。有一次我曾经听他说过"我有三个女儿，大女儿冯紫琅，现在东北友谊农场科研所工作；二女儿冯紫云现在新疆八一农学院求学；三女儿就是棉花。"他把棉花视同亲人，看成自己的心爱女儿之一，足见他对专业爱好的深切，这种精神十分感人。

冯老师对别人十分宽容友好，喜欢尽可能帮助别人，做到助人为乐，宽容为怀。但他为人十分耿直，对有些他自己认为看不顺眼，认为不合情理的事，他会毫不保留，决不容情，坦然提出自己的见解进行辩斥，甚至不顾本人的利害。

这是才解放以后不久的事，我们学校为了便于学生进行实习和教师进行科学研究，成立一个农场，学校领导要为农场管理处命名，当时的场长提出"生产教学农场管理处"的名称，认为农场应以生产实践为主，冯老师则不同意，认为学校农场应以教学任务为首要，因而应该命名为"教学生产农场管理处"双方辩论，相持不下。当时参加讨论的有一位院领导干部，采取调停的态度，对冯老师说，这两个命名是差不多的，字都是一样的，只是排序不同而已，没有必要再进行辩论了。冯老师以他的刚直坚强的气慨，立即提出否定的见解。他举了一个实例，三个字，可以有不同次序的写法，但意义各不相同，如"狗放屁，放屁狗，屁狗放，放狗屁"。"怎么能说这二个提名是差不多的呢？"冯老师的耿直气慨显露无遗，虽然他的正直慷慨的辩词当时还受到有些人的指责。他的正直慷慨胸怀却永远铭记在我们心中。

冯老师离开我们已经很久了，但是他的认真求学敬业，教书育人，热爱祖国，真诚待人的精神和耿直胸怀与人为善的气慨将永远铭记在我们心中。

冯老师，安息吧！我们永远怀念你！

本文作者1948年毕业于国立中央大学农学院农艺系，1951年南京大学农学院农艺系棉花育种研究生毕业，南京农业大学农学院教授，博士生导师。

科苑教坛遗业绩　泽被三农自流芳
——忆中国棉花科研事业的奠基人冯泽芳教授

原葆民

一

抗日战争初期，在我从黄河北岸的家乡往豫西躲避日寇侵扰的时候，就曾听到农村里改种新品种棉花的消息。盛传这种棉花如何高产、棉绒如何细长，而且成熟早、换茬快，很受农民群众欢迎。据中学里的一位老师介绍，得知这种棉花有一个颇为新颖、有点拗口、却很易记的名称，叫"斯字棉4号"。是由一位棉花专家冯泽芳先生选育推广过来的。那时流亡学生冬季穿的土布棉衣上，经常能从绽开的破缝里露出棉絮来。每当看见这雪白的棉絮，就会使人联想起这种良种棉花和冯泽芳的名字来。至今事过已有六七十年，为了印证这一段记忆，曾经询问一位当年的老同学，证明豫西棉区确曾引种过这种良种棉花。而这种棉花的推广，显然是和曾经主持棉产改进所和农业实验所棉作系的冯先生的努力分不开的。无怪乎前人对先生的生平业绩作了这样的归纳："提起中国的棉花，就会想起冯泽芳先生；谈到冯泽芳先生，无人不知他改良中国棉花的功劳"。此话足以说明他在中国棉花改进史上的重要地位。

意想不到，当我高中毕业，千里迢迢，跑到抗战后方重庆考进中央大学以后，竟然见到了这位慕名已久的冯先生。当时新生入学第一年是在嘉陵江北的柏溪，由文、理、法、师范等学院的老师来讲授基础课，分别介绍各院系的概况和各专业共同必修的基础课程。农学院讲授《农业概论》的老师，正是这位盛名远播的棉花专家冯泽芳先生。不禁感到喜出望外，深为能够遇到这样一位著名的专业教授讲课而高兴。由此也进一步证明，位居全国政治文化中心的中央大学，果然是名师荟萃、人才济济，无愧为全国规模最大、师资力量雄厚、令人向往的著名高等学府。

这时冯泽芳教授正担任中央大学农学院院长，也是从市郊沙坪坝校本部到柏溪分校来讲课的第一位农学院老师。因此对他又有些像第一次见到自家亲人一样的新鲜感。果然不出所料，冯老师登台开口讲课，以略带江浙地区的口音，像一位大家庭的长者畅叙家常一样，首先介绍中央大学农学院的概况，口吻亲切，声音洪亮。讲述内容相当广泛，而且都很实际，从学校开办的历史，到学校内迁的图书仪器、教学设备、实验牲畜和实习农场等家底。学校的渊源可以向上追溯到清光绪二十八年（公历1902年）创办的三江师范学堂，历经两江师范、南京高等师范、东南大学、第四中山大学等名称变迁，直到中央大学，已有40余年之久；谈到学校用于生产实习的农场分布，不仅在南京附近，苏南、苏北、安徽乃至河南等地，都有学校的土地。先生款款道来，如数家珍。讲到这里，语调一转："可是这些农场的土地现在都在日寇占领的沦陷区里，目前还不能利用。"顿时引起大家的愤慨和乡思。听了他讲课，不仅了解了大学课程的内容和范围，明确了专业学习的方向和途径，而且深刻地受到了爱国、爱校的思想教育，至今未曾遗忘。

二

再一次听冯老师讲课，已是10年以后的事了。那时我已毕业留校担任教学工作。当时为了提高教学质量，提倡观摩教学、交流经验。特别鼓励青年教师向老教师们学习。因为久闻冯泽芳先生讲课，不仅内容精彩、资料丰富，而且技术熟练、条理清楚。我和系里一位青年教师相约，特意去听冯老师讲课，果然名不虚传。听他讲专业课程，很受启发。学到不少好的经验，增长许多专业知识。特别是在棉花生产方面，如棉花的分类、特性、品种改良和适于推广的地区，以及与农业布局有关的知识。过去只知道冯老师是一位专长于棉花研究的权威农学家，没有想到他还是一位卓越的教育家，具有广博的社会经济和科学管理知识。在同他接触的过程中，不仅听他讲棉花方面的事，而且还涉及许多社会科学方面的问题。在他的著作中，除了棉花遗传、育种、栽培等生产技术外，还有品种区域试验、生产布局、农业推广等方面的内容。很多都是与生产直接有关的问题，以便农民群众从他的研究成果中真正得到实惠，早日收到良好的社会经济效益。他曾在一篇文章中具体谈到："凡农业生产之调整、农业金融之管理、农业保险之组织、农业合作之推进、关税政策之规划，以及农产运销与价格之管制，种种。尽皆一国农业行政之重心"（《农业经济学之重要》载于《农业经济集刊》创刊号）。由此可见，作为一位置身于农业科学领域，特别是专门研究棉花的农学专家，他的目光非但没有局限在纯粹的技术范围内，而且考虑到广阔的农业经济和农村社会问题。也就是目前已被广泛关注的农业、农村、农民三者合称为"三农"的一些大问题。

由于冯老师视野宽广，具有远见卓识。这种优点不仅在科学研究方面，应当借鉴；反映在教育方面，尤其明显，更值得学习。他不仅重视农业技术教育，而且关心农业经济和组织管理人才的培养。早在 1944 年他发表的文章中写道："农业经济学之在我国，10 年前犹为一般农学专家所忽视，其实'谷贱伤农、谷贵伤民'之说，已在国内流行数千年。常平仓之制始于西汉，即政府平衡农产价格之政策，此皆最平凡之农业经济原理与实施。即乡僻老农亦均能津津道之，何所谓近代农业学者尚不解农业经济之重要乎？"（引文同前）这段话说的可谓鞭辟入里、切中时弊。基于这种思想的指导，在他回到母校执教并且兼任农学院院长的 1942 年，很快就把原来设在农艺系里的农业经济组扩建为独立的农业经济系。实现了他 10 多年前就已呼吁设立农经系的愿望。与此同时，他还延聘了许多知名学者，担任各系科的教授。使中央大学农学院及其后继的南京农学院成为国内最享盛誉的高等农业教育学府。在他到校任教后的几年间，也是母校蒸蒸日上、日趋兴旺，到达鼎盛的时期。也正是这时，我有幸考进了中大农学院农业经济系，得到他和许多名师教导的机会。毕业后又留在母校任教，沿着他所指引的道路，不断前进。转眼至今 60 多年来，仅遵老师的辛勤教导、不曾改变学习和工作的方向，不敢逾越母校传承下来的规范。回首当年，正是以冯老师为代表的老一辈师长为我们树立了治学做人的典范，继承并传播了"诚朴雄伟、励学教行"的校风，才得以看到祖国社会经济的迅速发展，并将进入世界强国之林的今天。兴念及此，能不衷心感谢惠我一生、而且惠及亿万农民的冯泽芳教授。正如他的英名所示："泽惠三农、流芳千秋。"冯老师的音容笑貌和光辉业绩，永远留在人们的心里。诚如一位诗人所言："活在人心便永生。"

三

冯老师治学态度严谨，教学认真负责。经常教导学生："学习必须深入细致，要做到'析义理于精微'。不能浮光掠影，浅尝辄止"（邓煜生：《著名农业科学家冯泽芳教授》《南雍骊珠·中央大学名师传略》）。他尊重科学、尊重客观规律。继承和发扬了中国知识分子的优良传统，具有忧时爱国的责任感。他在1956年全国首次评聘的大学教授中，被评为数额不多的一级教授，也是中国科学院第一批学部委员之一，参加国内外的学术活动，无愧为驰名中外的农业科学家和教育家。然而他并不使人感到高不可攀、难以接近。在课堂上听他条理分明地讲述一些基本理论和概念，对重要的疑难问题不厌其详地耐心分析和解答，有时还介绍一些学习研究的路径和方法，使人受到许多教益。在课外更觉冯老师平易近人。他乐于同青年人交谈，有时还谈得很有风趣。记得有一次我同一位青年教师跟他到江浦棉场去了解情况，3个人同坐一辆马车，冯老师一路谈笑风生，随意漫谈。同他在一起，并不使人感到拘束，大家谈得非常高兴。到农场后，场里职工见了他也是一样。冯老师带我们到田里察看棉花生长和管理情况，他向职工仔细询问一些问题，问的不仅是有关棉花生产方面的事，而且关心到农场的生产经营和职工生活方面的情况。可以看出，冯老师很受大家的敬重和爱戴。

另外还有一次，是在某一班同学毕业的谢师宴上，同学们为了活跃会场气氛，让大家采取抓阄入席的办法就座。席位和阄纸上分别写了《红楼梦》里的人物姓名。冯老师抓到的是排定为妙玉小姐的席位。同学们嬉笑着说："芬"、"芳"等字，都是女生常用的名字，冯老师名字里也有"芳"字，恰好坐在妙玉的座位上，岂不正好合适。冯老师笑着对大家说：并不尽然，男子姓名中用"芳"字的人历来都很多。他还一连串举出一些带有芳字的男性人物来。其中农学界的还有梅籍芳和赵连芳，再加上冯泽芳。他们在农学界都各有所专，所以有"农学三芳"的说法。大家这样毫无拘束地同他漫谈，至今还给人留下清晰的印象。

冯老师性格开朗、待人热情，对青年学生更为关心。最近见到一位年长的老校友，同他谈起了冯泽芳先生。他还没有忘记当年大学毕业时，冯老师曾经为他热心介绍工作岗位、谋取生活出路的情况。并且对他的治学业绩和领导水平表示钦佩和赞扬。言谈之中不免流露出感激和惋惜之情。不少与他接触过的同志都曾留下类似的印象。正如他的入室弟子对他所作的概括："襟怀坦白，一身正气，学识超群，誉满中外，诚为一代农学宗师"（同前引邓煜生文）。

四

冯泽芳先生之所以能够取得如此卓越的成就，并非偶然。他生于浙江义乌农村，自幼勤恳好学，1918年19岁时考进南京高等师范，毕业后以边学边教的方式继续攻读母校改建成的前东南大学。赴美留学归来，即投身于棉产改进的科学研究和生产实践，又在后继东大的中央大学和南京农学院任教多年。可谓久经哺育、长期历练。底蕴十分深厚，知识相当广博。更可贵的是，他忠实地秉承了母校"诚朴、勤奋、求实"的校训，发扬了"民族、民主、科学"的校风，达到"止于至善"的治学境地。他毕业前就曾写出多篇有价值的专业论文。其中有整理中国所种亚洲棉的第一篇著作、首先应用孟德尔定律研究中国棉性状遗传的报告。还首次编出具有中国特色的《中等棉作学》教材。20世纪30年代初，他在美国康乃尔大学撰写的博士论文《亚洲棉与美洲棉杂种之遗传学和细胞学的研究》，在《植物学报》上发表，获得了好评。回国后由室内研究到田间试验，进而致力于研究棉花繁殖改良、五大棉区划分以及中国棉纺工业的合理布局等重大问题，都有创建性的成果。抗日战争期间，在中国主要棉产地大部分沦陷于敌后的情况下，他转而进行云南木棉的研究和推广，取得了很高的经济和社会效益，解决了战时急需棉花的困难，具有重要的国防意义。

意想不到，这样一位功劳卓著的农业科学家的科研事业，正在大展宏图，如日中天的时候，竟会在"大跃进"的风浪中猝然终止了未竟的科研事业。噩耗传来，怎不令人感到震惊，深为扼腕痛惜。这时冯泽芳教授已从教学岗位调任他亲自主持成立的中国农业科学院棉花研究所所长，继续进行他所热爱的棉花科学研究工作。该所亦由北京迁至河南安阳的白璧乡。与此同时，他原来任教的母校师生，也都分赴苏北各地农村，同农民一起劳动、一同生活学习，投入热火朝天的跃进浪潮，亲身经历了这次大放粮棉高产卫星、大办农村人民公社、大炼钢铁的狂热场面，大体可以体验到这场热风骤雨带来的不测后果。

回顾过去，策厉未来。自应倍加珍惜今天大力提倡科学发展观的大好时机。但愿能够以史为鉴，牢牢把握良机，与时俱进，克服困难，早日实现建设社会主义新农村的美好愿景。此刻冯泽芳先生如果能够听到这一消息，得知他所关心的农村面貌早已大为改观，远远不是"大跃进"后接踵而来的3年自然灾害时期令人担忧的景象，当会为此感到欣慰。

此文系为《二十世纪中国著名科学家书系》而作，文稿结束之际，即将届临冯泽芳先生诞生110周年暨逝世50周年。特以此文权作纪念，聊表学生对老师的怀念及感谢之忱。

作于青石村南京农学院旧址

本文作者1948年毕业于国立中央大学农学院农业经济系，南京农业大学经贸学院教授、博士生导师。

恩师难忘
——追忆我与冯泽芳教授的师生情

潘文林

我终于考上了国立中央大学农学院

1948年夏初，我从三中毕业，准备去南京报考大学，我在中央大学报名处买了一张院系介绍校刊，老学生对我讲，中央大学的农学院是很有名的，我想报考农艺系，是作物栽培、良种遗传、病虫害的学科。校刊中介绍，农艺系著名教授有小麦专家金善宝、棉花专家冯泽芳、昆虫教授邹钟琳和黄其林、病理教授朱建人等。当时考大学的报名手续很简单，检验毕业文凭、几张照片，报名费都不收。3天考试结束，中央大学考生服务组贴出的试题答案，对照下来，国文、英文、数学、史、地、物理都可以，这样我心中有数了，过去考大学没有指标，也没有分数线。大概半个月后，录取通知书寄到蓝家庄姨妈家中，姨夫说"一箭命中了"，一家为我高兴。

9月初开学时，表弟陪送我去丁家桥新生院，新生院有理、工、医、农4个学院的新生及农、医学院的老生，新生不分系科统一编班，上大课，寝室也是混合的，我现在尚能记得，植物课由耿以礼教授上，农学院各系及理学院的地质系、地理系、医学院各系科合上大班课、英语、国文、数学、三民主义等都是4个学院的学生混合上大课（一个教室40~50人）。

1948年农学院只招了90多个学生，我们农艺系20多个新同学，互相都不认识，即使认识的平时见面也只是点点头笑笑而已，我记得与我同一宿舍，理、工、医、农8个人。学生与系没有什么关系，直到1949年4月南京解放，各种政治活动，仍以新生院为单位，1949年暑期以后，新生才归口到学院各系。解放以后，班上只有10多个人了，同学之间才逐步相识与了解。

二年级第一学期，仍学习普通课，地质学、动物学、有机化学、土壤学、气象学、植物生理学、英语、国文课等，专业课未接触。我们学生来自农村的只有很少的几个，其他的来自上海、广州、北京、长沙、杭州、合肥等大城市，我们这批学生年龄相差很大，年龄小的一般18~20岁，最大的竟有25岁多，我们年纪小的都是应届的高中毕业生，年纪大的都来自社会或别的私立学校重考的。

有几次我们几个学生去农艺系想认识老师，由几个老同学引荐，我们终于认识到金、冯、朱、邹等大教授，老同学说"金善宝教授是浙江人，那个白头发的就是他，他培育了许多小麦品种，中大2419普及长江以南各省；胖胖的戴眼镜的就是冯泽芳先生，全国著名棉花专家；黄其林教授文质彬彬，一介书生气，戴眼镜，一口南京土话；邹钟琳教授教昆虫，江苏昆山县人，个子挺魁梧；朱建人教授是全国有名的病理学家，留平头有点白发，喜穿长袍瘦高个子……"农艺系的教授们穿着很朴素，平易近人，不是那种西装革履有派头的。

从此我们心中就崇敬这些先生们，想早些聆听他们的授课，直到1950年2月开始，金善宝院长教小麦，冯泽芳先生教棉花，对我们这些青年学生来讲是一生中很幸运的事。

1950年元旦过后，全校的政治运动很多，学生们都没有放假，每天早上都见到冯泽芳几个教授坐校车来丁家桥农艺系上班。有一天系办公室召集二年级学生开会，谈选择专业的事（当时不称专业，而是"组"），我和董振达、秦廷标、郑毓庆等几个同学选择了"作物"组；陈其煐、张令混选植物病理组；陶志新等选昆虫组。作物组共有14位同学，是1948年考入中央大学的和后来别的大学转考来、本校转系的。我们都喜爱作物，金院长、冯教授都欢迎我们来读作物。

冯教授第一堂课给我留下深刻的印象，他讲述世界、全国的棉花分布，冯先生在新中国成立以后去过北京参加过农业科学及生产会议，因此对新中国的棉花形势很了解，他勉励我们努力读好作物栽培课为新中国的农业生产作贡献。

冯先生还嘱咐大家怎样读书，强调理论联系实际，独立思考。农场有几块棉花试验地，并有繁殖田，让我们常到实验农场看各种作物的生长。当时四年级的学生都去哈尔滨学俄语，二年级是系里的主要力量。冯老师还引导我们作好课堂笔记，常到图书馆看看书，他给我们介绍了孙逢吉的《棉作学》，冯教授的一番教导使我们青年学生开了窍，引领我们迈进作物学的大门。

当年上课并不十分紧张，冯老师除政治活动外，每天都来学生中间，有一次我到教授的办公室，请教有关棉花的问题，我说，到学校农场看到的棉株大，棉桃向下，冯先生讲叫美棉（当时叫"美棉"，后来改称

"陆地棉"），我们宜兴农村没有这种植株高大的、棉桃向下的美棉，只有棉桃向上、植株较小的、黄色花朵棉花，教授讲这叫"中棉"。冯先生向我讲了有关棉花分类及各种类型棉花的特征。教授引我进入"棉花"的殿堂，使我终生受益。从此开始，我与冯老师亲密的师生情就建立起来了。

冯教授是一个坚定的爱国主义者

在我们青年学生的心目中，教授是一个坚定的爱国主义者，新中国成立之初，我们说金善宝、冯泽芳、梁希、刘庆云等教授是农学院进步的民主教授，饱满的爱国热情迎接南京的解放和新中国的成立，他们积极参加各种政治活动，并积极支持青年学生的爱国行动。

听一位助教先生对我讲起冯老师一段往事，说冯教授去美国留学几年，临行前带去信纸、信封，可用数年，和国内的朋友、妻子寄信都是用国内的，这一件事展现冯先生的爱国主义情操。并有老学生讲，冯先生与老家的结发妻子伉俪情深，优良的道德传统深深的感动着许多师生。

1950年底，南京市大中专的学生开展了轰轰烈烈的抗美援朝运动，冯教授知道农艺系三年级学生是全院组织的第一个宣传队，并踊跃参加"军事干校"，他知道我们班上的袁溥球、秦廷标是已被批准入朝的空军干校，他非常高兴。1951年初，全系师生欢送参干学生时，系里的教师都来欢送合影留念。

冯先生还勉励我和董振达、郑毓庆等几个学生未批准而留下来学习，在另一条战线上为祖国作贡献。那张合影照片保存了60年之久，照片虽然发黄，我一直珍藏着，师生情谊荡漾期间。

有几件活动，至今还记得清楚，冯老师创导的教育改革，决定了我们这辈学生的命运。1950—1951年，金善宝教授担任南京市副市长及和平委员会主任，政务工作忙，农艺系的工作主要由系主任黄其林先生和冯老师打理着，作物组学生的学习由冯泽芳、吴兆苏教授负责。

第一件事是在1950年6月底，山东省委决定办一次全省范围内的农业生产普查，为今后的第一个5年计划作根据。省里通过华东军政委员会邀请南京大学、金陵大学、安徽大学、山东大学农学院及山东农学院（齐鲁大学、医学院）的几百师生参加，南大农经系的教授及讲师参加了调查队，农艺系青年教师沈丽娟、罗毓权、蔡以纯等也参加了，农学院各系的教授都认为这是件大事，所以积极组织动员。临行前，冯泽芳等老师给我们讲话，要求师生积极参与这次调查，为各大学做个榜样。一天上午，南大农学院几百名师生在原葆民老师和吴若鸾同学的率领下，学生们背着行李，学着解放军进城的模样，整装进发，大红横幅上写着"没有调查就没有发言权"，我们一行到中山码头与金陵大学的师生会合，学生一路高唱"团结就是力量"的歌曲……，情绪饱满，这是第一次走出校门，走向社会，这个活动唱响农业教育革命的序幕。

在农村两个多月的锻炼，增长了知识和才干，交了许多朋友，从此更热爱自己的专业。我们受到山东省各级领导的赞扬。回到学校在农艺系的一个大教室里，师生们将调查的成果办了个展览会，金善宝院长、冯泽芳、黄其林等老师都来参观，欢迎大家胜利归来，并预先告之我们来年暑期山东省还邀请我们去参加调查。

回忆起来，新中国刚成立一周年，山东省领导及各大学的农学院领导者有着非凡的政治魄力，那时知识分子的情况很复杂，竟然没有出什么事故，如期完成了调查任务，我们青年大学生第一次走出校门，走向山东老解放区，得到了锻炼，影响我们的一生。

第二件事是在1951年的暑期，我们去山东参加第二次农村调查，南大农学院的二年级学生去了苏北南通棉区调查，我们三年级的学生担任山东省的经济作物调查任务，我们已学习过棉花、麻类、烟草等经济作物，园艺系的学生去烟台地区调查果树，调查活动与我们的专业活动对口，所以我们格外兴奋。

冯泽芳教授对我们讲，山东省是个棉区，好好学习农民的生产经验，山东省的大麻、洋麻、烟草也很多，把经验学回来，并把掌握的理论知识告诉农民。

到了山东省集中在农林厅培训，我被派到文登地区调查洋麻，郑敏庆到泰安调查大麻，郑振达、孟兰玉、宁顺庆、陈品三等去了棉区，我们随即去信到南京告诉冯先生、吴兆苏先生等。此次我们去山东许如琛（女）教授随同我们前往。

9月中旬，调查任务结束，集中在省里进行总结及资料汇编，一天饭后，传来了冯泽芳老师来看我们的信息，同学们听到后都高兴得炸开了锅。冯老师在山东省棉花专家秦杰先生的陪同下来到走廊中间，大家围住冯先生，他向我们介绍秦杰先生与我们认识，不知哪个学生高声讲道，冯先生早已对我们介绍了他的几位"高足"。西北的俞启葆、山东的秦杰、华东农科院的华兴鼐和奚元龄我们早已认识，都是冯先生的得意门生，大家都笑了起来。接着我们一群青年学生向冯老师汇报调查的收获及体会，老师听了非常欣慰，不时的发出笑声。冯老师叫我坐在他的身旁，亲切地对我讲："你是调查黄麻作物的组长，表现得很好，刚才农林厅的领导说南大农学院的几个学生成绩表现突出，被评为模范调查工作者，潘文林是一等调查模范，在楼下墙报上看到的名字排在第一个……"。我听了冯老师的一席话，感到很兴奋，冯老师接着讲"系务委员会决定将你、陈其煐、张令湜三人做农艺系的预备教师，因此你回去以后有两种身份了，学生与预备教师，你做我的小助教……"。用现在的语言来表达当时的感情，一个青年学生，沐浴在长者的怀抱之中，感到无比的温暖与光荣。我用很激烈的心情回敬老师，"我一定不辜负老师的培养与关怀，回去后一定努力学习，争取做一个农业院校的优秀青年教师"，许多同学们都朝我喊："小助教，潘助教，我们系里又出了一个潘先生，潘家驹是冯先生的老助教……"，一时弄得我不好意思。从那时开始，我与冯教授的师生情更密切了。一群青年学生送冯老师一行到楼下，同学们都感叹"多好的冯先生，时刻把我们放在他的心中"。那天冯先生穿着一身浅灰色的列宁装，学生们讲冯先生也赶上时代的潮流了。冯先生又告诉我们一个好消息，今年暑期北京农业大学农艺系保送一名研究生来学棉花，名叫钟一琴，同学们讲回去后便能见到那位名校来的学姐了。

我们是百花园中一群小蜜蜂

新中国成立初期，全国处处欣欣向荣，南大农学院的师生们都热烈的盼望着来一场教育革命。1950年暑期师生参加山东农村调查开了个序幕，用现代的语言来讲就是"走出去，请进来"的开门办学。1951年初金善宝、冯泽芳先生为开创新的教育革命模式，他们出了很大的精力。当年的华东农业科学研究所集结全国许多名流专家，有的还是世界级的，冯先生请了水稻专家周拾禄、小麦专家梅籍芳和卢良恕（后来任中国农业科学院院长）、棉花专家华兴鼐等10多个知名科学家来校上课，我回忆还有薯类专家姜诚贯、油菜玉米专家王邻滨、茶叶专家李联标、中青年研究员朱绍林、金贤镐（朝鲜族）、汤玉庚、郭绍铮、陈仲芳等也来授课。我们每隔2周去农科所参观实习，专家们轮流来校上课，我们班上10多个学生欣喜若狂。那年头没有什么交通工具，我们在丁家桥坐马车到孝陵卫下车，再走一段路便到农科所，我们在所里农场、实验室做实验参观有不到一年的时间。回忆往事时，我说我们像一群小蜜蜂在百花丛中吸取营养。我们认识了许多知名专家，学习到水稻、棉花、薯类、茶叶、烟草、油菜、大豆等作物的形态特征及栽培科学知识，学习到许多研究的方法。我还记得冯教授又请来作物生理专家崔继林、奚元龄教授讲各科作物生理，进行深层的探索，用现代的观点及语言来描述往事，我们在充分享受了几盘大餐，为我们走向社会，不论是做教师还是科学研究或从事技术推广都打下了良好的基础，多年来更觉得这段学生经历充满着温馨、希望、美丽。前几年我写了一篇往事回忆"我与小麦的故事"，与"我与农作物的情结"，学校几个青年教师看了说："你们读作物栽培的过程是一道亮丽的风景线"。我深刻地回忆着：这道亮丽的风景线是金善宝、冯泽芳等诸多老师交织成的百花园式的教学方式，被后来人誉为南京大学农业院校教育改革的开路先锋。

冯教授带领我们去江浦棉场学习

南京大学农学院的农艺系有三个实验农场：昆山稻作场、江浦棉场是专业农场。学校还有实验场——劝业农场,是从事各种作物研究的综合性农场。

1951年秋收季节,冯泽芳先生带我们全班同学(包括那年来的女研究生钟一琴)去江浦棉场,我们坐火车到江北永宁镇小站下车,江浦棉场的两位场长张驹、张学琴(都是冯先生的学生)派了2辆大马车来迎接我们,当年我们认为冯老师已上了年纪,大家都照应他,而冯先生却风尘仆仆,不辞劳累来到农场职工中间。当场长听说冯老师要来农场,大家奔走相告,打扫房间,宰猪杀鸡忙个不停。

我们是新中国成立以来第一批来棉场实习的青年学生,引起了当地农民的强烈反响,3天时间内我们考察了棉花实验及良种繁育基地,又参观了附近农民的棉地,冯老师说这些品种是美棉的岱、德字棉系统的,还介绍了一种"鸡脚德字棉",因叶片的形状是鸡爪状,缺裂很深,能抗虫害。

在江浦棉场实习时,冯老师给我们讲了他们在四川重庆那段艰苦生活,还讲了许多鲜为人知的社会新闻,使我们增长了许多知识。

实习结束的前一天,棉场套了马车送我们去汤泉镇看"温泉",我们第一次看到温泉,虽然当年并没有什么建设,但亲眼见到热水冒出来,确是一个奇迹,所谓"温泉"终于目睹了。

实习结束时,同学们谈收获时特别是大城市来的青年学生们很兴奋的说:我们看到了农村池塘中青青水草、白鹅,翻红掌拨清波,麻鸭在水面上漂游追逐嬉戏的场面,归途中见到"夕阳西下"的"鸟投林",丘陵山下黄、白野菊花的美丽景色,同学们这些描述,我一直记在心中。

我进入农艺系的棉作室

棉作室就是冯教授的办公室,新中国成立初期,农学院的设备很简陋,棉作、稻作、麦作及玉米室没有什么仪器,主要是标本及各种作物的种子、杂志、资料等。冯老师的办公室在平房左侧,有一个大的办公桌,冯老师及助教潘家驹对面坐,另一个大的书橱,后面一小间是冯老师的休息室,一张小铁床和藤条书架,现在的青年人不会想到那年头农学院如此简陋。

　　大概是 10 月初，潘家驹先生要去北京学习遗传学，冯老师就将潘先生的任务交给了我*，来年春天的棉花区域实验方案，黄麻、洋麻的繁殖实验由我来负责，这样我就正式做了农艺系的小助教了。冯先生还是叫我除了上课和参加政治活动外，便要来管理办公室。

　　秋季开学，新入学的一年级新生要开设"农业概论"一课，冯老师要我担任，由刘松泉（助教）指导我，每周两节课，但我心中很害怕，怕教不好。第一节刘先生让我把山东调查体会给新生讲讲，可以巩固大家的专业思想。这个班 20 多个学生大都来自城市，不想学农。第二课讲农作物的分类常识，讲得比较清楚有条理，下课时看了学生的表情还可以，这一上课就决定我终生两袖清风拂讲台了。春季我带领学生在农场播棉花的实验田，还有麻类作物的田。几个月教课，我领略做教师的神圣职责，为我今后从事教学工作开了一个头，时间已隔几十年了，当我第一次上讲台的情景仍在记忆之中。是冯泽芳教授把我引进教育殿堂的，恩师难忘啊！

一段往事的回忆

　　记得是 1950 年暑期山东农村调查回来，冯老师对我们几个学生讲，欢迎我们到他家做客。一天上午，我们师生在四牌楼大礼堂听政治报告，散会后冯老师领着我们去成贤街文昌桥的教授宿舍，冯老师的宿舍很朴素整洁，他很亲切地介绍我们认识他的夫人，他对女同学孟兰玉讲："你们是一家，只差一个字。"我们认识冯师母是一件很高兴的事，印象中冯师母是一个很热情贤惠能干的人，中午冯师母包了馄饨招待我们，以后我们又去了几次。

　　1952 年毕业前的几天，我们班 11 个同学（孟兰玉同学患病休学，研究生钟一琴参加）去向冯师母告别，大家即将去外地工作，冯师母热

---

* 我们 3 个预备教师从 10 月份开始，每月领到 29 元的工资，正式青年助教是 35 元。

情地接待了我们，说以后来南京出差开会，不要忘记来我家作客，当晚我们一行在北极阁餐厅小宴请冯老师，席间师生们讲了许多热情亲切的语言，惜别的心情涌上心头。不隔几天就要分赴各地，不知何年何月才能再围绕在冯老师身边。

告别母校、老师，我们将到祖国各地

1952年9月10日，南京大学的礼堂充满欢声笑语，也充满离别之情，1000多名学生毕业分配的名单即将公布。

我们农艺系16个学生（作物、病理、昆虫3个专业），除我留在南京从事教育工作外，其他的15个将去山东、华北、黑龙江等地军垦农场、大型国营农场从事粮食生产。当晚在四牌楼本部的大操场，全校举行隆重欢送仪式，欢送1000名毕业生去祖国各地。大会进入高潮时，农学院的领导及我们熟悉的老师们来到我们中间，青年大学生们高兴又激动的流下了眼泪，在"团结就是力量"的歌声中齐喊："到祖国最需要的地方去""请老师们放心，我们一定发扬南京大学生的革命优良传统……""感谢领导及老师的培养""十年以后再相见！"

告别母校，告别老师的激动人心的场面过去了60年了，我们还记得深刻。

全国作物栽培工作者的一次盛会

1955年深秋，中央高教部在北京举办《全国作物栽培》讲习班，请苏联专家讲课。全国当时30多所农业院校及部分中等农校的教师参加，同时在华北农业科学研究所设立一个分班，共计有800多人参加，我有幸被当时的华东行政委员会农业部指派来参加。办公室设在北京林学院内，我报到后知道讲习班的领导是著名专家教授组成，我记得山东农学院的华山院长、南京农学院的冯泽芳教授、浙江农学院院长丁振麟、北京农业大学的李竞雄教授等。冯老师知道我和安徽的蔡以纯老师来参加，他欢迎我们2人，并介绍了有关学习的目的与要求，我们师生重逢是非常高兴的。冯老师还谈到除了苏联专家授课外，还请全国各地的生产模范及生产能手来介绍高产的经验。特别提到山西的曲耀离劳模，1951年创造亩产912斤的全国记录，江苏水稻劳模邓怀银来传授水稻的高产经验，到时大家一定会喜欢听他们的经验介绍的。

我们在讲习班共4个月的时间，苏联等专家讲授小麦、水稻、棉花、玉米、大豆、甜菜等的栽培理论和当时苏联的高产栽培技术，全国农学院的教授和劳动模范们中间插讲了小麦、玉米、棉花、水稻、山芋、甜菜、甘蔗、高粱、谷子、大豆、花生的作物理论和实践技术，各地带来的资料印发了一大册，使我们收益匪浅，对我们青年教师来讲，好像是一个批发商来采购商品回去推销。

浙江、江苏、安徽的学员编在华东小组，冯老师负责我们这个学习组，所以我和蔡以纯先生和冯教授接触的机会很多，聆听他们教诲也很多，临别时我们一再向冯老师感谢。

我特别要提到一件往事，学习期间，在黑龙江边疆从事小麦玉米栽培工作的董振达（与我同班），他知道我和冯老师在讲习班，他出差特意来北京看望我们，冯老师得知他的弟子来了，很高兴，要我好好接待老同学。冯老师还引用孔子一句话来描述我们的相遇："有朋自远方来，不亦乐乎"。小董接着说："他乡遇故知，也是人生一大快乐"。

半个世纪以来，我常常想起北京作物栽培讲习班中与冯老师相处四个月时间——师生情深。

一本书蕴藏着浓浓的师生情

1957年我调到徐州农业专科学校任教，从信中告诉了冯老师，后来他赠书来信，勉励我在徐州棉区（属于黄淮棉区）教育学生为棉花生产作贡献，纺织工业需要大量的棉花，有什么需要可以联系。

我听说冯老师还在主编《中国棉花栽培学》，去信求助老师送1册，隔一段时间冯老师托人带到徐州一大包书，棉花栽培学的分章的单印本（10多分册）。一天我去地区农业局开会，他们知道我是冯教授的弟子，很羡慕我。对这些书我如获至宝，几天就将书看完，并把一些新资料编入教案之中。

精装本的全书（红面）出版了，我随即去购买1册，这本书凝集了冯老师多年的精力和心血，书的出版对广大棉花工作者是很大的鼓舞，从中可以得到棉花栽培的理论和实践知识，对推广全国的棉花生产会有很大的推动作用。

我在翻读这本《中国棉花栽培学》，常常回忆与冯老师在丁家桥校园结成的情意。在回忆中，告之他给我赠书和接信件时心中喜悦的心情，并告之他我们班上的同学们在西北、东北、山东等地工作情况，让他老人家放心，大家工作得很好，早已成家立业。

一段感言

半个月以来，我一直怀着沉痛和崇敬的心情来怀念与追思冯泽芳教授。冯老师及诸多我们的恩师像丁家桥校园一棵棵大树一样倒下去了，4年之中我们就在他们教育培育关怀下成长起来，我们在他们的目送中走向远方，我们的起跑线就在丁家桥校门。恩师逐渐离去，我们的心情是非常沉痛的。

我们这代人"怀旧"的情绪尤为热烈，提到往事，我常常想到老师及同窗的好友们好像仍在我们身边。我们这一代人活过来确实不容易，我们与同龄的中国人一样，我们的经历是一本书，一段历史，一桩奇迹，我们虽进入高龄，无法追悔以往的一切，但有一点感受最深，经历坎坷道路的我们对社会、对老师、对同学、对朋友的信念要比现代的青年强烈得多。我经常想念我的老师及各地的老同学，他们都有颗高尚的心，当大家承受灾祸时，对生活的信念是多么的坚定，受到社会及学生、亲人的敬佩。

我回忆我是受金善宝、冯泽芳、黄其林、吴兆苏教授等诸多老师教育的学生，都已是80岁以上高龄的老人了，我们这批曾是丁家桥校园中当年风华正茂的青年人，我们曾为人之孙，为人之子到为人之夫（妻），为人父（母），到为人之祖，而今早逾八旬，时光易逝，我们又匆匆老去。承载着的师生情，一些记忆中的师生情更加鲜明，有的使人感动，也给我们一种温馨与安慰。

可以告慰已逝的老师们，我们曾是师承于你们门下的学生，像丁家桥"校"园中的蒲公英、向日葵的种子一样，飞扬到江苏、东北、西北、山东各地落地、生根、开花结籽，为祖国的农业科学、教育事业贡献出毕生精力。

2011 年 3 月

本文作者 1952 年毕业于南京农学院农学系，原徐州农校校长。

忆冯泽芳先生

蒋国柱

1953 年 8 月我从北京农业大学毕业，先分配到华北农业科学研究所作物系棉作室工作，1957 年 8 月成立中国农业科学院棉花研究所后，我就转到了棉花所工作，搞棉花栽培研究。冯泽芳先生主要从事棉花育种和良种繁育，因此，我和冯先生直接接触不多，但对他的高尚思想、治学精神和良好的工作作风还是有些印象的。

带头深入棉产区

中国农业科学院棉花研究所是新中国成立后成立的第一个也是唯一的全国性棉花科研机构，承担着国家棉花科研项目，并担负着组织、推动、协调全国棉花科研工作的任务，需要在棉花界享有威望的人来担任棉花所的领导，组织上任命冯泽芳和胡竟良两位棉花界的老前辈担任棉花所正、副所长，这是组织上对他们的最大信任，也只有他们能担当起这一重任。当时党和政府发出了"农业科研要深入生产、深入群众""专业所要深入产区"的号召，农业部和中国农业科学院决定将棉花所从北京迁到棉区中心的河南安阳，具体地点是位于安阳县白壁乡的安阳棉场。冯先生和胡先生毅然决然带头深入产区，而且是带着夫人一起迁到安阳，可见决心之大。1958年3月他们率领原华北所棉作室的全体人员迁到了安阳棉场。当时完全是白手起家，艰苦创业，刚到时既无办公地方，又无宿舍，两位老前辈也和大家一样临时住在南场的一个破旧小院内。直到秋天才在新所址上盖起了简易的几栋平房用作办公室、宿舍和食堂。宿舍分甲、乙、丙三级，所长虽说是住甲级宿舍，每套面积也只60平方米，没有暖气，冬天只有生煤炉取暖。周围是典型的农村环境，连一个商店也没有，买东西要到距离3.5公里以外的白壁集或者到距离18公里以外的市区去，十分不便。通往市区的交通只有一条到白壁集的土路，晴天还好，一遇下雨或下雪，泥泞不堪，人出不去，进不来，报纸和信经常都不能及时送到。身为国家一级教授、中国科学院生物学部委员、曾任南京农学院教授的冯泽芳先生和身为农业部高级顾问的胡竞良先生，都已是年近六旬的老人，能够舍弃南京、北京这样大城市优越的工作和生活条件，来到这样偏僻的农村环境里重新创业，实在不易。如果没有爱国爱民的思想，没有以国家和人民利益为重的思想，没有以棉花科研事业为己任的思想，是做不到的。两位老前辈的行动起到了很好的表率作用，影响是很大的。原华北所棉作室的全体人员（他们是建所的基础力量）在他们的带领下，也毫不犹豫地服从组织的安排，从北京迁来安阳，在以后的工作中，从来没有一个人发出过怨言。每年新分配来的大学生也都积极地安心工作。棉花所迁到产区，除生活不便外，对科研工作是有利的，有利于科研密切结合生产，这里气候、土壤代表性大，研究成果适应性广，有利于推广应用。建所50年来，棉花所在科研上做出了很大成绩，获得省部级以上成果奖励76项，其中国家级奖20项。这些成绩的取得是党的正确领导和全所职工共同努力的结果，但其中也与当年两位老前辈带头率领大家深入产区是分不开的。

治学严谨

棉花所迁到安阳的1958年是"大跃进"的一年，在农业生产上各地都在大搞"卫星"田，大放"卫星"。大约从夏收开始，就出现了浮夸风，小麦亩产几千斤的卫星，一个比一个放得高。棉花所党委也紧跟形势，批判右倾保守思想，发扬敢想、敢说、敢做的共产主义精神，在所里搞起了棉花高额丰产卫星田。为了使卫星田的工作更好的得到保证，组织了以共青团员为核心的青年突击队，成员包括干部和工人，所里大部分青年科学工作者都参加了突击队的工作，任命我当突击队队长。中耕、施肥、治虫等田间操作都由突击队员亲手来完成。9月初，我所组织参观团赴山东临清参观学习后，把突击队进一步军事化起来，党委书记任政委。突击队的行动也战斗化了，只要领导一布置任务，突击队就马上行动。突击队在卫星田旁搭起了帐篷，晚上队员们就睡在帐篷里。在领导布置下我们做了一些违背科学的事情。例如，雨季期间，棉田荫蔽，大胆设想，创造了用镜子反射加光的办法，订购了280面镜子进行加光；后期气温降低，研究了用土墙进行防风，又学习群众廻烟炕加温的经验，砌成多层通烟的廻烟墙，突击队员们亲自打土坯垒墙，垒到3米高，晚上便在墙头的火炕中烧火加温。当时所里许多科研人员对这些做法大多持怀疑态度，只是迫于形势，都不敢公开表示出来。冯泽芳所长对科学是认真的，他对我们在卫星田上用土坯廻烟墙进行防风加温的做法也是怀疑的，究竟效果如何？他要亲自进行观察。记得在10月的某一天清晨，当时气温已较低，我们正在给廻烟墙烧火增温时，冯所长拿着一支温度计来到卫星田土墙旁，他叫我同他一起测一下温度。在比棉株稍高一些的高度上，按与土墙不同距离的位置测了几个点，测得的具体温度我已记不清了，大体记得的印象是在露天情况下，土墙经烧火后本身是温热的，在距土墙1~2米的范围内，温度约高2~3度，距墙3米内还有些防风效果，3米以外便看不到效果了。通过测温，冯所长对防风墙的效果已经心中有数，但他并没说什么。科学是来不得半点虚假的，事实证明，在大田里用土墙防风保温是没有太大作用的，我们干了不少无效劳动。冯所长严谨的治学精神使我深受感动。尽管所里有许多人也持怀疑态度，但没有一个人来实地观测过，我们自己天天在卫星田劳动也没有观测过。由此，更增添了我对冯所长老一辈科学家的崇敬，他的治学精神值得我们永远学习。

工作认真细致

2009年2月、3月间我协助所里整理建所初期棉花所召开的一些全国性会议的情况,翻阅了1958年、1959年的一些档案材料,从中看到了有关冯泽芳所长在这两年中做的部分工作和他亲笔写的一些文稿。棉花所建所初期十分重视学习苏联植棉经验,邀请了多位苏联专家来我国考察、讲学,介绍苏联经验。尽管当时经济和物质条件有限,所里还是专门建了苏联专家宿舍,专门请了能做西餐的厨师。1958年邀请了苏联棉花栽培专家费·安·索科洛夫同志和植保专家霍·萨·米哈伊良茨同志;1959年邀请了苏联棉花选种和良种繁育专家伊·基·马克西勉科博士。有关邀请专家的计划、上报和与地方联系的来往公函、日程安排、最后写出对专家的评价等,均经3位所长集体研究后,由冯泽芳所长亲自动笔起草,他在这方面做了大量工作。例如,1958年接待苏联栽培专家时他详细写了日程安排,那天到那个地方,连要考察的人民公社也都列了出来(编者注:见珍存手稿362页下左)。索科洛夫专家来我国考察,工作完毕后,冯所长亲笔写了"关于索科洛夫专家工作的评价"(编者注:见珍存手稿362页下右),专家考察时是否由冯所长陪同档案中没有记载,我也记不起来了,在这份"评价"中把专家所提的一些意见和建议都具体写了出来,最后对专家给予了很高的评价,他写道:"索科洛夫专家有28年棉花工作经验,马列主义水平高,沉着谦虚,心平气和,分析问题很细心,讲话很有科学数据,和他共同工作的我国科学工作者都很佩服他。他近年在苏联农业机械化电气化研究所工作,对棉田机械化及棉花方形丛播方法都很有研究,所到省县及全国棉花会议代表都希望他再来一次,专对中国棉田机械化栽培再做具体的帮助"。1959年接待苏联棉花选种和良种繁育专家时冯所长也写了详细的工作日程(编者注:见珍存手稿363页下右),与地方有关单位联系的公函也由他亲自拟稿,如发给江苏农业厅的文(编者注:见珍存手稿363页下左),这次专家考察由他亲自陪同,到了徐州、南京、郑州等地,历时半月。从这两年冯所长接待苏联专家的工作和所写的文稿中可以看出,冯所长工作十分认真细致，考虑周到，一丝不苟，亲自动手。他是中国的一流棉花专家，但却很谦虚，对苏联专家很尊重，善于听取他们的意见和建议，给予他们很高的评价。冯所长的这些良好的工作作风也是值得我们晚辈永远学习的。

本文作者1953年毕业于北京农业大学农学系，中国农业科学院棉花研究所研究员、硕士研究生导师。

缅怀恩师——冯泽芳

刘伟仲

我1954年在南京农学院农学专业学习毕业，曾留校工作四年。主要是在冯老师指导下当助教，搞以棉花为主的试验研究。他带研究生较多，还兼一些行政工作，很忙。他1958年调安阳中国农业科学院棉花研究所主持领导工作，我调盐城工作，从此就分开了。回忆与冯老师一起工作相处，虽不过4年时间，但深感冯老师各方面的言传身教，给我们的教育和影响很深。他不愧为中国科学院学部委员与优秀的研究生导师。他一生为我国棉花事业呕心沥血，操劳奔波，组建了我国棉花科学研究中心——中国农业科学院棉花研究所，取得了一些开创性研究成果，达世界先进水平，促进了我国棉花生产发展。他爱祖国、爱棉花，为人高尚，从严治学，秉性刚直，坚持真理，积极发表己见，不幸的是遭受"极左"路线伤害，令人愤慨！为继承发扬老一辈科学家的科学献身精神与优良传统，根据个人不完全的接触与记忆，写一点回忆体会，以表纪念！

冯老师非常注重实践，坚持实践出真知。他在校期间，常有一个习惯，早晨冒着雨露（有时还穿了胶靴），到试验田观察作物生长情况与问题，有时还把它们记到随身带的小本子上，有些在课堂讲课时加以举例引用，说明原理，学生感到教学生动活泼，效果很好。他还常教我们要充分利用好外出旅行坐火车的时间，带着地图，边欣赏沿途的河山美景，边考察不同农区农业生产的特点与问题，以补充校内学习的不足，扩大自己的知识面。他还常督促我们要勤奋阅读书刊，作好卡片，以积累知识，综合分析，创新提高。

冯老师非常关怀青年，期望早日为国成才，他在教学研究中，与青年热情平易相处，鼓励发表己见，在教学互动中增长才干。他在试验总结发表论文时，常不要写他的名，却要尽可能写一些青年学生名。如棉花整枝技术问题研究，一直都在他的指导下进行，但在1958年校报发表论文时却不要写他名，却要把我写在第一名，并把一个科研辅助工也写上。他对青年的关怀是多方面的，如一次我带学生在农场实习，学生不慎把我的手表掉到深井找不到，但教学工作又离不开表，而当时我工资低，买有困难。他听说后，主动要借钱给我再买，对此我非常感动，在老师身教与学校教育影响下，我遇到个别贫困学生，也进行过一点微小经济帮助。

2008年11月

本文作者1954年毕业于南京农学院农学系，江苏盐城市沿海地区农业科学研究所主任，副研究员。

永远怀念冯泽芳恩师

徐盛荣

冯泽芳恩师是我在大学期间的启蒙老师，1952年我刚从浙江大学转入新成立的南京农学院学习时，就是冯恩师亲自为我们讲授棉花栽培学课程。一见面，就觉得他老人家风度高雅，慈祥可亲，就在我的脑海中留下了极深刻的印象，心底里那种恐惧和拘束的感觉。顿时烟消云散了。此后，便进入了兴趣浓厚的学习历程。

虽然，我当时还是一个幼稚而无知的学生，但已经从传闻中知道冯老是中国高产优质棉系统的创始人、开拓者和实施者，在学术上已经具有高超的水平和辉煌的成就，在实践中造福了亿万人民。因为这个动力的推动和支持，所以学习特别的认真。加之，恩师在课堂的讲学，极其深入浅出，表达清晰，用词生动，使人十分易懂，这就更提高了自己的学习兴趣。恩师和韩琪老师，还带我们到田间实习，讲解棉花高产优质的实地操作技术，如何抑制棉花疯长，如何保留有效的果枝、棉铃，将揭示高产的秘密说得一清二楚。我原是土化系的学生，但因恩师的学术造诣、高尚品德和讲课的生动易懂，使自己将棉花栽培学的课程，变成了一门最喜爱的课程，宛如专业课一样。最后，也受了恩师的鼓励，在学期结束时，棉花栽培学也获得了优良的成绩。

在学习期间，当时恩师家是在丁家桥学校入口处的前左侧的劝业村，由于新中国刚成立，居住条件还比较艰苦，但家内的布置是高雅而整洁的，一片专家学者的风貌和气度，一目了然。在做客的时间内，恩师把我们都当做是他自己的子女一样，慈祥而随意，使我们完全消除了紧张，经历了一次宛如亲生子女的晚辈的生涯，使我永志不忘！

此后不久，知悉恩师因工作的需要，去了北京，担负起了更重要的使命。从此，便未再见到过恩师，但恩师在学术上的成就和造福人民的喜讯，还是时常可知可闻的，也给了自己莫大的鼓励和鞭策！值此恩师诞辰 110 周年之际，特此书写拙文，以志永恒怀念。

2009 年 10 月 26 日

本文作者 1954 年毕业于南京农学院土化系，南京农业大学资源与环境科学学院教授，博士生导师。

怀念冯泽芳老师

赵范茹

1951年，我年逾三十，已是两个孩子的母亲，我撇开了这些不利学习的因素，考取了原南京金陵大学农学院，后又转入南京农学院继续学习，圆了我一直想学农的梦。

冯泽芳老师学识渊博，是全国著名的棉花专家，他为人善良诚挚，性格开朗乐观，且富诙谐幽默感，他为我们讲授棉花课程时，深入浅出，广泛联系国内外生产实际，课堂气氛生动，授予知识丰富良多，一二小时苦短，同学们都想多听他的课。

记得当年不论在课堂或田间，冯老师常常走近问我："有困难吗？不懂就问呵！"我知道那是他老在担心我离开中学11年后重又拿起书本时，可能因知识断层而影响学习，因而时刻多给予我一份关怀和帮助，望着冯老师那透过厚厚镜片投射过来的慈祥目光，我感到无限温暖和莫大鼓舞，感激和思念之情，至今铭记难忘！

冯老师在关心我学习的同时，对我的生活处境和孩子也倾注了感人的理解和同情爱护。当年我的家和冯老师的家相距很近，逢年过节，我常带着尚小的大儿子去向冯老师和夫人拜年贺节，受到他一家人的热情款待，冯老师常风趣地向他的家人和来客介绍说："这是我真正的大学生，还是两个孩子的母亲，尚有志读书，难得、难得！"，临别时，冯老总是将各种糖果、点心塞满我儿子的口袋，并抚着他的头笑说："这是我们的第三代，快快长大呀！"冯老师的慈祥爱护，温暖了我母子的心。

还记得有一次我从小组学习后出来，因受到有些不明我家庭情况和我夫妻奉召归来的经过的同学的偏激欠礼的批评责难，内心很难过。当我低着头慢慢走在回家的路上时，忽听冯老师在后面喊我："范茹同学，我们同道回家吧。"并安慰我说："不要难过，实际情况同学们虽一时难以了解，但领导是清楚的，要相信党，一切都会如实对待和处理的，不要担心，安心读书吧！……"我一边听冯老讲，一边禁不住流下了眼泪，那是感动和感激冯老师的泪，也是我自叹伤心的泪。

谁能料到，在我们毕业离校不久后，冯老师被调离南农去到了河南安阳的中国农业科学院棉花研究所，在"左"的影响下，备受各方重重压力，无奈，最后竟以宝贵的生命相抗，到文革后，我才迟迟听到这个不幸的恶耗。回忆自己10年所受的灾难，推想冯老师当年决心谢世以明志的内心痛苦，我伤痛万分，潸潸泪下并呼天诉屈。不是冯老师不相信党，实在是有些徒有其名的人不能令人相信，他们不以损伤国家英才为可耻，不以断送党的前途为可悲，一意胡为，在"左"的掩护下，不切实际或假借整人来抬高自己。冯老师，您安息吧！

本文作者1955年毕业于南京农学院农学系，江苏省盐城农科所研究员、离休。

忘不掉的记忆

王道均

今年（2009年）是恩师冯泽芳先生诞辰110周年，也是他不幸遭受极左路线迫害而英年早逝50周年的日子。我有幸曾是他的学生受教获益匪浅，特别是在刚参加工作后的头两年曾得到他的许多指点，让我终生难忘，籍此机会，草草写了"忘不掉的记忆"一文以悼恩师。是恩师为我毕生的棉花科研工作打下了坚实的基础，并初步指引我在棉花科研工作的必然王国里迈出自由活动的步伐。在任何时候回忆起与冯泽芳老师的交往都是甜蜜的、愉快的，但又是痛苦无比的。

1951年夏我考入金陵大学农学院园艺系，一年后暑假参加农业调查回来时才知因院系调整而合并到新成立的南京农学院，专业也不再是园艺而是"农学"了（当时是说要把我们培养成未来集体农庄的"总农艺师"，但也有人戏称是"万金油"式的技术人员，需要学的课程有50门之多），新的校址在南京丁家桥，据说是日伪时期日本人的养马场，抗战胜利后是中央大学农学院所在地，解放后则是南京大学农学院所在地，由于是院系调整后到了南农的农学系，这才知道了、认识了冯泽芳老师。

1、我对冯泽芳老师的认识及其转变

刚到南农，闻名而未见面之前，我以为有"芳"字的老师可能是一位女性，但后来给我们上课的是一个淳朴的男老师。

农学系马育华主任当年曾说过："农学系要培养的是将来的总农艺师，农学系将派最好的老师给农学系的学生授课，我们也希望你们刻苦、扎实地学习"。后来讲作物栽培学时是冯泽芳老师给我们讲的棉花栽培。这里要顺便说一下我非常感谢马育华系主任刻意在我们四年级时安排了一门"专业补充课"，把几种作物的育种技术和生物统计专门给我们补上。

1952年底（或1953年初）一个星期日上午，我在南京中山东路的新华书店古籍门市部一堆乱书中翻到两本20世纪30年代出刊的农业杂志，其中有一篇文章是冯老师关于中棉品种选育的文章，使我对他有了初步的认识，后来又在图书馆内看到一些有关他推广斯字棉的文章，认为他一定是一个全面的育种、栽培都行的教授。

我们的作物栽培学是一个老师讲一个内容，不同的老师有不同的讲课风格，当时也没有教科书或讲义，要求学生在听课时一定要记笔记。冯老师的讲课内容简明扼要，深入浅出，让我们学生很容易接受，感到听课就像在听故事，自己的思想能跟上他讲的内容，天南地北地转悠，德字棉在长江流域推广，斯字棉在黄河流域推广，顺便就讲了我国棉区的划分。学习很轻松，笔记也很好记，后来我就想为什么不同的老师讲的东西我都同样专心听讲的，但结果却是接受的难易程度、接受的多少、深浅是不同的，最后得到的结论是冯老师讲的都是他自己的实践过程，经验的总结提炼出来的，教学方法上又是采用启发诱导方式，所以才很容易让我们留下很深的印象。而有的老师则是讲条条框框，学生除了死背硬记，并不容易把讲的内容融入到记忆中去。

2、我与冯泽芳老师的交往与冯老师对我的指导培养

（1）我与冯老师的交往始于他给我上课之前的 1952 年秋，当时系里提倡学生在课余时间最好能力所能及地参与一些科研活动，为将来写毕业论文和工作实践打点基础，许多老师都提出希望同学参与的观察项目，例如沈丽娟老师提出在小麦上喷微量元素的试验，冯老师提出了蚕豆的播种期试验等。我参加了冯老师的这个试验组，试验地就在学校的农场里。为什么要进行这个试验呢？因为苏南一带有把嫩蚕豆当蔬菜食用的习惯，农民多在水稻田埂上点种蚕豆，待青豆成熟时收掉嫩豆荚而把青秸杆当作绿肥翻入水稻田中起有机肥的作用。20 世纪 50 年代初全国的一切形势都是向苏联学习，苏联是用轮作制，种植绿肥来保持土壤肥力的，而我们苏南地区无锡的农民在土改时只有人均半亩地都不到，不可能有土地拿出来专种绿肥的，冯老师的思路正是考虑到当时苏南的棉田多为冬闲，能否利用冬闲期种一茬蚕豆并以豆秸做绿肥提高肥力使棉花稳产高产。而冬闲的旱地并不一定在何时能腾出地来播种，故而做这个播种期试验，这就解开了我思想上认为棉花和蚕豆是两个毫不相干的作物的悬念。

这个试验应该做 3 年，具体的设计是冯老师提出，我负责画田间设计图，生育期记载、田间操作则由农场工人来完成。1952 年秋冬是第一年试验，从秋分开始，每个节令播种一期，至小雪结束，共 5 个处理，小区面积 1 分（注：1 分 ≈ 66.7 平方米，全书同），不重复，试验地就在一个池塘边。冯老师常去田间看，而我在观察记录或发现什么问题向他汇报后，他是一定会去现场的，使我深感他的重视实践的作风。当年试验的大概结果是秋分播种的有分蘖，越冬后发现有轻微冻害但产量并不低；寒露、霜降期间播种的出苗齐全、产量较稳而高，冬至播种的则因温度降低而有些能出苗，有些顶土而不出苗（并发生不明原因的破坏而不能全苗）产量不高，小雪播种则在土中越冬，第二年才出苗，出苗虽齐，但生长期短，产量不高。1953 年秋冬的试验，处理相同，小区面积半分，4 次重复。大体结果是秋分播种的出苗很好而分蘖旺，但当年冬季降雪多最低温度很低，故而冻害严重，几乎绝收，来春再发的分蘖则

青豆产量极低，秸秆也不多；寒露、霜降两期播种的虽有冻害但较轻，产量稳定，冬至播种的则仍然因温度降低而在顶土出苗时受到不明原因的破坏而严重缺苗，为了查明原因，经过几个早晨和傍晚的观察，看到原来是乌鸦在初冬食源减少时适遇蚕豆芽顶土出苗缓慢，乌鸦把顶土欲出的豆芽当成美餐，解释了造成缺苗的原因。两年的试验已经基本肯定最适播种期是在10月上中旬。1954年因为到外地参加实习未能再做第三次，也没有能把这个蚕豆播种期试验当作毕业论文来写。

（2）关于双胚棉籽的发现。1955年我毕业分配到山西，几经周折才最后到山西省农业科学院汾阳农业实验站工作，而在从事的专业上，站里的领导似乎没有打算，一会叫干这，过几天又让干那，而农科院的武藻院长则认定让我搞棉花，为这我就得罪了站领导。1956年3月到武汉参加全国棉花品种区域试验的培训，这才算是稳定了我从事的专业。4月就在做棉花发芽试验时发现一粒棉籽里竟然出现了双胚，当时汾阳没有温室条件，我由于知识的贫乏也没有想到要保存活体，只是忙着压标本拍照（图1），后来才写信并把照片寄给冯老师看，他立即回信说，这种现象的出现机率极低，以后如若再有发现，一定要留活体，大苗子可能就是正常的棉株，而小苗子则可能是一株"单体"，对育种是极有利用价值的。同年秋我在做小麦发芽试验中也发现多株双芽（胚）小麦（图2），冯老师则说这种双胚现象并不稀奇，可能只是小麦的芽蘖现象，分株存活的两株并没有遗传上的区别。

图1　双胚棉籽

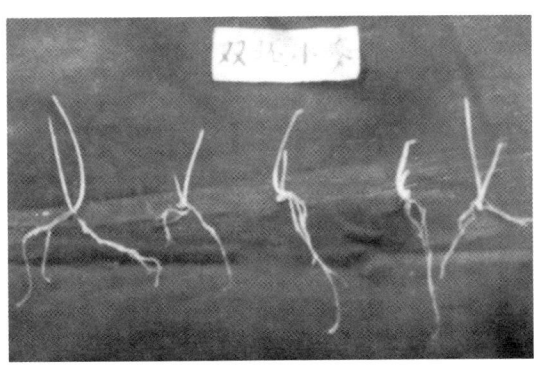

图2　双胚芽小麦

（3）关于棉花的"铃中小铃"。1956年汾阳的气候为蕾期温度较高日照充足，铃期虽雨多但日照不少（昼晴夜雨）。当年棉田的基肥较多而追肥及时。夏秋之交在田间发现有的棉株在中下部棉铃之中又生成小铃，并撑开铃尖而导致雨水灌入，烂铃而无收成，但在吐絮时也看到有的棉铃虽有小铃，但并未烂铃而仍有收获（图3）。

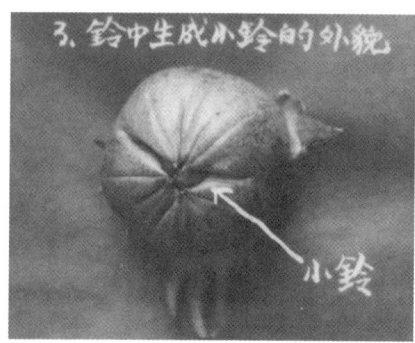
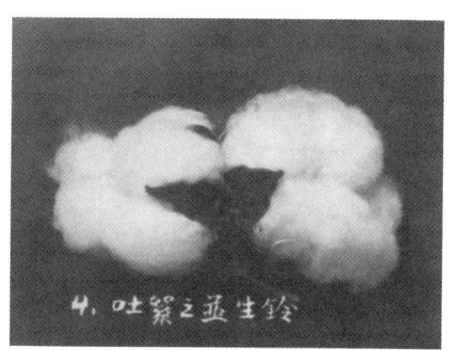

图3　棉花的铃中小铃（1956年）

随即向冯老师讨教，老师嘱我再多观察积累资料。1957 年的气候与上年不同，蕾期温度较低而后期雨水偏少，故烂铃不多，又进行观察与调查，发现小铃数量极少，即使发现有畸异棉铃，也极少有形成小铃状的，只有一个针状的心皮（图 4）。

 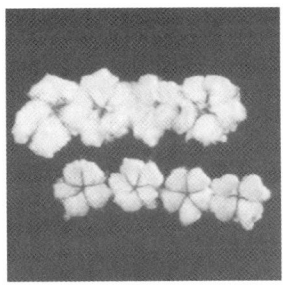 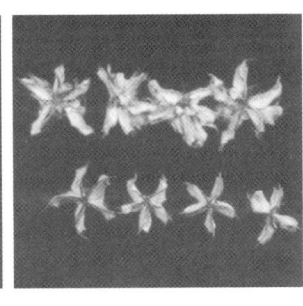

a　　　　　　　　　　b　　　　　　　　　　c

图 4　铃中小铃少且小（1957 年）

注：a 左为有小铃的吐絮铃，a 右为无小铃的吐絮铃；b 上排为有小铃的吐絮铃，b 下排为正常的吐絮铃；c 上排为有小铃的铃壳，c 下排为正常的铃壳。

综合两年之结果，"铃中小铃"的发生与气候、品种、土壤肥力都有一定关系，尤以与品种的关系最为密切，曾写成"棉花《铃中小铃》的观察与研究"一文（未发表）。冯老师认为这种现象实际是棉花从营养生长转为生殖生长过程中的心皮分化现象，并不是什么怪异的特别问题，只要地肥（无机营养充足）、蕾期日照好、温差大（有机养分充足）则棉铃的瓣数就会较多，尤其是早熟性好的品种对有机养分的转化利用率较晚熟品种为高，所以它才能较早地从营养生长转入生殖生长，"铃中小铃"现象主要由气候因素决定而偶发，不是人力所能调控，没有太大的研究价值。

（4）毕业后的重逢。1956 年全国棉花品种区域试验在汾阳设立特早熟棉区试验点，担任品种比较试验和品种预备试验，当年试验的执行人牛天堂（我是协助人），但在夏天他考取了调干去上大学，因为我是协助人，故而他走后试验移交给我执行完成。在品种比较试验中的品种都比对照金字棉增产，其中涡及一号和 611- 波两品种在产量上基本相同，统计上没有显著差异；但涡及一号早熟性好，霜前花多，经济效益高；而611-波的纤维长度在考种时表现比涡及一号略长，而在收购时则等级相同。在1957年初到华北所（现中国农业科学院）汇总结果时，意外地与冯老师重逢，原来那时他已调离南农，正准备筹建中国棉花研究所（暂时在华北所落脚），而他非常关心棉花品种区域试验的结果与品种推广，就来参加会议。实际在当时山西晋中盆地的特早熟棉区，早在1954年就曾批量引进涡及一号集中推广，表现良好而在1955—1956年不断扩大，并从1955年秋就开始原种繁育的株选工作，进行生产原原种、原种繁育工作了。而在1956年611-波参加区域试验的同时，从苏联引入20万斤种子已在生产上应用，故而在会议上汇报时我们对优种推广的意见是推广涡及一号，因为早熟性好就必然稳产而经济效益高。但当时的行政部门意见是推广611-波，其原因是1957年初在苏联已没有涡及一号种子可供，但可以调给611-波的种子。冯老师支持我的想法，建议给行政领导写个"精量点播、扩大涡及一号面积"的建议。我回单位后向技术主任汇报并由他向地委领导建议。随后我们又在涡及一号中进行系统选育，很快在1960年就得到特早熟品系"晋中200"，成为山西省第一个自育特早熟棉花品种，"文革"前就在生产上大量种植并由榆次原种场负责原种生产。由于晋中200在区域试验中表现良好，还曾在甘肃（陇南、陇东）、陕北、北疆的特早熟棉区试图推广，但后来"文化大革命"一来就一切都乱了套，在省外没有推广多少面积。

会议完后冯老师去石家庄选址，我亦随行在石家庄看了两个地方，而后冯老师认为石家庄太偏北了，不完全能代表黄河流域棉区，不宜作为中棉所的所址。晚上闲谈中冯老师曾询问我是否可能到中棉所工作，我是回答怕我的外语水平应付不了，冯老师笑着说，一旦来了中棉所再专门学一年外语就行了嘛。

（5）"宾川373"的引入。北京相遇重逢，冯老师知道我在汾阳搞特早熟棉花育种，就介绍说云南有个品系叫"宾川373"，成熟特早，生育期在当地从播种到吐絮还不到百天，而且纤维很长，我回到汾阳不久就收到从云南寄来的种子，1957年试种的结果不理想，尽管它在云南从播种到吐絮不足百日，成熟极早，但在汾阳试种则在霜前不能正常成熟，无法计算从播种到吐絮的天数，另外，从考种结果看，它的种子很大，则衣分率很低（不足30%），故而试种后即淘汰。

（6）通讯往来。1956年春至1957年冬反右运动之前一直没有中断过，我给冯老师写信都是有问题遇难题才写，而他给我回信则总是笔迹清秀，从无涂改，本来我是把他的来信妥善集中保存了一段时间的，但后来由于怕政治迫害而烧了。

1957年8—9月，山西省农业科学院武藻院长曾两次下调令让我离开汾阳，但调令均被当时汾阳农业试验站的站长扣压，随后我在1957年12月1日开始被反右运动批斗，1958年5月1日宣布戴上右派分子帽子，从此我就中断了与冯老师的联系，也中断了和同学、朋友的联系。到了1959年9月28日我在全国第一次给右派分子摘帽时摘掉帽子（汾阳县3%摘帽比例中3个人中的一员）。本想从此可以在工作中重新开始时，却不意在冬天参加业务会议上听到了噩耗，真是欲哭无泪，却又不敢有任何表示，"文化大革命"前1965年冬的"革命化运动"中我又被当成白专道路的典型被批判了一次，随后"文化大革命"运动中我把冯老师给我的信付之一炬，还烧掉了不少解放前的邮票和钞票，以免在抄家时带来意想不到的麻烦。

1980年春，我的右派问题在上级单位的关怀下得到改正，4月份中国农业科学院棉花研究所汪若海所长告诉我冯老师的问题得到了彻底平反昭雪，加在他身上20年之久的不实之词彻底推翻，真是大快人心，我当时就想，如果没有极左路线的迫害，如果让冯老师多活20年，凭他的学识和实干精神将会对我国的棉花科研和棉花生产起多么大的促进作用啊！我想，安阳中国农业科学院棉花研究所将会更早地改观和扩大。全国的棉花品种也早就会改变多次引种外国品种的局面而早早种上自育品种。全国的棉花生产绝不会经历多年低产徘徊，总是要以扩大面积来保总产。全国人民也不会连续几年经历限量供应棉布和絮棉的痛苦经历。今天，人民生活在改革开放30年后发展得如此和谐，愿冯老师在天之灵得到安息。

今年,听说要出版有关冯泽芳老师的传记性书稿,愿将我恩师授知的经过回忆写出,也可算是对冯泽芳老师的哀思寄托与纪念。

本文作者1955年毕业于南京农学院农学系,山西省农业科学院经济作物研究所副所长,研究员。

忆冯泽芳老师的教导三则

吴志行

冯泽芳老师已离开我们远去50余年,但他的音容笑貌、和蔼可亲、循循善诱和有益的教导,一直没有忘怀,今择使我终生受益的三则,介绍如下。

一则,坚持科学态度

冯老师是我国棉花界泰斗,一级教授,学部委员,但他1953年给我们讲课时称:"我现在给你们讲棉花栽培的水平只是百斤皮棉而已,至于将来或你们一定能超过我。"1958年"大跃进"时代对棉花生产的吹嘘,他坚决不认可,遭到批判,他坚持科学态度,坚持真理,宁折不弯,直至放弃生命。冯老师在科学上实事求是的态度,传承了中华民族优秀的文化。

二则,联系实际,服务人民

冯老师教书育人,按他的资历、地位、年龄已不必常去生产第一线,但冯老师常去全国各地考察,去南通棉区指导生产,与棉农交朋友,并被当地(启东)选为省人民代表。所以他执教的棉花栽培学,完全是切实可行,行之有效的生产知识。由于冯老师的影响,今年我已78岁,仍坚持奔走于蔬菜生产第一线,坚持为菜农服务。

三则,博览群书,触类旁通发展专业

冯老师是棉花专家,但他教导我们应博览群书,可以触类旁通。他说发展棉花科学应借鉴其他科学。关于这一点我50多年来一直牢记在心。我毕业后就着手拓宽知识面，进修或自学外文、植物分类、土壤耕作、植物生理、蔬菜栽培、种子学、设施栽培、无土栽培等许多学科与知识，为我多年来从事蔬菜栽培的教学、科研、生产、著作打下了一定基础，受益匪浅。

本文作者1955年毕业于南京农学院农学系，南京农学院园艺学院教授。

迷惘时的指针，前进中的鞭策
——记恩师冯泽芳教授对我的教诲

周 燮

冯泽芳教授是20世纪50年代中国科学院生物学部委员（院士），著名的作物学家、农业教育家，中国现代棉作科学的主要奠基人。1954—1957年，我有幸聆听他的作物栽培学等课程并在蚕豆栽培生理的试验研究中得到他的悉心指导。他在"传道授业解惑"中的铭言和范行对我的教育和影响很深。50多年来，一直牢记在心，作为我迷惘时的指针，前进中的鞭策。

1."要热爱农学，献身于祖国农业现代化建设"

冯师出身于浙江省义乌市的一个农家。早年家境清贫，深受穷苦的折磨，全靠他自己"少而好学"，才能于1930年去美国康乃尔大学深造，并于1933年获得该校博士学位和优秀生的金钥匙（golden key）。他的博士论文《亚洲棉与美洲棉杂种之遗传学与细胞学的研究》，首次从染色体水平揭示了中棉与美棉的种间杂交之难点以及杂交第一代（F_1）不育之谜，受到当时国际植物学家们的推崇。更难能可贵的是他毅然决然地放弃美国的优厚待遇，回到灾难中的祖国，到艰苦的农村去做棉花良种和植棉技术的推广。他的这种为国为民的忘我精神，即使在76年后的今日，也是很崇高，很了不起的。由于长期面向农民开展工作，他深知农民们的疾苦，从而在讲课中经常从各方面启发我们：要热爱农学，立志把青春献给祖国农业现代化建设。

2. 精心备课，循循善诱

作物栽培学是一门实用性很强的课程，往往易使教师在讲课时陷入现象罗列，枯燥乏味的困境。冯师却常能从一些农谚或技术措施的分析中抽提出发人深思的道理。记得 1955 春，他在讲课中提到："枣开花，种棉花"是河北棉农常用的谚语，能否适合于南方棉区呢？这个问题随即引起同学之间热烈的辩论。最后，经冯师归纳，才使我们知道：需从当地气温、土温、土壤质地和含水量以及不同棉花品种的发芽最低温度等多方面去综合考虑。他之所以能提要钩元，引人入胜，源于他能精心备课，并兼有多学科的理论和丰富的实践经验。

3. 不要只读书，还要多到田间去熟悉农作物

1954 年，大学三年级的我们已经修读了植物形态、解剖、生理和分类学以及多门化学。冯师认为：要想真正学好作物学，只有这些书本知识是远远不够的；因为许多同学来自城市，对植物缺乏必要的感性认识，应当多到田间去观察和熟悉农作物。他特别要求参加科研兴趣小组的同学能选择 1～2 种农作物，从种到收，持续地定株观察。他认为：增强观察力是从事科学实验的基本功。在他的引导下，我选了蚕豆作为观察和试验对象，因为那时蚕豆不仅是棉豆两熟轮作制中的一员，而且农民往往在水稻田埂上点种蚕豆，嫩豆可当蔬菜食用，青秆又可作为绿肥。经过 2 年的研究，在他和朱建人、吴志华教授的指导下，在张荣铣和莫世鳌同学的帮助下，完成了"蚕豆落花落蕾及其防止的初次报告"，刊于《植物生理学通讯》1957 年 01 期。每当回忆这一旧作的问世过程，我都会情不自禁地感激他的恩情。

4. 恩师的形象永远在我们的心中

冯泽芳教授对我的教导是多方面的，以上只不过是从脑海中追溯到的点滴回忆。我最痛心的是这样一位品德高尚、德艺双馨的大科学家却不幸英年早逝。1995 年 7 月，欢庆金善宝教授 100 华诞时，我和几个同窗都不禁想起冯泽芳教授。他若能也有这样的高寿，必定会对社会主义祖国作出更重大的贡献。恩师冯泽芳教授永远活在我们的心中；他的形象，铭言和范行永远鼓舞着一代又一代后继者去完成他开创的事业。

本文作者1956年毕业于南京农学院农学系，南京农业大学生命科学学院教授，博士生导师。

回 忆

许泳嘉

我是1952—1956年南京农学院农学系的学生，我因在作物栽培学课堂上听冯泽芳教授讲棉花栽培学而与他相识、相知，现就在和冯老相知过程中的一些琐事回忆如下。

1. 扎实的理论基础知识，丰富的实践经验

由于冯老具有扎实的棉花专业知识，又有丰富的实践经验。因此，在课堂上能深入浅出地讲解课程内容。在讲到一些难记难懂的章节时他就采用生动的诵读方式来讲解，如农时二十四节气歌的吟诵，使我们牢记一生，至今还念念不忘，时常诵唱。他生动的教学方法，使我们这些初涉农业科学和棉花栽培学的学生，对棉花作物产生了浓厚的兴趣，并逐步成为自己今后事业的动力。

冯泽芳教授不仅课堂教学严谨生动，而且更注重栽培技术的操作。作为一名一级教授，照例只要讲好一堂课就可以了，而冯老更重视我们的实习课。他还和助教老师一起上好我们的实习课，亲自下田手把手地教我们棉花播种技术，其开沟、播种、复土等操作姿势，更像一个种田"老把式"。说明冯老具有扎实的理论基础的同时，更注重掌握实际操作的技能。

2. 重视理论联系实际

事例一：1957年调冯泽芳老师任中国农业科学院棉花所所长。在棉花所所址的讨论中，冯老力排众议，坚持要把棉花所迁出北京，到产棉区去办所,并亲自去冀豫等地考察。最后,排除了在郑州(河南省省会)的选址,确定安阳白壁(一个离安阳有十余公里的农村)作为建所的地址。棉花所在棉花包围中生根发芽。

事例二:我大学毕业后,把棉花育种栽培作为我的工作方向后,冯老师非常高兴,并指点我要以掌握棉花生长发育的基本特点作为研究棉花工作基础的基础。1958年,中国农业科学院邀请前苏联棉花专家来华考察,冯老作为中方专家陪同。为使我在今后从事棉花科研工作打好基础,冯老又争取了一个名额,我有幸随同冯老一起陪同前苏联专家去全国各产棉区考察棉花生产,使我对全国一些主要棉区的生产情况有了初步的了解和熟悉。

3. 重视对外交流,促进我国棉花科研和生产水平发展

事例一:棉花所的建立是在原安阳棉场基础上进行的,冯老除考虑为科研工作、生活设施创造条件外,还特别重视对外交流的基础建设,在建设中还特别建造了外国专家宿舍及西餐房。为更好开展棉花科技工作对外交流作好准备。

事例二:1957年冯泽芳任棉花所所长后,在紧张筹建的同时,更及时地考虑对外交流活动,在他的努力下,以中国农业科学院的名义邀请了两位前苏联的棉花专家于1958年就来华考察棉花,以促进我国棉花生产的发展。

本文作者1956年毕业于南京农学院农学系,江苏沿江地区农科所所长。

一句话影响一生

黄骏麒

我是南京大学农学院和金陵大学农学院1952年院系调整后新建的南京农学院农学系第一届新生。当时国内外一批著名的教授都亲自给我们讲课。冯泽芳老师就是其中之一，讲授棉作学，潘家驹老师任助教。

冯泽芳老师讲课特点：言简意赅，深入浅出，重点突出，既有理论依据，又有实践经验，逻辑性强。听冯老师讲课是一种享受。

冯老师常说："民以食为天，人以衣蔽体。"自古以来，棉花和蚕丝是不可替代的以衣蔽体的原材料。发展棉花生产是新中国迫切需要的。因此，献身于棉花生产事业大有发展前景。他布置给我写的综述题目是："棉花蕾铃脱落"。我读了大量文献资料，从蕾铃脱落影响棉花生产的严重性、形成的机理、综合防治措施、展望四方面撰写。最后，评分是优。

一句话，影响一生。他告诫我："要老老实实学做人，要踏踏实实做学问。"曾任中央大学农学院冯泽芳秘书的倪金柱先生曾多次跟我谈起冯老师的"做人和做学问"为人师表的情况，加深了我对这句话的理解。我和南京农业大学潘家驹教授曾去南京晨光机器制造厂，审定中国农业科学院棉花研究所为冯泽芳老师铸制的铜像，当我凝视着冯老师的容貌和神态时，再一次回忆他本人"做人和做学问"为后人作榜样的精神，永远留在我们的心目中。

1955年，冯老师带我们去华东农业科学研究所实习，在特用作物系听系主任华兴鼐介绍情况后，冯老师诙谐幽默地说：华兴鼐先生不是"花心鼎"先生，刁光中先生人不刁，陈仲芳先生不是女士，欢迎有志者以后参加他们的研究队伍。顿时，拉近了我们这批青年人与棉花界前辈的距离，产生了感情。

1956年我大学毕业后，被冯老师言中，分配到华东农业科学研究所特用作物系工作，持续工作43年未离开，直到退休。曾被领导推荐正式拜华兴鼐老师为师，订师徒合同。从研究实习员开始，拔尖升助理研究员，后又破格晋升研究员。先后从事棉花退化复壮研究、海岛棉新品种选育研究、海陆杂种优势利用研究、陆地棉抗病新品种选育研究、棉花远缘杂交研究、棉花种质资源研究、棉花基因工程育种研究等，担任研究所所长20多年，曾任中国棉花学会名誉理事长，曾被评为国家级有突出贡献中青年专家，享受国务院颁发政府特殊津贴。没有辜负棉花界前辈冯泽芳老师的谆谆教导。

本文作者1956年毕业于南京农学院农学系,江苏省农业科学院经济作物研究所所长,研究员。

忆和冯老师相处的日子

汪炎炳

岁月悠悠,往事如烟。每当我回想过去走过的历程,总忘不了在南京农学院那四年的日日夜夜。有一些事就如同昨日发生一般,一幕幕地呈现在我的眼前。

我学的是农学专业,当时(1953—1957年)南京农学院引以为傲的是多位全国著名的教授、专家任教。其中冯泽芳教授就是全国最享有盛誉的棉花专家。冯教授他治学严谨,关爱学生,为人随和,没有架子,穿着朴素、大度。他的中式上装,缝有两个大口袋,看上去足以放一本书。我和大家一样,对他充满着敬意,并以他为学习榜样。

和冯教授相处的日子里,有两件事特别令人难忘。

一是冯教授在校园附近有一块棉花试验地。记得有一次我们班同学去棉田实习,冯教授耐心地告诉我们怎样间苗,怎样识别弱株、病株。并要求大家把间出的棉株全部挪到地头集中处理以减少病虫传播。我记得很清楚,当时大家对此议论纷纷。议论不外乎是:农民难道会把间出的棉株都拿到地头,能拿得起吗?议论归议论,最终我们还是按冯教授的要求,一棵不落地把棉株挪到地头处理。看起来这是一件小事,但从这件小事中,可以反映出冯教授治学、科研一丝不苟的态度。

二是在1957年南农应届毕业生欢送会上,我们班7位同学志愿报名到农垦部铁道兵农垦局工作(黑龙江省)。冯教授特地走到我们桌边,他说:你们到黑龙江,那是个很好的地方,是大有用武之地。还说:我的女儿、女婿都已分配到黑龙江国营友谊农场工作。他还对我们说了很多勉励的话。作为长辈,作为老师,当我们满怀豪情壮志将告别母校,告别家乡，奔赴远方的时刻，听到他发自肺腑的叮咛，我们能不为之动容吗？我们听后都非常感谢他，并告诉他，我们决不辜负他的期望。

冯教授在南京农学院任教期间，倾其全力，奉献其聪明才智，做了大量工作。因此，他获得广大师生员工的尊重、爱戴。他培育了一批又一批学生，被分配到祖国各地，真是桃李满天下。

作为他的学生，也秉承他的愿望，把毕生的精力奉献给祖国的农垦事业。冯老师，后人缅怀你，你的理想、你的精神，永生不灭。

本文作者1957年毕业于南京农学院农学系，黑龙江省农垦总局红兴隆科研所高级农艺师。

冯先生若干事

汪若海

我于1954年考入南京农学院，就读农学专业。此时，全国高等学校院系调整后不久，南京农学院在前中央大学农学院和金陵大学农学院合并的基础上成立。由此，各路名人荟萃，师资力量强大。当时，在学界流传着"金家小麦冯家棉"之说，即是以金善宝为主的著名小麦专家和以冯泽芳为主的著名棉花专家，这两位大专家都在南农，都在农学系，而且十分有幸，在小麦与棉花上都分别受到二位教益。而冯先生对我影响尤深，开导了我的一辈子棉花生涯。

冯先生平常穿着俭朴，布衣布鞋，谈吐随和，讲课通俗易懂，但也很风趣，常常使人发笑，令人深思。他没洋博士大教授那种洋腔洋调的派头，说话时浙江义乌的家乡口音很重，所以初看起来颇有几分土气。然而，人不可貌相，海水不可斗量，冯泽芳是我国现代棉花科学的开拓者和奠基人，是我国棉业科技与教育界的一代宗师，也堪称为中国棉花学之父。

我自见到冯先生直到他去世，前后约五年多时间，他在南农当老师，我是学生；后来他到中国农业科学院棉花研究所任所长，我亦毕业分配来所里；他任安阳棉花学院院长，我当他的助教。从多年接触中，我深深感到冯先生的为人可用一个"实"字来表达。这就是实事求是。这正是马列主义的精髓所在，也是共产党人的精神风尚，更是做学问、干事业的基本要领。冯先生实实在在做人，实实在在做事，实实在在为我国棉花事业作出重大贡献。这种求真务实的精神值得传承和弘扬。

我受冯先生的教诲和影响主要有两点，一是认认真真做棉花学问，二是切切实实为棉产服务。在我以往的50年生涯中努力照此去做，取得了应有进展。当然，值得向冯先生学习的很多，我未能都学到、都学好。

2009年是冯先生诞辰110周年，为纪念和缅怀冯先生，继承他的事业，弘扬他的精神，现将我亲历的几件事记述如下，以宣示与众。

1. 如何做学问

我们考上大学很不容易，大家都抓住时机刻苦学习。当时老师讲课有的有讲义，有的没有。讲义一般也较简单。所以，上课听讲时大家都记笔记，老师台上讲，学生埋头记，一堂课下来总要记下几千字。唯恐记漏记错，课后还要互相对笔记。冯先生对此颇有看法，他说，大家努力学习认真记笔记是好的，但是要讲究方法。在课堂上首先是听懂、理解，然后是抓住要领重点作笔记。没有必要将老师讲的原原本本一字不漏地记下，这种"录口供"式的记笔记要不得。冯先生所说"录口供"式记笔记，说得很风趣，大家印象深刻，实际作用也很大，听课时轻松多了，学习效果也大为提高。

大家都清楚，作为大学生不光听老师讲课，还要多看文献资料，看了之后还要抄录记下，颇费工夫。冯先生教我们做卡片，他说要多看资料多读书，读了之后择其要点记在文摘卡片上。卡片虽小，日积月累，知识增多，也便于查考。他还说文摘卡片可以买到，也可自己做。果然，我们纷纷做文摘卡片，这也是学习并掌握知识的好办法。至今我还保存着大学时代的文摘卡片。

尽管现在有了电脑、录音、录相，对资料信息的收集、记录、保存有了现代化的手段。然而，冯先生教的记笔记和做卡片的原则和做法，对认真做学问、提高学习效果大有裨益，仍可借鉴。

2. 引我入棉界

1958年春，我在南京农学院农学系毕业后，刚调任中国农业科学院棉花研究所所长的冯先生仍兼任南京农学院教授。毕业考试时，他回校作主考。当时的考试借鉴苏联方式，教研组事先做好许多组不同的考题，一般一组有三道题。考时，学生任意抽一组，当场按题逐一向主考老师回答，老师也可随时追问。最后，老师按五分制（实际按优、良、及格和不及格四等）当场判分。

当时，我抽到的一组考题中，第三题是实物标本识别题，那是四个棉花青铃，要求分别指出各自所属棉种。好在老师讲过，仍然记得。经过一番端详，即按棉花四大栽培种的名称一一作了回答。冯先生追问：根据是什么？我即补充阐明了四个栽培种棉铃各自的基本形态特征。冯先生对答题十分满意，随即给分"优"。然后又问我，"愿意研究棉花吗？安阳棉花研究所是研究棉花的好地方。不过那里很偏僻，在乡下，要吃苦……"。当时大学毕业生都由国家统一分配工作，毕业生填志愿一般都写"到祖国最需要的地方去""听从组织安排"，很少有人提出个人要求。冯先生说后，我略为沉思，心想我对毕业后的工作没有特别志趣和要求，本来就打算听从安排，既然冯先生相邀，且是国家级科研机构，我即表遵从。

不久，毕业生分配方案下来，果然我被分到中国农业科学院棉花研究所，地点在河南省安阳县白壁乡。从此进入了棉界，走上了棉花生涯。就这样这次考试抽题决定了我终身的棉花事业，考题上几个棉铃成了我奋斗一生的目标所在。其间恩师冯泽芳对我器重与引荐起了关键的作用。

3. 冯师教的一招

50年前，我作为冯先生的学生，在安阳棉花学院又当他的助教，期间受教良多，获益匪浅。他教的如何数棉桃的一招，至今印象深刻，犹记在心。一棵棉花上数数有几个棉桃，幼儿园小朋友都会做的事，而冯先生却当一回事认真地教我们。因为这是棉花科学研究中最基础、最大量、也是最重要的一项工作。数的对与错，往往影响研究结果的正确与否。现在有的年轻人,调查棉株结桃时,往往一手揪住棉棵的头,眼珠上下一转,马上报出数字。固然很快,但很不准确。这样的调查结果实在令人不放心。

冯先生教我们数棉桃的一招是:一手捏着果枝,一手查着果枝,自下而上,自内向外,眼看手摸,顺序计数,准确可靠。照说,这一招没有什么高深理论,也没有什么高超技巧,谈不上是高招、奇招,更不是绝招,只不过是根据棉花结桃进展,把握实际,循序而进,切实认真地去做。实际上这也是进行科学研究的基本要求,也是严谨治学精神的反映。

冯先生正是按照这种精神开拓了不少棉花科技新领域,取得了多项重大成就,从而成为院士。而今,我国棉花科技工作有了很大进步,很多成绩,决非往昔可比拟。然而,"两院"中尚未有棉花专业的院士,相信如果大力弘扬冯先生数棉桃的精神,真正做到求真务实、开拓创新,棉花科技工作定将取得更为扎实而巨大的成就,棉花院士自然就在其中了。

4. 严谨治学一例

1958年,正是"大跃进"的年代,各处都出现浮夸、蛮干的情况。在农业上有"人有多大胆,地有多高产"的豪言壮语。与从来严谨务实的冯先生来说确是格格不入,他显得不能跟紧"形势",而且常常说些"不识时务"的话。

有一次,棉花所为了放棉花"卫星",大家座谈献计献策。一位年轻科技人员突发奇想,提出建议说:"咱这里的茄子大,一个茄子有斤把重,将茄子与棉花杂交,棉桃可以变大,棉花就增产了。"冯先生听了很不以为然,面有愠色,深思一会说:"冬瓜不是比茄子更大,一个冬瓜有一二十斤,何不把冬瓜拿来和棉花杂交?"在座的都是明白人,都能听懂其中的意思,棉花与茄子杂交这个大胆见解没人再提了。

冯先生学识渊博,十分可贵,然而他的严谨治学态度更令人崇敬,从这一例可见一斑。

5.《中国的棉花》

《中国的棉花》是冯先生的著作,1956年10月由北京财政经济出版社出版。其中没有深奥的原理、定律,亦无高超的数理公式。全书不到七万字。讲的是中国棉花的分布、棉区的划分,有那些品种,如何种好棉花,使棉花增产等,仿佛只是一般的棉花科普书。我在南京农学院时曾读过此书,然而当时不得其中要领。到棉花研究所后,结合工作需要,几次研读查考,深感其中水平所在,这是一本难得的求真务实的棉花科技佳著。

说是求真,书中所述中国五大棉区的划分是首创、是新见解,反映了中国棉花种植与区划的真实。在这个论点指引下,对我国棉花种植区域规划,棉花的育种与引种,棉区耕作制度的改革与种植技术及棉花加工、纺织工业布局规划等都有着重要的指导作用。这个论点至今仍是正确无误,只是由于科技与生产的发展,在五大棉区基础上进一步深化细化了。说是务实,书中各项资料都来自观察、调研或试验实践所得,棉花图是作者亲自画成,五大棉区划界是作者亲历或调研或综合分析所得,其细微具体为前所未有;再则书中讲述如何种好棉花,争取增产,更是为棉花生产实践服务。然而,冯先生十分谦虚,将这本书有自己重大创见并亲自撰作的书自称为"编著",显然并无将此书作为扬名传世之举,其意图只是提出自己学术见解,促进中国棉业发展,足见冯先生可贵的敬业精神。

现在,有少数科技著作尽管篇幅不少,但内容空泛,创见甚微,有的甚至有"创作"试验结果、"自制"实验数据之嫌。此等"巨著"与《中国的棉花》实在不能相提并论了。

6. 灰色的一天

1959年9月22日下午,天气秋凉且阴沉。傍晚,发现冯先生倒在自己宿舍的沙发上,就此,中国棉花界的一颗巨星殒落了,棉花研究所蒙受巨大损失。冯先生终年仅60岁。他走得太早了,走得太快了。令人震惊,令人叹息。

出事前几天,他与旁人说及有三件事压力很大。一是要选100株棉花（当时规定每个职工都要下地选百株棉花）；二是要接待苏联棉花专家（唯恐接待不合要求）；三是要以亩产千斤籽棉为纲（浮夸指标，不赞同）。可以理解，硬要冯先生去做那些极"左"的、浮夸的、不切实际的事，确实给他极大压力；还有一事，他曾打算捐赠300元（当时冯的一个月工资）给所里幼儿园买些玩具等，却被认作资产阶级糖衣炮弹而办不成。此外，他看不惯"大跃进"、放"卫星"等蛮干、浮夸的思潮与做法，无处倾诉而心中郁闷。

很清楚，冯先生受到极"左"路线的迫害而去世的，也是他坦诚、认真、执着的秉性与当时泛滥的虚假、浮躁、盲动的不良风气剧烈冲撞而产生的恶果。

7. 有关中美棉花品种联合试验

1933—1936年，冯先生（开始由洛夫）主持了全国棉花品种试验，其中多为引入的美棉品种。这是我国第一次全国性的正规的科学的棉花品种区域试验。试验结果表明：美国的斯字棉早熟丰产，表现良好，适于黄河流域；另一美国的德字棉丰产绒长，表现亦优，适于长江流域。由此，对我国往后10多年棉花品种工作和棉花生产发展产生了十分良好的重要影响，这正是冯先生对我国棉业发展作出的一项重大贡献。

秉承冯先生当年棉花品种区域试验的思路与方法，1974—1975年，我接受农业部下达任务，主持了引入美棉品种联合试验。有12个美棉品种在全国61个试点进行联合比较试验。本意亦是从中选取优良品种为我生产利用。然而试验结果与预期相反，引入美棉品种的丰产性一般均不及当地推广品种的原种，表明无必要从美国引入棉花品种用于生产。仔细分析完全可以理解。此一时，彼一时，经国人几十年努力，我国棉花品种水平有了很大提高，已非30年代当时棉种依赖进口的状况了。

当年冯先生主持的棉花品种区域试验和这次引入美棉品种联合试验基本要求都是查明棉花品种状况，以便利用和发展。前后两个试验基本要求都达到了，都为我国棉花品种改良和生产利用起到了应有的导向作用，试验都成功。但由于时代发展，棉情有变，其具体结果则有不同。如果冯先生在世一定会理解，亦会对此感到高兴。后来事实表明，我国自育种棉花品种发展迅速，到80年代初自育品种已占全国棉田面积82%，冯先生在九泉之下，一定会含笑而瞑目。

8. "乌云"过后

1976年文化大革命结束，极"左"思潮的乌云逐渐散去。1978年中共中央十一届三中全会拨乱反正，更是迎来了阳光普照。对以往极"左"思潮所造成的冤假错案进行平反昭雪，冯先生的冤案终于有了出头之日。

1980年1月9日，在北京八宝山革命公墓礼堂，由中国农业科学院举办补开的冯泽芳追悼会，由中国农业科学院院长金善宝致悼词。由此，冯先生可以瞑目了，安息了；棉界同仁们都感到欣慰和振奋。自此之后，冯先生的名字及其事迹，频频出现在书刊、会议、课堂等多种场合，冯先生的事业得以继承、发展。

1989年，中国棉花学会成立10周年，为了表达对老一辈棉花科技工作者的崇敬和缅怀，学会常务理事会作出"表彰和怀念老一辈棉花科技工作者的决定"其中怀念人员（指已故）43名，冯先生名列前茅，除发函告知外，在《中国棉花》上公布，达到饮水思源，继往开来，促进我国棉花科技事业传承发展的目的。

1997年3月25日，中国农业科学院棉花研究所举办庆祝建所40周年暨冯泽芳铜像揭幕的活动。我作为所长在开幕词中说到"40年前，在我所首任所长著名棉花专家冯泽芳先生主持下开始了艰辛的奋斗历程……，至今取得了很大成绩"。还介绍了冯先生简要生平和主要学术贡献。以达告慰前辈，昭示后人的目的。铜像端坐于学术报告厅，他一直影响着棉花学术的进展。所部迁安阳开发区后，铜像安放在大楼进门正厅，让人瞻仰，催人奋进。

1993年《中国科学技术专家传略》农学篇作物卷Ⅰ卷出版，其中有一篇"冯泽芳"。该篇较为详细真实地介绍冯先生的生平和在棉花科技与教育的主要贡献。让后人能更多了解冯先生，以便继承和发展。

2007年4月中国农业科学院棉花研究所编辑了《冯泽芳先生图存》，由中国农业科学技术出版社出版。该书以图片资料为主简要介绍冯先生一生及其主要学术贡献，这对继承冯先生的棉花科技事业的发展颇多益处。

天有风雨阴晴,人有旦夕祸福,乌云挡不住太阳,真金不怕火炼。社会在发展,中国在进步,中华民族复兴时代已经来到。

2009年,正是冯先生离开我们50周年。十分遗憾的是他的遗骨淹灭在棉田中,无法找到。然而,他的音容宛在,业绩长存;其巨大贡献,仍在闪光;其影响深远,今犹彰显。冯先生已远去了,然而仿佛仍在我们中间。

最后,敬献短诗一首。

念冯师
事事皆较真
日久见分明
蒙尘今雪洗
冯师还金身

2008年11月于三亚市

本文作者1958年毕业于南京农学院农学系,中国农业科学院棉花研究所第五任所长,研究员。

《冯泽芳先生图存》编后记

宋晓轩

冯泽芳先生是中国现代棉作科学的奠基人。介绍先生学问与贡献,仅在网上查询到的专著作品就有32部。使用百度在互联网上查询到的文章则更多了。这些资料,大多是国家部委、省市县等有关部门主持编撰的各种党政、农业、院校、院士人物介绍。其中有2篇文章至为重要,一为邓煜生和黄滋康两位先生所写《冯泽芳》,1993年发表于《中国科学技术专家传略》;一为冯先生公子冯一民所写《冯泽芳》,2002 年发表于《义乌名人》。此两篇文章结合着读下来,对冯先生的品德和学问会有一个全面的了解,这两篇文章是一般性介绍冯先生文章之版本。少部分资料是冯先生的门生们写的各类回忆性文章,也时常提及先生的为人和治学。还有少量的档案文献、地方(部门)史志和研究论文,谈及冯先生的工作。篇幅最小的文章,是诸如《赤岸小学'六一'活动每年有创新》,记录了 2006 年向"十佳少先队员"发放该校的"泽成奖学金"的情形。该项奖学金是 1999 年由旅美园艺学家王梅园女士为纪念冯泽芳、孟成玉夫妇而捐款 1 万美元设立。款项虽少,但对后人的影响是无限的。此文虽小,在互联网上仅此一篇,表明后学晚辈对冯先生的怀念。或许这也是义乌名扬世界、人才辈出的缘由之一吧。

由此,以冯先生的历史照片和发表的文章介绍先生的生平和科学贡献,可以说是对前人工作的一种缅怀,也可以说,是换一种方式纪念、介绍冯先生,这是编辑本图存的第一个目的。

第二个目的,是透过这些旧照片,反映我国现代农业的发展。

1. 以先生求学和从事教学的经历,见证了现代高等农业教育的发展

先生 1918 年就读刚成立一年的南京高等师范学校农科,接受仿照美国农学院的教学、科研、推广三位一体模式的教育。1921 年毕业时,恰遇南高农科升格为国立东南大学农科,经过 4 年努力,补修课程达到规定学分后,于东南大学毕业。1942—1947 年,先生任国立中央大学农学院(前身为国立东南大学农科)教授兼院长;1949—1957 年,先生再次执教于国立中央大学农学院和由其调整出来的南京农学院——现南京农业大学。10 余张照片,跨越南京农业大学 90 年发展史中辉煌的 35 年,折射出现代高等农业教育的蓬勃。并且,仔细观察这些照片,可以看到先生的老师,如棉业前辈孙恩麐,还可以看到南高和东南大学时期的同学,如邹钟琳、胡竟良、周拾禄、郑体华等,留美同学金善宝、马保之、管家骥、卢守耕、周明牂等。他们分别在农业行政、教育、科学研究、技术推广等方面,做出了巨大成绩,显示出南京农业大学卓越的教学能力及其对国家的贡献。这正是这些老照片让人感喟之所在。

2. 以先生在棉产改进机构任职的经历，说明现代农业科学研究的兴盛与艰辛

1934—1937 年，棉业统制委员会设立中央棉产改进所，这是我国现代第一个国家级棉花科研、推广机构，该所研究提高棉产和推广良棉之道，并指导各省所开展工作。先生任副所长。先生与同事们依靠"政治、经济、科学"3 种力量，科学试验，引进美棉；推广良种，提高产量、改善品质；集中轧花，保持纯度；分级检验，减少水杂。至 1936 年，我国棉花生产已经基本满足内需。1947—1949 年农林部成立棉产改进处，这是我国现代第二个国家级棉花科研、推广机构，仍旧办理棉业统制委员会时期的业务。先生任副处长。他与同事们引进美棉新品种，进行试验示范推广，对于恢复棉花生产做出积极有益贡献。1957 年 8 月，中国农业科学院棉花研究所成立，先生为首任所长。率领全所人员，在广袤的土地上开始新的奋斗。先生在此 3 个机构服务的 30 余张照片，以国家级棉产改进机构 20 余年间的演变，反映出现代农业科学机构的日渐兴盛。并且，这些照片还涵盖了先生主持区域试验、推广美棉、集中轧花、贷放化肥、培训人员等棉产改进全部工作内容。或许如此，正是这些老照片让人回味之处。

3. 以先生发表的文章，说明先生严谨的科学态度

图存选用的 50 余篇文章，记载了先生不同时期供职于不同机关的工作成就，可以分为研究、推广和教育三类，其内容涵盖农业改进工作各个环节。透过这些文章的每字每词，可以感受先生精益求精的工作态度以及崇尚科学的严谨工作方法。1934—1936 年他在主持中美棉全国区域试验时，每年秋季亲自前往十余处试验点实地调查，并依据试验数据，得出"斯字棉——宜于华北——成熟早，产量丰"和"德字棉——宜于长江流域——产量丰，纤维长"的结论，并由政府大量引进，广为种植，满足军需民用。同时，将宜棉区域划分为"黄河流域"和"长江流域"两个。1940 年先生又依据 1939 年西南 6 省棉花区域试验结果，进一步将我国宜棉区域分成 3 个：黄河流域、长江流域和西南棉区（"如加入福建和广东，可称华南棉区"）。1950 年增加辽河流域棉区。1953 年，增加

内陆流域棉区。至此，先生最终将全国棉区划分为黄河流域、长江流域、辽河流域、西北内陆和华南多年生5个。这个历经20年时间形成的理论，仍指导着今日的棉花科研和生产，所谓先生之精深学问来自于辛勤的工作实践和勤奋的思考是也。先生以自己的亲身经历，实践着"创造精神"，承担起了"为国家解决实用问题，造福人类"和"创造学问，提高国家学术地位"的责任[冯泽芳《如何做农科研究生》（1941年）]。

以先生一人留存的照片和文章，就反映出现代高等农业教育；科研机构的沿革和业绩，以及先生对农业研究、推广和教育之贡献，正是其珍贵的史料价值之所在。

第三个目的，为系统研究冯先生的学问提供一个基础。

中国现代史研究，特别是现代农业史的研究，近年来呈现方兴未艾的趋势。我们国家传统的棉花生产方式，被开埠后滚滚而入的洋棉、洋纱、洋布所破坏，由自给自足的小农生产转成为纺织工业提供原料而进行商品生产。为了适应棉花生产目的的变革，冯先生与同时代的人们，致力于棉业改进，通过不懈努力，几近成功，并在实践中奠定了我国现代棉作学科的基础。因此，研究冯先生的学问，对于了解和掌握当时关于棉花改良的科研、推广和教育的发展过程与成就，及其它们之间的关系，是十分重要的。

资料的收集，是研究冯先生学问的第一步，是系统研究冯先生学问的基础。

（以下略）

本文作者1983年毕业于西北农林科技大学，时任中国农业科学院棉花研究所办公室主任，研究员。

难忘的一课
——记冯泽芳老师讲授棉花课

董守信

1958年,刚成立的中国农业科学院棉花研究所从北京迁到河南安阳。与此同时又经农业部和河南省教育厅批准创办了河南安阳棉花学院,学制3年,专攻棉花。这是我国唯一的一所棉花专业高等院校。冯泽芳先生原是南京农学院一级教授,遵照上级安排到棉花研究所任第一任所长,兼棉花学院院长。当时,刚迁所办校,条件很差,困难很多。教室是仓库改造而成,学生住在窑洞式的平房中,老师多由棉花研究所科技人员兼任。然而大家艰苦奋斗、努力教学,培养了一批高级棉花技术人才。我有幸作为棉花学院第一届毕业生,而且是冯泽芳先生的一名学生,此后终身从事棉业深感欣慰和自豪。

50年过去了,冯老师早已过世,我也年逾古稀。然而冯老师给我们讲的一堂棉花课印象深刻,难以忘怀。冯老师作为中国科学院学部委员(院士),又是所长、院长,而且是洋博士、大教授,亲自给我们这些刚从农村来的年青人讲课,开始时大家都感诚惶诚恐。后来,看着冯老师着装俭朴,说话平和;他的知识渊博而讲课深入浅出,简明易懂,大家都觉得冯老师可亲可敬,都愿与他接近,向他讨教。那是1959年夏天,冯老师给我们讲《棉花植物学》。他亲自编的讲稿,亲自上讲台讲课,在黑板上绘棉花形态图,并就各部位逐一讲解。课堂讲完后,又带我们走出教室直到棉花试验地,要我们实地观察棉花。他站在棉花行的一头,学生们分开站在两侧,他用手指摸着活体棉花,讲它的形态特征及生育表现等。他把棉花都讲活了,大家都好理解好接受。他还不时提出问题,要我们思考、要我们回答。这样做既是检验他自己的教学效果,又是与学生共同探讨。有对学生充分信任和培养的意念。这样使理论与实际、课堂与田间、老师与学生都结合在一起,正是一堂高水平的讲课。我与冯老师接触时间并不长，然而他对我教诲良多，终身难忘。我从冯老师处学到的棉花知识只是他渊博学识中很少一点，然而从他身上学到了如何做事如何做人的风尚使我受益一辈子。

冯泽芳先生是中国 20 世纪著名科学家，是我国近代棉产改进事业的先驱者和奠基人。今年正是冯老师诞辰 110 周年和逝世 50 周年。在这里我们不仅要继承他的学术思想与成就，更要弘扬他爱国敬业和求实创新的崇高精神，为中国棉业的进一步发展和中华民族伟大复兴再作贡献。

写于 2009 年 10 月

本文作者 1961 年毕业于安阳棉花学院，时任安徽省亳州豫皖纺织公司董事长。

缅怀冯泽芳先生

杨新民

被人誉为"中华棉业鼻祖"的冯泽芳先生，博士、教授、中国科学院院士，是著名的棉花科学家和农业教育家。为我国农业教育和棉花的生产与科研事业的发展，培育和造就了大批棉花科技人才，做出了积极的卓越贡献。冯老一生不谋官职，不图私利，大公无私，他一心只为中国植棉业的发展壮大而奋斗的可贵精神、高尚品格，足以使世人"高山仰止，景行行止"。

立志农业，开创棉业

冯泽芳先生，1899 年 2 月 20 日出生于浙江省义乌县农民家庭。童年在乡下读私塾和小学，目睹当局反动政府的官僚腐败，只顾搜刮农民血汗，不投入农业，不关心生产，不关心农民疾苦。幼小的心灵感受到农业科技知识的贫乏，生产落后，农民收入甚微，生活异常艰辛。萌生农业救国的念头,认为要在现代世界中求生存,必须强国健民,国民要有现代科技知识。他在南京高等师范学校农业专修科毕业后,因家庭贫寒,就采取边工作、边读书,1925年取得了东南大学本科学历。在此期间,他就潜心棉花科研工作,先后发表7篇论文,其中《中棉形态及其分类》是整理我国种植的亚洲棉的最早著作。《中棉之孟德尔性状初次报告》是孟德尔定律重新发现后应用于中棉性状遗传研究的初次报告,得到专家学者的关注。

冯泽芳先生留学美国获得硕士学位,毕业论文是《棉作田间试验技术概论》。获得博士学位,论文是《亚洲棉与美洲棉杂种遗传学及细胞学的研究》,发表在美国《植物学杂志》上。为了报效祖国,实现科技兴棉的理想,1933年学成后就毅然回到祖国,就任全国棉业统制委员会技术专员。1934年任中央棉产改进所副所长兼植棉系主任,主管全所技术研究和推广工作。他主持全国棉花品种区域试验,肯定并推广两个美棉品种。1938年冯老任中央农业实验所技正兼棉作系主任和云南工作站主任期间,他研究并肯定了离核木棉的应用价值。1942年他任中央大学教授兼农学院院长,亲自讲授《棉作学》和《农业概论》,研究了中国棉区的划分。1947年冯泽芳先生任农林部棉产改进处副处长,积极倡导创办"中国棉业出版社",并出版发行了《中国棉讯》、《中国棉业》和《中国棉业副刊》三种棉业专业性期刊及一批与棉花生产有关的图书。

1949年冯泽芳先生回中央大学农学院(后南京农学院)任教。为农业特别是棉花专业培养了大批高级人才。1956年他参加我国12年远景规划的制定,积极建议成立全国棉花研究所。批准后,亲自参加筹建工作,于1957年就任中国农业科学院棉花研究所首任所长。他满怀极大热情,放弃大城市优越的工作和生活条件,带领家人率先来到河南安阳偏僻农村(白璧)安家落户。专心开创中国棉业的科学研究和生产工作。组织编著中华人民共和国成立以后的第一部棉花专著《中国棉花栽培学》。

教学科研相结合，重视培养人才

冯泽芳先生潜心打造创新型中央棉花科学研究所，首先是招用和吸引了全国著名棉花科技工作者和专家学者，汇集安阳，建立了完善的棉花科研队伍体系和科研环境。一大批品种、栽培技术、棉花病害和虫害、棉纤维、棉田机械等项目课题，展开了深入系统的研究工作。一批批科研成果得以推广应用。有力地促进棉花生产的发展。

冯老的一生中有较长时间从事农业的教育工作。他深知搞好科研重要，高素质的人才更重要。欲使植棉业快速发展，必须走教学、科研、生产相结合之路。因此，他在搞好棉花科研的同时，经过艰辛努力，创建起第一所棉花专业的高等学府——中国安阳棉花学院，并任院长。

中国安阳棉花学院学制四年，是上级批准的由中棉所和河南省教育厅联办的，校址设在中棉所。1958年全国统一高考，面向全省招生，当年录取男女学生80名左右（人数记不准），分两个班。中国棉花学院的诞生之时，正值举国上下高唱"三面红旗"的高调之中。当时的口号是"先立后破"，有条件大干，没有条件创造条件也要干。在一无所有的条件下办起一所大学，条件实在太差。没有学生宿舍，学生就和棉场农工住一处；没有学生食堂，和职工合伙就餐；没有教室，暂借中棉所的会议室或大礼堂上课；没有专职教师，由中棉所的科技人员任教。班主任分别由品种研究室的曾泽民老师和栽培室王玉生兼任，助教是刚从南京农学院毕业的高材生汪若海、谈春松老师兼任，基本安排就绪。

1958年9月1日开学，首先是一个月的劳动锻炼。每天学生和工人一起参加劳动。天渐冷了，砌防风墙，建火炕，防北风，保温度，保暖试验田的小气候，延长棉花的有效生育期。品种、栽培和良繁三大战区，不分老师、学生和工人，担的担，抬的抬，搬坯的，和泥的，砌墙的忙个不停。红旗招展，笑声震天，工地一片欢腾。同学们争先恐后，无不满头大汗。城市来的女同学也不示弱，不少同学磨破了手，脚上打泡出了血，肩压肿了，没有一个休息的，没有一个叫苦的。年老体弱的冯泽芳院长不时也出现在工地参加劳动，指导工作，更进一步激发了人们保护试验田的热情和劳动干劲，冯老看在眼里，喜在心里，连声称赞同学们精神好，劳动课上的好，增加了知识，学会了技能，锻炼了身体。勉励同学们鼓干劲，争上游，坚持上好劳动课，但要劳逸结合，注意安全。

"学高为师，德高为范"，冯泽芳先生治学严谨，要求学生必须既有公德，又要有才能，要德才兼备，与时俱进。开学的首要难题是没有现成的教科书，他动员并选择棉花资深专家、学者，编写讲义和授课，他带头参加。著名棉花专家胡竟良、王继之、黄滋康、邓煜生、彭寿邦、张四端、王德彰、孟世恒、蒋国柱、孙善康、刁光中、张雄伟、蔡荣芳等都付出了大量心血。很快编写出《棉花植物学及其分类》《棉花遗传育种学》《棉花病理学》《棉花昆虫学》《生物统计学》等，有的印不成册，组织同学们刻印讲义。冯老率先上台讲授棉花在国民经济中的重要地位。《棉花植物学》《棉作学》，讲授深入浅出，通俗易懂，为学生们热爱棉花、学好棉花，献身祖国植棉业奠定了基础。冯老提倡自学，中棉所的图书馆、阅览室为同学们开放。他说坚实的理论，丰富的知识，还要靠自学满足。他还非常关心同学们的学业成长、技能的增加和生活状况。冯老生活简朴，平易近人，他经常去学生宿舍查看，和同学们谈心，问寒问暖，了解情况，改进教学工作。他让同学们参加全国棉花工作会议，听取苏联棉花专家的报告，学习国内外棉花动态、全国棉花科研进展和成果，学习植棉先进技术和生产经验，不断丰富书本知识。冯老经常教诲同学们学习要刻苦、要钻研、要用笔记、要持之以恒，达到"听得懂、记得牢、做得来"。他教育有方，为同学们树立专业思想、学业有成、献身祖国植棉业打下坚实的基础。

冯泽芳先生十分注意理论联系实际，每讲授一个专题或单元，布置实验、实习，手把手教学生亲自动手做试验、制图解、描述现象，培养独立思考和实际操作能力。在讲授棉花育种时，他亲自带领学生到品种育种试验田，现场让学生认识育种各种方法的田间试验情况，加深对棉花遗传育种理论的理解和实际操作方法。在参观品种区域试验时，他不怕太阳暴晒，手指、口讲累的满头大汗，讲得津津有味，同学们深受感动。每年中棉所品种和栽培室的各项课题，从播前的准备、田间设计、小区播种到田间生育调查、观察记载，最后收花称产、考种、资料统计等各个环节，冯老提倡并邀请学生参加，加深书本学习和理解，使同学们炼就了搞棉花科学的扎实的基本功。

冯泽芳先生对中国棉花学院建设非常关心，多次去教育部、农业部及河南省教委汇报和写报告，阐述成立棉花学院的重要性和必要性，1958年大跃进是建校的好机遇。国家和河南省委很重视，列入重点建校计划。很快划拨了土地和大批资金，逐步配备和选派专职教师和常务校长，一个正规学院雏形在中棉所的西侧建成了。他亲自参加学院教学计划和规章制度的制定并逐渐完善，建立了井然有序的教学秩序。

1961年河南省委贯彻"调整、充实、巩固、提高"八字方针，把四年本科的中国棉花学院改名为三年大专的安阳棉专。1961年送出了第一届安阳棉专毕业生，并且本年起安阳棉专并入百泉农专。从此以棉花命名的专修大学终止了。

安阳棉专的毕业生遍布河南省各植棉地（市）县，1962年又分配到新疆等棉区，就第一、第二届毕业生说，大部分毕业从事棉花的教学、科研与生产工作，成为河南省棉花战线上的主力军、生产第一线的指挥员和战斗员。大部分人晋升了高级职称，如教授（马致民等）、研究员（杨新民、王惠萍等）和高级农艺师（刘士信等）。也有从政的当了地（李俊尧、白敬亚等）、县（张学孔、侯代贤等）、科级干部。他们都做出了卓越的成绩，不少人被选为劳动模范、专业技术拔尖人才、先进科技工作者、优秀科技人才等荣誉称号。他们选育出一批高产优质的棉花新品种，在生产上推广应用，做出了大量有价值的科研成果，获得省级以上科技成果奖，撰写一批有关棉花的图书和水平较高的论文，对祖国植棉业的发展起到积极作用。

我本人1961年毕业后，一直在河南省南阳市农科所搞棉花的科研和生产工作，40多年如一日，主持棉花育种、良繁、杂优、耕改、栽培等60多项课题。选育棉花新品种8个，杂交棉7个。撰写科普书8册，编著《南阳棉花科研与实践》。省级以上刊物发表论文百余篇，荣获市级以上科技成果奖40多项，其中国家级2项、省级11项。国家发明专利2项。

国家奖励工资,晋升研究员,获得市科技拔尖人才,省、市先进科技工作者诸多荣誉。这些成绩是和冯老的教诲分不开的,也是对冯老酷心创办棉花专业学院的回报。写这篇文章是对冯老师的最好的哀思和纪念!冯泽芳先生永远活在我们心中!

冯泽芳先生一生以国家和人民为重,他兢兢业业地干事业的精神和严谨治学的良好作风,极大地促进着我国棉业的飞速发展。他执着的献身植棉业,功垂千古。他品德高尚,高风亮节,令人敬佩。我们永远不会忘记!

本文作者1961年毕业于中国安阳棉花学院,河南省南阳市农科所研究员。

视棉如子女　育种创奇迹
——缅怀艰苦创业,成绩卓著的棉花专家冯泽芳教授

马万明

2009年2月20日,我国著名的棉花科学家和农业教育家、中国现代棉作科学主要奠基人之一的冯泽芳先生诞辰110周年。在这一历史时刻,让我不禁怀想起先生不平凡的一生。

我从小就敬仰棉花专家冯泽芳先生。因为我生在盛产棉花的南通,从小就和棉花打交道,经常参加棉田的除草及拾棉花等农业活动。其间,常听大人们说起:"我们南通的棉花品质好,产量高,是多亏了冯泽芳在南通农场选种、育种、繁殖和推广的成功。"从孩童时起,我就对冯老先生有了好感。真巧,我复旦大学毕业后被分配到中国农业科学院和南京农学院双重领导下的中国农业遗产研究室工作,室主任万国鼎教授根据工作需要及本人的兴趣,决定安排我从事棉史方面的研究工作。这为我了解冯泽芳先生的生平,研究冯泽芳先生的学术思想打开了大门,更进

一步增进了我对冯老的感情和学习冯先生优秀品质的决心。

冯泽芳先生生于晚清时期，此时正值国家多事之秋，国家国力衰疲，政局动荡不安，政府出于维护统治的需要，决心仿效西洋，出台新政，试图重振朝纲。同时，一些社会有识之士也极力倡导改革自强，并积极付诸实际行动，一股学习西方科技，以图国家自强的运动迅速兴起。发展近现代教育成为这一时期改革的先导，延续1 300余年的封建科举制度因之终结，取而代之的是以京师大学堂为代表的近现代新式学堂的兴起。这是一项具有重大意义的改革，新式教育给了各阶层的人民，特别是长期以来处于社会底层的农民阶层的子女接受教育的机会。同时，政府开始成批向国外派遣留学生。这些举措为我国培养了一大批科研的中坚力量，对中国的近现代科技发展产生了重大而深远的影响，为我国的近现代化事业奠定了重要的人才基础。他们中的许多人后来成为中国社会发展的重要力量，冯泽芳先生就是其中一位杰出的代表。

冯泽芳，字馥堂，1899年2月20日出生于浙江省义乌县赤岸乡一个经营小中药铺的农民家庭。先生童年在乡下读私塾和小学，14岁进入金华浙江省立第七中学。1917年中学毕业后，因家贫未能继续升学而回县在私立稠南小学当教员。但好学的冯先生并没有因此放弃他的学业和理想。他一边工作，一边学习，于1918年考入免收学膳费的南京高等师范学校农业专修科。1921年毕业时，该校升格为东南大学。按规定，原农业专修科的毕业生在补读学分后便能取得本科学历。冯先生只好再次边工作，边读书，花了4年时间才于1925年拿到毕业文凭。其间的艰辛，确实非常人所能想象。但他并没有被挫折经历所压倒，而是利用这段时间，更加努力钻研，取得了丰硕的成果。在此期间，他潜心棉花科研工作，先后发表了7篇论文，其中《中棉形态及其分类》是整理我国种植的亚洲棉的最早著述。《中棉之孟德尔性初次报告》是孟德尔定律重新发现后应用于中棉性状遗传研究的初次报道。这些成绩的取得为他赢得了社会的广泛赞誉，也因此获得了更为广阔的发展空间。

1930年，冯泽芳获得了到美国康乃尔大学学习的机会，并于两年后凭借毕业论文《棉作田间试验技术概论》获得硕士学位。1933年再凭论文《亚洲棉与美洲棉杂种遗传学及细胞学的研究》获得博士学位，该文于 1935 年发表在美国《植物学杂志》（Botanical Gazette）上，论文发表后，在学术界引起很大反响。

第一次世界大战的爆发为我国民族棉纺工业带来了发展时机。机械纺织需较高品质的棉花，而我国当时栽种的中棉及退化洋棉产量低、品质差，不适合纺织工业的需要。1919 年华商纱厂联合会为解决原料问题，邀请美国棉花专家顾克（Cook）来华指导国内棉种改良。顾氏将 3 个美国品种在国内多处试种，最后肯定了脱字棉和爱字棉较为适宜。在这一结论的影响下，这两个美棉品种成为之后 10 多年中的主要推广对象。1932 年中央农业实验所成立，聘请美国康乃尔大学洛夫（Love）教授为总技师。他认为当时中国种植的棉花品种不够理想，并于 1933 年征集了 31 个中、美棉品种在南北棉区进行区域试验。一年后，洛夫回国。此时正值冯泽芳学成归来就任中央棉产改进所副所长，并接替洛夫继续主持这项工作。经过 4 年的多点试验和实地考察，得出"斯字棉"成熟早、产量高，适于黄河流域棉区种植，"德字棉"适于长江流域种植的结论。这两个品种推广之后，深受农民欢迎，产生了重大的经济和社会效益。"斯字棉"和"德字棉"的推广不仅在抗战时期为大后方的纺织工业提供了优质棉原料，也为中华人民共和国成立初期华北普及优质棉品种，发展棉花生产打下良好基础。不仅如此，这次区域试验还因为在国内主要农作物的区域试验中首开先河产生了重大而深远的影响。除战争时期一度中断外，开展农作物区域试验迄今已延续半个多世纪，并且成为国家评选优良品种进行区域化种植的关键环节，对提高我国棉花生产和改善纤维品质起到了重要的推动作用。

20 世纪 30 年代的棉花育种工作，都是纯系育种或品种间杂交育种；对棉属的分类，多以形态特征和纤维性状为主，较少采用细胞学或细胞遗传学的方法进行研究。冯泽芳为拓宽棉花种性改造的途径，大胆从事美洲陆地棉和海岛棉与中国亚洲棉的种间杂交及其后代的遗传学和细胞学研究。亚洲棉与美洲棉的杂交属于种间杂交，原先很难成功。冯泽芳从大量的杂交试验中明确了以染色体多的美洲棉作母本，以染色体少的中国亚洲棉作父本，可以得到极少量的杂种，这在当时是一个新论点，并为以后的实践所证实。他根据杂种一代花粉母细胞第一次减数分裂中期染色体构型，分析了种间不易交配性及杂种一代不育性的原因。这些观点和所提供的富有说服力的论证数据，在当时处于同类研究的先进水平。这是冯先生发扬勇于开拓、大胆创新、自力更生、洋为中用的精神奋力研究而来的成果。今天追忆起来，很值得我们学习。

"七·七"事变后，中央棉产改进所于1938年撤销，并入中央农业实验所，冯泽芳任技正兼棉作系主任，后又兼云南工作站主任。在云南工作期间，他肯定了当地离核木棉（多年生海岛棉）的应用价值，并与有关部门协作积极建设西南长绒棉区。在推广木棉期间，他经常和助手们下乡，趁赶集日子向农民宣传种木棉的好处。初始阶段，农民收获的木棉无处出售，冯泽芳便自己出资收购，轧出皮棉后再行销售。这样不仅资金得到周转，而且棉籽也可以赠给推广委员会作为扩大繁殖之用。冯泽芳推广木棉，不遗余力，倾注了全部心血。他给助手的信中曾写道："斯字棉、德字棉和木棉是我的三个孩子，我爱木棉同爱我的小女儿一样。"这种爱棉如子之心，何等感人！他的学生和助手俞启葆在《冯泽芳先生棉业论文选集》（1948）的编后记中写道，据估算推广木棉所得的经济效益，其年生产价值比当时国民政府支付的全年农林经常费还多出1/3。

中国棉区划分研究是冯泽芳对我国棉花事业的重大贡献之一。自20世纪30年代以来。他经常在棉区调查，对棉花的地理分布和生产问题有比较深刻的了解。经过20多年的研究，他在1936—1959年曾先后6次发表过有关我国适宜棉区的文章。他根据棉区的无霜期、温度、雨量、日照等气象因素，地势、土质、海拔等地理条件，与棉花的分布、生长发育、产量构成的关系，以及农情调查、品种区域适应性等研究资料，通过反复实践，不断深化认识，对中国棉区的划分由原来的三个发展为黄河流域、长江流域、特早熟、西北内陆及华南五个棉区。指出一个棉区的棉种移至另一区种植，产量有降低的趋势。这一指导性的意见对棉花育种和良种推广有很大实用意义。30年的实践检验，证明上述分区符合客观实际，至今仍为棉花科技界所沿用。其后的棉区划分研究，基本上是在这个基础上进行的。冯泽芳在20世纪30—40年代就曾指出，淮河流域现在产棉不多，但从宜棉的条件来看，在疏导淮河后应成为产棉盛区。如今淮河经过重点治理，黄淮海平原已成为我国棉花生产的重点开发区，冯泽芳的预言已成为事实。

冯泽芳从发展棉花生产的总目标出发，先划分宜棉区域，开拓植棉业，然后考虑加工工业与种植业密切配合，以便利农产品的销售和工业原料的供给。他认为今后应建设好棉业区，即在最有利的环境中植棉，在棉产集中的地区发展棉纺工业，这样可以扩大主要棉区，淘汰小棉区；各省不宜提倡棉产自给，应因地制宜发展各自的特产，建成各种特用经济作物区。对于特用经济作物区划，他也主张应在全国范围内实行合理的区域分工，如分别在最适宜的区域发展棉业区、茶叶区、丝业区等，以求国民经济的协调发展和自给。这一设想与当今我国棉业发展的许多具体做法不谋而合，可见冯泽芳先生的远见卓识。

1949年国民党政府撤离南京时，冯泽芳接触到由北京派来上海联络科技界人士的沈其益教授，了解了党的知识分子政策，决定留在南京，回到中央大学任教。在那里他迎接了解放，从此，就以更加饱满的热情，为新中国的棉花生产和科教事业的发展而奋斗。1956年他参加我国十二年远景规划的制定工作，积极建议成立全国棉花研究所。在得到批准后，亲自参加筹建工作，并于1957年就任中国农业科学院棉花研究所首任所长。他怀着极大的热情，放弃了大城市优越的工作和生活条件，率先来到棉区腹地——河南省安阳安家落户，主持工作，决心为我国棉业改进事业贡献毕生精力。

冯泽芳虽然在事业上有很大成就，成为我国棉业改良的一代宗师，但他始终虚怀若谷，谦虚谨慎，经常提到师长和同学们对他的教诲和帮助。在他50周岁时，曾套用胡适《尝试集》中诗句自咏："清夜每自思，此身非吾有，一半属师长（胡诗原为一半属父母），一半属朋友"，表达了他对师友的怀念感情。他一生治学严谨，知识渊博，在长期担任中央大学、南京大学和南京农学院（现南京农业大学）教授期间，一直勤奋学习，精益求精。一方面，他提倡教师要联系生产实践，从事科学研究工作，以不断丰富自己的知识与经验。另一方面，他教导学生说，一个人在事业上的成就，除天资外，更重要的是靠勤奋学习，他勉励学生注重自学，独立思考，锻炼思维能力。只有这样勤学苦练，将来才能成为有用人才。他言传身教，为农业特别是棉花专业培养输送了大批人才。

2009年9月22日，冯泽芳先生去世50周年，他的去世是我国棉花界的重大损失。今天，我们缅怀冯泽芳先生，一方面可以通过冯先生的事迹回顾整个近现代棉花种植科技的发展历程，更重要的是通过这种回顾，发现在他身上所体现出来的前辈的优秀学风和不朽精神。冯泽芳先生品德高尚，廉洁奉公，为我国农业教育和棉花生产与科研事业奋斗终身，作出了卓越贡献。他是我国农业科学家和教育家的楷模，永远值得后人学习。

2010年6月于南农家中

本文作者1962年毕业于复旦大学历史系，中国农业遗产研究室、南京农业大学人文学院副研究员。

我对冯所长的回忆

魏希云

我和冯泽芳所长在棉花所一起工作近一年时间，我对冯所长的评价是：他在工作中实事求是，生活中艰苦朴素，具有平易近人的优良品格和作风。他经常深入到棉花试验田里调查研究，在1959年7、8月份，我跟冯所长到棉花试验田里，当时天气炎热，温度高达38.9度，老所长戴着草帽，弯着腰，拿着放大镜对着一棵棵棉花进行分析研究，一干就是近两个小时，累得满头大汗，不断擦汗擦眼泪，当时我给他拿东西，我才20岁的小伙子都实在热的受不了，老所长的不怕苦，不怕累，为棉花研究事业的奉献精神永远记在我的心中。老所长的一生是献给中国的乃至世界的棉花研究事业。

冯所长的实事求是、艰苦朴素、平易近人的优良品格和工作作风,受到干部、工人的高度评价。我记忆中在安阳市召开一次学术交流会,当时有6位苏联专家,他教我叫什么名字,一位沙柯洛夫,一位叫米哈依良茨,其他4位记不清了。晚时他到我们工作人员住处,问长问短,征求意见,没有一点官架子,还记得教我几句,"达斯达念""西叭西叭"(俄语音译再见、谢谢),很受工作人员好评。

他那严于律己,艰苦朴素的形象深深留在干部、工人的记忆中。我们永远怀念我们的老所长冯泽芳。

本文作者1958年10月为棉花所通讯员,负责所长外出开会等服务及安全保卫工作。1985年调安阳市工业品贸易中心任保卫处长。

冯泽芳

冯永康

我国的棉花遗传育种研究始于1920年代。在这一研究领域中,冯泽芳是当之无愧的主要开拓者。

1899年2月20日,冯泽芳出生在浙江义乌赤岸村一个农民家庭。他从小聪明颖悟,勤奋好学,1906年,在当地新办的端本学堂里开始接触新思想,学习新知识。1913年,他考入于浙江省立第七中学(现金华一中)。1916年12月毕业后,因家庭经济困难,回到家乡私立稠南小学任教。

1918年冬,冯泽芳考入免收学费和膳费的南京高等师范学校。1921年毕业时,适逢南京高等师范学校升格并改名为东南大学。按学校条例规定,原专科学生,再继续补读满学分后,可获本科毕业文凭。因家庭经济拮据,他只好一边工作,一边补读学分,先后做过东南大学助教、江苏省立第三农校和第一农校教员。1925年6月,他毕业于东南大学农科农艺系。

在就读东南大学期间,冯泽芳发表了7篇论文,1篇译文。其中《中棉之形态及其分类》之论文(中棉,即亚洲棉,$G. arboreum$),是他历时两年多,观察了112个不同品种列成的完整的中棉分类系统表。此文发表后,国内外学者才比较系统全面地了解了中棉究竟有多少种性状和类型,由此奠定了中国亚洲棉分类的基础。

从1923年开始,冯泽芳首先对亚洲棉的11个质量性状的遗传行为进行研究,经过连续种植试验的结果,他发现其中10个性状的显隐性状之比接近3∶1,与孟德尔定律是一致的。1925年,他将初步研究的结果,撰写成《中棉之孟德尔性初步报告》的论文,发表在当时的东南大学《农学杂志》第2卷第7期上,这是我国学者在孟德尔定律重新发现后,首次以亚洲棉为研究材料,对棉花性状遗传研究结果的最早报道。

1928年,他通过与孙逢吉合作对亚洲棉质量性状的进一步研究,在中央大学《农学杂志》(特1号)上再次发表了《中棉之孟德尔性初次报告》的论文。这期间,他还与冯肇传合作,就亚洲棉质量性状遗传的研究结果,发表过《中棉之遗传性质》的论文。1927年,他发表了《中棉纯系育种方法之研究》两篇论文。

1930年秋,冯泽芳考取美国康乃尔大学研究生,专攻棉花的遗传育种。在康乃尔大学的3年时间,他潜心做研究,坚持理论创新必须要有实验为证明。寒冷的冬季,他也继续在温室里做棉花的遗传性状之观察。棉株开花吐絮时,上面挂满了记载着各项数据的纸片,引得他的那些洋同学常在窗外驻足观看,并戏称为"圣诞树"。他充分利用美国实验室的先进设备,在显微镜下仔细观察棉花细胞的染色体。1932年,他获得硕士学位。翌年夏天,又因论文优秀而获得哲学博士学位,并获得颁发给优秀毕业生的金钥匙。

1933年秋,冯泽芳学成归国。由邹秉文推荐,就任棉业统制委员会技术专员。他以孙中山"立志做大事,不要做大官"的话为座右铭,把自己毕生的精力献给中国的棉花事业。

1930年代的棉花遗传育种工作，都是纯系育种或品种间的杂交育种，对棉属的分类多以形态特征和纤维性状为主，很少采用细胞遗传学的方法进行研究。冯泽芳为拓宽棉花种性改造的途径，大胆从事陆地棉与亚洲棉的种间杂交及其后代的遗传学和细胞学研究。他从大量的杂交试验中，发现并证明了以染色体多的美洲棉作母本，以染色体少的亚洲棉作父本，可以得到极少量的杂种。他根据杂种子一代花粉母细胞减数第一次分裂中期染色体的构型，分析了种间不易交配性和杂种一代不育性的原因。这些观点和所提供的富有说服力的论证数据，在当时处于国际同类研究的先进水平。

1934年，冯泽芳通过多年对亚洲棉和陆地棉（又称"美洲棉"G.hirsutum L.）种间杂交的细胞遗传学研究，其论文《亚洲棉与美洲棉杂种之遗传学及细胞学的研究》在中央大学《农学丛刊》第1卷第2期上刊载。该论文原著（英文稿）于1935年发表在美国的Botanical Gazette杂志（96卷）上，颇受国内外研究者的重视。这篇论文是对棉花性状遗传和棉属种间细胞遗传学变化的较早报道，解开了当时学者都不知道的亚洲棉与美洲棉种间杂交很难成功以及杂交成的第一代皆不育之谜，为棉花育种研究开辟了一个新的方向。

值得指出的是，冯泽芳的《亚洲棉与美洲棉杂种之遗传学及细胞学的研究》之博士论文，是在国内事先构思和设计好的题目，只是借留学深造之便，利用国外的先进设备和科研资料（仅参阅有关文献就达到100余篇），发扬勇于开拓、大胆创新、自力更生、洋为中用的精神奋力研究而来的成果。今天追忆起来，值得年轻的学子们很好地借鉴和学习。

1934年，中央棉产改进所成立后，冯泽芳担任副所长兼植棉系主任，主管研究和推广。中央农业实验所成立之初，曾多次引进美国良种，但效果都很不理想。这是因为中国棉区广大，各地气候、水质、土壤条件差异很大，什么地区种植什么品种最好，尚缺乏系统的理论指导。冯泽芳接任美国专家洛夫（H.T.Love）在中国推广棉花良种的区域试验工作后，首先对全国各省棉区作调查研究，他平均每年有一半时间在各地调研，足迹踏遍各个产棉地区。他将试验方法加以改进，在黄河流域和长江流域的10个产棉省，选择水、土、气候有代表性的地点，共18处，作为品种区域试验的基地。在每年棉株生长季节和收花之后，他都要到这些试验点详细考察、记载、总结和进行指导。1930年的中国农村，穷乡僻壤，交通极其不便，连某些县城都不通汽车，可以想见该项工作的艰苦程度。经过多年的试验，在黄河流域棉区，美洲棉斯字棉4号，平均增产11%～67%，品质也比脱字棉为优，是高产优质的最佳品种。在长江流域棉区，最优质高产的品种则是美洲棉德字棉531号，平均增产15%。

1936年，冯泽芳在云南考察时发现并鉴定了一种纤维细软而有丝光的优质长绒棉——离核木棉，并积极提出建立西南长绒棉区。他经常和助手们下乡，趁赶集日子向农民宣传种植木棉的好处。从植棉技术到领垦荒地、贷款办法等，他挨家挨户进行宣传并帮助办理各种手续。木棉长成以后，又组织农民参观种得好的地块，介绍经验。他以惊人的耐性和细心，用事实来说服教育农民，扩大木棉的种植。

全国棉花品种区域试验曾一度中断，直到1956年才恢复。1956—1957年的试验结果，冯泽芳等又肯定了徐州209号、彭泽4号等著名良种。这项工作至今已延续了60多年，并成为国家评选良种的严密体制。

冯泽芳在1956年所著的《中国的棉花》一书中，提出中国棉区宜划分为黄河流域、长江流域、特早熟、西北内陆、华南五大棉区。某一棉区的良种，移到另一棉区种植，效果将变差。该项研究成果，对棉花育种和良种的推广都具有重要的指导意义。他认为：以积极性言之，棉花育种工作可集中在棉区的中心试验场，育成的良种，推广于本棉区内；以消极性言之，如遇水旱灾害而缺乏棉种时，只能在本区内采办，而不要异区采办。这种分区进行棉花种植，经过几十年的实践检验，证明符合客观实际，至今仍为科技界沿用。

在研究棉花和棉区划分的同时，冯泽芳还悉心研究棉工业布局。他的主要设想之一是：在产棉集中、交通便利的地方兴建棉纺工厂，以利农产品的销售和工业原料的供应，使加工工业和种植业密切配合；全国达到棉花自给和棉纱、棉布自给，而各省绝不要搞自给，那是不可能的或是可能但不经济的；其他各种特用经济作物也应这样实行全国合理分工的专业区。很显然，这样的设想对国家经济的发展，是具有重要意义的。

1949年国民党政府撤离南京时，他接触到由北京派来上海联络科技界人士的沈其益教授，了解到中国共产党的知识分子政策，决定留在南京，回到中央大学任教。从此，他以更加饱满的热情，为新中国的棉花事业的发展继续奋斗着。

1952年，全国高等学校进行院系调整，冯泽芳随之来到南京农学院，讲授棉作学、农艺讨论和作物育种学等课程。在南京农学院任教期间，历届的毕业生大会，都请他去讲。他热情洋溢地勉励学生："到祖国任何地方去工作，都能大有作为。"

1955年，他被选聘为中国科学院学部委员（院士）。1956年，他参加了我国十二年科学规划会议，受到毛泽东的亲切接见。参会期间，他积极倡议成立全国棉花研究所。1957年中国农业科学院棉花研究所正式成立，他被任命为首任所长。

1958年3月，棉花研究所搬迁到河南安阳白壁乡新址。冯泽芳举家率先离开条件优裕的首都，来到这个条件艰苦的农村。他不计较个人得失，仍然一心一意地工作。

1959年9月22日，冯泽芳——这位在国内外享有崇高威望的科学家，不幸过早地离开了我们。

1997年4月，在棉花研究所成立40周年庆祝会时，中国棉花学会的会员们，捐款铸造了冯泽芳铜像，留住他睿智而和蔼的容貌，举行了冯泽芳铜像揭幕仪式。时任棉花所所长汪若海说："至今为止，中国棉花科技界在学术与威望方面，尚未有超过冯老者。我们应该纪念他。"

本文作者1978年毕业于西华师范大学生命科学学院（原南充师范学院生物学系），四川省绵阳第一中学高级教师。

"棉星芳踪"拾经

王鸿新

今年（1997）4月在河南安阳县白壁乡中国农业科学院棉花研究所隆重举行中国农业科学家，棉花宗师，第一任棉花研究所所长冯泽芳院士铜像揭幕典礼。我认为，这给中国的棉花事业竖立了一块历史里程碑。是棉业先辈荣获的人像奖座，是尊师重道中华优良传统的一个典范，同时也显示我国棉花科技工作者付出辛勤精力的永恒标志，是集体智慧的结晶。

50年前（1948年）以俞启葆为代表的冯老学生，严谨地编撰《冯泽芳先生棉业论文选集》，在南京成贤街中大园艺场冯老寓所，他面赠我"棉业丛书"及全家福（5人照片），书面有亲自书写"冯泽芳自留之本"秀而健的字迹，书中有多处批语圈点，是珍贵的冯老手本。今天再拜读它能深刻的了解其博学爱国胸怀及辛勤科研历程，当时是激励我工作的教鞭，今天是我生活座右铭。那册棉业论文选集是冯老学生为敬爱的老师作为50寿辰礼品。这次冯一民来函称，是祝银婚之事。今天方知原委，是诸同学摸透老师，不居功，尚俭朴，忌铺张的性格。用简便方式进行祝寿庆银婚，这一件事可以领略其师生之间的深厚情谊，也看出冯老是个清廉长者。今年是冯老诞辰100周年，从这次筹建安置铜像纪念现实看，中华精神文明传统，正在中国棉花研究所大放光芒。

勤奋学习一步一个深迹，冯老祖父两代务农兼营保和堂中药店，他是晚出，乳名四奶，店堂帐桌是祖父抱孙子认字的场所，基于良好家庭，加上资质聪颖，3岁就能认出赤岸镇街上店号（冯父语），14岁去金华中学读书，义乌籍四人，他年最幼，成绩顶好（同学王伯雄语）。有一年暑假回家正值天旱打江车（连环戽水），全程百华里回到家已傍晚，他就参与踏夜车（冯父语）。投考南京师范时，逢正月大年初一，天降大雪，他与周拾禄两人穿草鞋徒步上杭州（与朱恒纪谈）。美国留学时，勤工俭学尚能节用寄钱上海供二弟泽昌上政法大学读书用（冯父语），刻苦耐劳，行为令人惊叹不已。

埋头苦读，学以致用。20世纪30年代我国农学刚起步，在南京高等师范农科读书期间，就整理中棉标本112种。分类归纳发表《中棉之形态及分类》，是我国农科空白之作。在南京东南大学时边工作边读书，编著《中等棉作学》教材，并发表《中棉之孟德尔性初次报告》，这些都是大学生不敢问津的课题。留美深造时，发表《亚洲棉与美洲棉杂交之遗传及细胞学的研究》在美国权威杂志上，系首创之作。勇敢尝试高深领域课题，没有超高的智慧、坚强的意志怎能决心干且获得成功。

爱国忧民是冯老言行核心。他每次回义乌探亲必先顾我家，父亲常提及大伯（义乌习俗对婿兄尊称）总是说"儿子是国家的，不是私有的。"实质是冯老人生哲理精髓，作为国家公务人员要公而忘私，全心全意贡献一切，他选学农业，把振兴农业为己任，留美获博士学位回国，任中央农业实验所技正，棉产改进所副所长。研究棉业以其扎实的棉花科学根基，广泛深入调查研究，掌握正确数据，全国按气候土质划分5个棉区指导品种，有步骤地领导全国棉花良种繁育推广，奔波各个棉区，看到几百万亩棉花增产、棉农收到实效时，他谦逊地说是局部的，在云南选野生木棉从选采种、劝导、试种、扩种、组织农贷、收购全过程，上下一抓到底。在抗战时期解决缺棉问题，对国对民，对纱厂公认大有裨益，光木棉一项就相当国民政府拨全年农林常年经费还超1/3，在成绩面前，他不是沾沾自喜，在中央大学农学院任院长时对我说："农民问题是个顶大问题，我国80%是农民嘛，他们都很贫困。"他埋怨政治尚未修明，在思想社会转变急剧的时代怎样施展其雄心宏愿，时时在思考中，别人看来，他是事业黄金时期，有谁知那颗忧国忧民的丹心，振兴农村壮志未酬的良苦用心呢！

待人以诚，处事严肃。犹记冯老对我笑着说："我爸盼咐我，你的工作一定要安排好。"的确，抗日胜利1946年春便介绍我去江苏江宁县任合作指导员，旋又推荐我与葛世华（同学）去农林部农推会见仇元组长，后录用了我，葛世华则安排在棉产改进所。后闻棉改所工资，有中纺公司津贴20元,我也提出请调,冯老即严厉斥责:"你的事我以后不管了。"受到批评使我安心工作。冯金莺是邻居,军职文书出身,文学家冯雪峰同班同学,退休后谈到托冯老找工作时,陪他去见总务主任(一位前清秀才),总务主任当面要他默写一篇"国父遗嘱",主任看后点头说:"不讨厌,不讨厌。"被录用,冯金莺敬佩冯先生人情理法都周到。一次冯老谈表妹夫胡永锡去萧山棉场工作,程场长拟委总务科长,我说不妥,安排一项具体工作为宜,结果派任棉虫观察,工作胜任愉快,有建树。王锦祥江西中正大学毕业,曾托中正大学农学院院长谋事未果,是冯老玉成其去农林部林业司工作的(王锦祥谈)。量才用人善携后进,真是严师又是慈祥长者。

　　缅怀棉星沉浮,喜沐求实春风。1950年腊月我由金华专署奉派去南京大学参加华东农林部与南京大学农学院合办农林调查统计训练班学习,再次亲聆教诲,还听过冯老棉花栽培技术课,他讲解通俗易懂。如棉苗整枝,他边示范操作边说这叫"脱裤腿",真够农村味的,这是高级知识分子长期深入基层工作中总结出的大众语言。我还参加南京市郊菊花乡土改工作调查,在土改运动高潮,冯老任南大图书馆馆长,那时农业界普遍学习苏联米丘林学说,他那种中棉13,美棉26染色体减数分裂孟德尔育种科研工作者,必当反面教材批判,可讲课还是那么风趣,城府多深啊。1954年被选为江苏省第一届人大代表。1955年6月被选任为中国科学院生物学地学部学部委员。我想他那时才施展其特长,主持恢复全国棉花品种区域试验,1956年参与全国12年远景规划,陪同苏联专家考察棉区生产,参加国际学术交流。1957年赴苏联全苏棉花研究所考察,并应邀参加十月革命40周年纪念活动,1957年在他积极建议下成立中国农业科学院棉花研究所获得批准时,率先携带家属到生活条件悬殊的黄土地扎根,尽心筹建与研究工作,要为国家竭尽精力,贡献自己的才智。可惜在猛刮浮夸风的岁月,冯老实事求是被指为右派保守。1959年9月不意撒手离开人世,他自己以棉花品种当子女,永远与亲人别去。直到1980年1月9日平反,在北京八宝山为他补开追悼会。转瞬21年了!

现在神州大地人民过着有史无前的美满幸福日子,全世界周知,是刚逝世的中国共产党杰出代表政治家邓小平以其非凡魄力,引导沿着有中国特色的社会主义道路,实行改革开放,使经济建设日新月异,飞跃着前进。棉业生产也后继有人,天山山麓出现大棉田就是一例,现正在实现老一辈未竟的更大的事业,冯老九泉有知可含笑安息了!

1997年3月

本文作者1939年毕业于金华实验农业学校,浙江省东阳农业局农技师。

怀念大舅父——冯泽芳

金鸿程

小的时候听母亲说,大舅父(泽芳)天资聪颖,记忆力超人。虚岁四岁时就能将《三字经》《诗经》熟读成颂,朗朗上口。出入家门时都口颂"人之初,性本善,性相近,习相远……"深得邻居街坊的赞扬。那时赤岸村还没有小学,就到3里路外的乔亭村去上学。现在乔亭村上还有人立了大舅父的铜像,供着纪念他。可见他给家乡人留下了深远的影响。10年前,我在一次回家之便,学生冯志来(乔亭人)邀我去看看这个展室。我十分感激年轻人对这位现代农业科学家(棉花研究学者)前辈的敬仰和纪念。早年,外公家境并不好,外婆每天做一灶豆腐零卖,以补家用。大舅父全靠自己的优异成绩,考取了并读完了金华七中、南京高等师范农业专修科、东南大学农艺系及美国康乃尔大学,获得了哲学博士学位。

1940年我在赤岸双岩小学读高小时,在图书馆看到一套《少年儿童文库》(商务印书馆出版)有几百本之多,原来这是大舅父购赠的。可见他对家乡教育的关怀。

第一次见到大舅父是1937年的正月,在庆贺外公70岁生日的时候,那年我10岁。大舅父给我的印象是:身躯高大,天庭饱满,方脸大耳,脸上堆满慈祥的笑容,说话声若温泉流水,亲切感人。此后,抗日期间就一直没有见面。

抗日胜利以后,1946年秋天,大哥鹏程带我到南京师范求学。到南京第一个晚上就住在大舅父家里,大舅父一家也是刚从四川重庆复员还都的(注:回南京)。大舅父忙于教学、著书、清理稿子,他理好了就交给子女一民、紫琅给他誊清。这样也教育培养了子女。那个晚上我睡在地板上,心想:复员还都的许多大员,都千车百担地复员回家,而大舅父身为中央大学农学院院长,住的只是两间矮房子,家里简陋如贫民。可见他是多么清廉。

平日,我忙于学业,没有常去大舅父家。有一个星期天,去他家吃中饭。席间并没有大鱼大肉,四盘小菜,旁边摆着一个馒头。因为大舅父患有胃病,不能吃米饭,只能吃面食。也可见他的生活是多么艰苦和俭朴,往年也忍饥挨饿致病。

1949年秋天,外公因病去世。大舅父奔丧回家。我们在外公家见了面,这次他严肃地批评了我,他说,我做这么大的官都没有逃,你逃回来干什么?从这里可见大舅父早已看清了大局趋势,看清自己的政治方向。而我却还蒙里蒙懂的,茫然不知所向。相形之下,我无地自容。

在"大跃进"年代里,大舅父坚持真理,实事求是,却被极左分子诬为右倾。大舅父不为所屈,以身明志,维护了自己的尊严。这高贵的品质,永远值得我学习。

这是一出那个时代的悲剧。然而,也是一曲一位科学家的赞歌。

本文作者1949年南京师范学校毕业,1954年浙江师范学院毕业,浙江建德教师进修学校教师。

忆大伯父——冯泽芳

冯宝贤

回忆泽芳大伯三次回义乌的情形

第一次：1947年，我爷爷80岁，大伯、二伯都回老家给爷爷做寿。做寿那天，来拜寿的亲朋好友很多，大伯就带领全家老少到村口去迎接，很是热闹。我那时才5岁。

第二次：1949年爷爷病故了，大伯和伯母一起回家奔丧。那天连绵阴雨，从义乌城里到赤岸，有50多里路，那天伯父他们是冒着雨步行到家的。我跟着我爸走了3里路接到他们的，到家后，大家都说："这么坏的天气，还如此辛苦的走路回家，你这么有地位的人，可以坐轿回来的呀！"大伯笑着说："这样挺好的，你们看，身上都很暖和了。"

后来我奶奶与双目失明的姑妈的生活费都是由我大伯家提供的。因我爸爸是聋子，我妈又在1946年因难产去世，我们家的生活很是困难，大伯就不要我们家负担了。大伯每月都按时寄回6元钱，当时大家都议论说，泽芳的收入应该很高呀，怎么才寄这么点钱，太小气了！直到1973年我结婚的时候，那天，大家又谈起大伯小气的事，我舅舅王鸿新对大家讲，大伯自己并不宽裕。我才知道，当时大伯他们家的生活也是很困难的。1952年，奶奶去世了，大伯因忙于棉花研究，未能回家。

第三次：1953年大伯回家，那时正值棉花开收的季节，大伯亲自到农田指导种植棉花技术。那年我弟弟宝田已经9岁了，还没有上学，在家帮大人做事。大伯问："怎么还不去上学？"双目失明的姑妈说："四奶（泽芳乳名），他家里连饭都吃不饱，哪来的钱读书啊！"。大伯说："我来出钱，让他去读书。"从那时起大伯每学期都寄来学费5元，直到大伯去世。

1986年我在东阳县轻纺总厂服装分厂当供销员，刚到厂，我就要求到河南出差，可顺便给大伯上上坟。到第三天，我就赶往安阳市白壁棉花研究所,可工作人员说坟墓已没有了。

回忆双目失明的姑妈讲泽芳大伯小时候的故事

泽芳大伯因有姐弟,排名第四,乳名叫四奶。他从小聪明过人,很好学很懂事。那时,赤岸有99家商铺,我太公家也开了家小药店,太公就教他商号名称,4岁时,他就都能读下来了。大伯4岁那年,有一次,他跟我太公到平望(村名)外婆家去,外婆家有个表哥叫祖贤,比泽芳大两岁,泽芳大伯就跟表哥及邻居小孩玩游戏,这时大伯的舅舅就叫表哥去读书,那时读的是"三字经",但是表哥教了几遍也读不来,舅舅大骂起来。这时泽芳大伯说:"我不看也背得出来!"那时好多大人都在那里聊天,听见泽芳大伯的话,在场的人一下子都朝泽芳大伯这边看过来,七嘴八舌地说,那你背来我们听听。这时大伯就一口气背完了千字文,大伙个个都听呆了,伸出大拇指称赞:"真了不起,神童!神童!"大伯说:"我可不是神童,这些都是爷爷教我的。"到5岁时就更懂事了,能帮家中做好多事了,看看店门,卖卖小东西等。上学时,同班人中他年纪最小,成绩最好。大伯上有3个姐姐,下有二弟一妹,全家11个人一起生活,家中经济确实困难,但他总是艰苦而上,有一次在金华读书,放暑假回家,那时没有火车,从金华坐船到佛堂,付了船费身无分文了,船到佛堂后,饿着肚子还要走16里路才能到家,因饥饿过度。到家就晕倒了。母亲连忙烧姜汤给他喝,这才慢慢苏醒过来,说明情况后,母子抱头痛哭一场。

村里人讲泽芳大伯的事

91岁同村人冯洋标说:"泽芳是我们的榜样。"他说,大约民国22年家乡大旱,当时泽芳是博士生,一回家马上到农田去踏水车抗旱。我们几个年经人在家里玩,我父亲看见后对我们说:"人家博士生都出去踏车抽水了,你们在这里玩,好意思不?"我们几个年轻人就红着脸都去踏车了。

89岁同房婶婶(冬兰)讲,你爷爷(大伯的父亲)对子女教育很严的。一次大伯二伯两兄弟都坐轿回来。爷爷看到了就大骂起来:"我背锄头你们坐轿,简直无法无天了。以后再不能坐轿了,要穿草鞋走路回来!"兄弟俩就听从父命,后来每次回家,真的都穿草鞋走路回家。二伯的烟瘾很大,你爷爷看到就大骂说"我们家祖宗三代都没有人抽烟,你倒好,抽起烟来了,要抽烟就给我滚出去,不要进家门!"烟瘾来时,二伯只好偷偷到外面去抽了。

义乌史志,2010年第三期田力朱淑良文"棉花之父冯泽芳"中还写道"丁景新(在中央文化部退休的义乌老乡)回家探视聊天时提及冯泽芳。丁景新讲了周总理在一次接见美国朋友谈话时的对话,美方问"贵国有个叫冯泽芳的人?"总理答:"有。"美方问:"他在做什么工作?"总理答:"在当教授。"美方说:"可惜啊!可惜!冯先生是个了不起的人才呀!"。

本文作者冯泽芳侄子,在义乌老家务农。

义乌第一院士:冯泽芳

鲍 川

义乌第一位院士,也是迄今为止唯一一位中国科学院院士的冯泽芳,是中国现代棉业科学界公认的一代宗师,也是中国现代棉业科研奠基人之一。他虽然已经离开人世整整40年了,但是"至今为止,中国棉花科技界在学术与威望方面,尚未有超过冯老者。故而我们应该纪念他"。上面这段话是现任中国棉花研究所所长汪若海对冯泽芳一生的高度评价。

冯泽芳1899年出生于赤岸村一户贫苦的农家。他自幼好学,曾在乔亭瑞本小学读书,后考进金华省立七中。由于家境贫寒,每逢节假日他总是步行回家。有一次从金华走回家天色已黑,可是家里人还在田畔抗旱。于是,他不顾一路上的疲劳,又转身去踏水车戽水,直踏到天亮。勤耕好学的冯泽芳,19岁那年为了考进南京高等师范农业专科。在寒冬腊月的天气,他和同乡周拾禄(后来成为中国著名的水稻专家)一起，硬是踏雪从义乌走到杭州参加考试。进校后，他从家里带到南京的棉被又薄又短，脚常伸出被外，冻得受不了，他就解下裤带扎住另一头，然后，身体从另一头钻进去才勉强睡着。梅花香自苦寒来，冯泽芳终在1930年考上了美国康乃尔大学的研究生，并潜心攻读棉花遗传育种学。留美3年，他几乎没有闲暇时间游玩娱乐，自称"五不会"："我这个留美学生，一不会跳舞、二不会唱歌、三不会打牌、四不会游泳、五不会开汽车，是个土包子。"寒冬，他独自一人钻进实验温室，埋头科研。有趣的是，实验室里他栽培出的棉花开花吐絮时，由于写有各种数据的纸片挂满在棉树上，引起了各国学生在窗外驻足观看，冯泽芳培育的株株棉花也被学生们戏称为"圣诞树"。

功夫不负有心人，冯泽芳这位来自中国的农家子弟，在获得硕士学位后，又拿下了博士学位，他的博士论文《亚洲棉与美洲棉杂种之遗传学与细胞学的研究》，发表在美国《植物学报》上，引起了中外学者的广泛关注。

冯泽芳回国后，先后任中央农业实验所棉产改进所副所长兼棉作系主任，中央大学教授兼农学院院长。新中国成立后任南京大学和南京农学院农艺系教授，中国科学院生物学地学学部委员后来改称为中国科学院院士，中国农业科学院棉花研究所所长。冯泽芳身居院士和所长高职，却始终不忘祖国的棉花事业，他常年离家奔走在全国十多个产棉省的田头地角。风尘仆仆深入农业生产第一线，这种脚踏实地的宝贵作风，在当时留学归国的洋博士中传为佳话。经他主持试种成功的斯字棉，在美国从未大量种植，而在中国的黄河流域却奇迹般地生根开花，成为优质高产的最优良的品种。另外，在长江流域德字棉也被培养成高产优质棉。

冯泽芳在深入到云南时，发现该省南部零星生长着一些多年生的如小树的植物，发现这种纤维细软而有丝光，这就是优质长绒棉，且与国际上的优质棉花埃及长绒棉同种，于是，他就把它定名为离核木棉。这种木棉可种于山坡、荒地，且不与水稻、甘蔗争田，并且一年收花两次，这对山多田少的云南，实为增收的救星。为了推广这一品种，冯泽芳没有一点博士的架子，亲自下地，还利用赶集的时候苦口婆心地说服农民种植。冯泽芳这种普及科研推广技术的方式，虽然被当时某些人当作笑柄传播，可是经过他的大声疾呼，中国银行等四家银行组成"云南木棉贷款银团"终于以100万元贷款扶持当地农民种植木棉。冯泽芳为造福云南人民做了一件大善事，他因此也格外受到当地百姓的崇敬与爱戴。冯泽芳取得学术与经济双丰收后，喜形于色地给友人这样写信道："斯字棉、德字棉和木棉是我的三个孩子。木棉是我新生的小女儿，我爱木棉同爱我的小女儿一样。"

1958年3月，中国农业科学院棉花研究所搬迁到河南安阳新址。他和夫人孟成玉（稠城人，杭州蚕桑专科学校毕业）率先离开条件优越的首都来到艰苦的农村。冯泽芳嗜书如命，他走南闯北，随身携带的行李很少，宝贝书却尽量带足。从城市迁往农村，由于乡下没有书店，他就在北京新华书店邮购部保持百元左右的余款，来了棉花和农业新书时，立即给他邮去。他50岁时棉花界同仁为庆贺他的寿辰和银婚纪念，举办了具有学术意义的庆贺会，并出版了《冯泽芳先生棉业论文选集》。大家还因他没有家具，捐款买了一个大衣橱和一些家具给他。由此可见他安贫乐道成性、埋头苦干终身的精神。回首往事，他套用胡适的诗句自咏：清夜每自思，此身非吾有，一半属师长，一半属朋友。

冯泽芳是我国最早从事中国五大棉区划分和棉工业布局研究的专家。他把一生都献给了中国的棉花事业，被公认为中国棉业的一代宗师。在"大跃进"年代，冯泽芳这位在国内外享有威望的专家，出污泥而不染，终于在1959年9月22日心怀忧愁不幸谢世。他的遗体被草草地葬于棉花所西北几里外。十年动乱，世事沧桑，他那简易的坟墓已无影无踪，唯见棉田茫茫一片。一代宗师冯泽芳的遗体已经永远地溶化在洁白的棉花地里。

本文作者义乌市作家协会副主席，浙江省作家协会会员。

《赤岸孝冯氏①宗谱》

冯泽芳传略

公讳泽芳,字馥堂,清光绪已亥年正月十一卯时(1899年2月20日)出生于赤岸双眼井冯保和堂②,是我国著名的棉花科学家和农业教育家,中国现代棉作科学主要奠基人,中国科学院学部委员(院士)。

公性聪慧颖悟,好钻研,4岁已能认读老赤岸集镇主干街道上全部堂号和店铺招牌。经营着祖传药房饱受了学识不足之苦的爷爷,决心培养他断文识字。公在田心私塾读完了小学大部分课程后,到乔亭端本学堂③接受新学,民国2年(1913年)进金华浙江省立第七中学就读。那时,从上代传下来的冯保和堂药房生意清淡,泽芳公父亲又身体虚弱,家境不宽裕,读书生活十分艰苦,平望外婆家给予了不少支持。民国7年(1918年),泽芳公考入免收学杂费和膳食费的南京高等师范学校农业专修科,从此告别家乡踏上了外出求学之路。3年后毕业留校任教,同时在更名为东南大学的本科学习。

民国19年(1930年),泽芳公到美国康乃尔大学研究生院深造,专攻棉花遗传育种,相继取得农学硕士、哲学博士学位,并荣获了颁发给优秀毕业生的金钥匙奖。其博士论文《亚洲棉与美洲棉杂种之遗传学与细胞学的研究》,发表在美国《植物学报》(Botanical Gazette)上,引起国际植物学界关注。民国22年(1933年),公学成归国,先后担任全国经济委员会棉业统制委员会技术专员,中央棉产改进所副所长,中央农业试验所技正兼棉作系主任,中央大学教授兼农学院院长,农林部棉产改进处副处长等职。1949年以后任南京大学和南京农学院教授。1955年聘为中国科学院生物地学部委员。1957年中国农业科学院棉花研究所建立,公任棉花研究所研究员、所长。

公毕生从事棉花研究工作,最早提出了中国划分五大棉区的意见,竭力主张在棉产区发展棉纺织工业。致力于棉花品种改良和植棉技术推广，在黄河流域、长江流域棉区推广种植斯字棉和德字棉，取得了我国农作物改良史上跨时代意义的巨大成功。1936年到云南考察，又在开远县发现了离核木棉。泽芳公对棉花倾注了自己的全部心血，曾深情地说："斯字棉、德字棉、木棉是我的三个孩子"。泽芳公一生的主要著述有：《冯泽芳先生棉业论文选集》《中等棉作学》《合于中国栽培的洋棉》《合于中国栽培的细绒棉》《中国的棉花》等，为我国农业教育和棉花生产科研事业作出了卓越贡献。

1958年，"大跃进"运动开始，反"右倾"拔"白旗"的暗流浪起潮涌，棉花"高产"论甚嚣尘上。一生光明磊落、忠诚耿直，对荒唐无稽的"亩产万斤棉"嗤之以鼻，并决然抵制"以亩产千斤籽棉为纲"，坚守我们今天为之肃然起敬的"迂腐"，在不同场合如实表白——棉花籽棉亩产量"最多只能660斤"！奈何天不佑我良臣，这位两袖清风、品德高尚、亲手改写了中国棉花依赖进口这一历史的科学巨星，没能等到云开雾散的那一天，带着莫大的遗憾，于1959年9月22日含冤离开了我们，悄无声息陨落在河南安阳的茫茫棉田里。成就了泽芳公为赤岸孝冯氏"耕读传家，刚正勇为"之一代楷模！

千古功过，自有评说。1980年1月9日，迟到了21年的冯泽芳追悼大会，在北京八宝山革命公墓礼堂举行。时任中国农业科学院副院长金善宝宣布给冯泽芳平反昭雪并对他的一生作了高度评价。家乡人民怀念公之丰功茂德，在乔亭端本学堂旧址塑造了冯泽芳先生铜像，供后人瞻仰膜拜；设立了"泽成奖学基金④"，勉励赤岸学子保持一颗纯洁善良的赤子之心，学有所成报效人民。泽芳公的坟墓在十年动乱中早已夷为平地，他的灵魂化作了朵朵洁白的棉花，开遍了中国大江南北。

族孙　海　平　撰
2003年冬

【注释】

①孝冯氏：赤岸冯氏又称"孝冯"氏而区别于其他冯姓宗族。

②冯保和堂：是宅院堂号，又是药房店号。

③端本学堂：一所设施器材完备、地方才士执教的新学名校。由孝冯氏德高望重的开明人士冯煜先生（字华亭），创办于清光绪三十二年（1906年）。

④泽成奖学基金：1999年，赤岸旅美园艺学家王梅园女士，于77岁高龄时捐款1万美元发起设立，以纪念冯泽芳孟成玉夫妇。

本文作者1983年毕业于温州师范学院化学系，高中化学教师

附录

附录1 冯泽芳生平活动年表

1899 年

- 2月20日出生在浙江省义乌县赤岸村

1906 年—1912 年　　7～13 岁

- 1906 年—1912 年，义乌县朱店村私塾和乔亭村端本学堂读书

1913 年—1916 年　　14～17 岁

- 1913 年 2 月—1916 年 12 月，浙江省立第七中学（今金华中学）求学

1917 年　　18 岁

- 1917 年 2 月—1918 年 6 月，浙江义乌私立稠南小学教员

1918 年—1921 年　　19～22 岁

- 1918 年 9 月—1921 年 6 月，南京高等师范学校农业专修科学习三年毕业

1921 年—1922 年　　22～23 岁

- 1921 年 9 月—1923 年 1 月，东南大学农艺系棉作助教和棉作研究助理
- 1921 年 9 月—1925 年 6 月，东南大学农艺系补修学分完成本科学业

1923 年—1924 年　　24～25 岁

- 1923 年 2 月—7 月，淮阴江苏省第三农校教员，教作物学、育种学

- 1923年8月—1925年7月，南京江苏省第一农校教员，教作物学、棉作学、农场实习课

1925年　　26岁
- 8月—12月，江苏省第三农校教员，教作物学、农场实习课
- 8月，《中等棉作学》中华书局出版
- 11月东南大学农艺系毕业论文《中棉之孟德尔性初次报告》发表于《农学》第二卷第七期

1926年　　27岁
- 1月—12月，江苏省第一农校教员，教作物学、棉作学、农场实习课
- 春，冯泽芳和小学教师孟成玉结婚

1927年　　28岁
- 1月—5月，失业，在安徽当涂住了约半年
- 6月—8月，江苏省农民协会筹备处宣传部秘书，作宣传文字、办杂务
- 9月—1928年8月，江苏省立通州（今南通狼山）棉作试验场整理员，从事棉花试验、繁殖、推广

1928年　　29岁
- 9月—1929年8月，江苏省立通州（今南通狼山）棉作试验场场长从事棉花试验、繁殖、推广

1929年　　30岁
- 9月—1930年8月，江苏省立棉作试验场副场长。在总场和南汇、三余分场分别做中棉、陆地棉改良和盐垦区的植棉研究

1930 年　　31 岁
- 8 月，陕西泾阳
- 9 月—1933 年 8 月，美国康乃尔大学研究院作物育种学系学习 3 年

1931 年　　32 岁
- 4 月，冯泽芳和周明牂、赵廷炳、金善宝、徐荫祺、卢守耕、冯敬棠 7 人同住绮色佳柯克街 110 号
- 5 月与美国康乃尔大学作物育种研究会会员合影留念

1932 年　　33 岁
- 2 月，住在林登路 217 号
- 2 月，获硕士学位，毕业论文是《棉作田间试验技术概论》
- 2 月 26 号中华作物改良学会经冯泽芳、马保之、金善宝、卢守耕、管家骥等 6 人于康乃尔大学发起成立

1933 年　　34 岁
- 6 月，在美国康乃尔大学获哲学博士学位、优秀生金钥匙，毕业论文是《亚洲棉与美洲棉杂种遗传学及细胞学的研究》
- 9 月—1934 年 3 月，棉业统制委员会技术专员，兼任中央大学农学院教授
- 10 月，赴湖北黄坡、麻城、汉阳、荆门等 10 多个县考察棉作
- 11 月，赴浙江余姚等地视察棉业

1934 年　　35 岁
- 1 月 14 日，中华作物改良学会第一届年会在中央农业实验所召开并摄影
- 1 月 22—25 日，中华棉产改进会第二届棉业讨论会，在南京中央农业实验所举行，讲师有洛夫、陈燕山、冯泽芳、孙恩麐、彭寿邦、叶

元鼎等
- 2月，应邀在南通大学农学院作了三场演讲："大学农科学生之治学方法""棉属分类之新近趋势"、"亚美洲棉之杂交"
- 4月—1937年12月，中央棉产改进所副所长兼植棉系主任，主管棉花技术（植棉系内设棉作、棉虫、棉病、棉化四股）主持全国棉花品种区域试验
- 11月30日，在江西九江等地考察棉业
- 12月24—30日，中央棉产改进所、中央大学农学院、中华棉产改进会联合召开第三届棉业讨论会，在南京中央大学农学院举行，冯泽芳、吴福祯、孙逢吉、周拾禄、王尧臣等出席

1935年　　36岁

- 3月17日，中华作物改良学会举行第二届年会冯泽芳、马保之、卢守耕、郝钦铭、金善宝、孙逢吉、王绶、沈骊英、周承钥、管家骥、沈宗瀚参加
- 7月14日，在杭州
- 秋，在陕西三原等地考察
- 12月30日—1936年1月11日，中央棉产改进所、中央大学农学院、中华棉产改进会联合举办第四届全国棉业讨论会主讲有孙恩麐、王善佺、吴福祯、沈其益、蒋德麒、徐仲迪，冯泽芳致开会词

1936年　　37岁

- 3月，赴河南太康等地考察
- 4月，参加秉师农山（秉志）50寿辰
- 秋，与宋康祥、许兴汉在陕西视察棉花区域试验
- 9月26日—11月4日，应云南省政府建设厅和云南省经济委员会之邀，由建设厅第三科科长张服真陪同，赴迤南、迤西棉区考察，在云南考察后鉴定出多年生木棉的一种离核木棉具有开发推广价值
- 11月8日，在云南安宁温泉

1937年　　38岁

- 3月，在北京
- 7月，在陕西
- 7月10日，参加陕西棉改所沈文辅所长就职
- 9月6日—11月19日，甘肃四川云南三省棉区考察

1938年　　39岁

- 1月—1942年7月，中央农业实验所技正兼棉作系主任，主管棉花试验。其中二年在云南做木棉试验，一年在陕西从事斯字棉推广，一年半在四川所内做杂务
- 2月25日，在贵阳应经济部何淬廉次长之约与沈宗翰赴重庆共商中央农业计划，遭遇车祸。次日返回住院检查治疗
- 3月3日，再次起程赴重庆，3月5日抵达
- 4月，任中央农业实验所云南工作站站长，统筹该所人员在当地的工作及与当地农业机关的关系
- 9月24日，陪中农所副所长沈宗翰从昆明到开远考察木棉
- 12月，任云南木棉推广委员会植棉组组长，从事木棉研究推广

1939年　　40岁

- 1月—12月，中央农业实验所技正兼棉作系主任，主管棉花试验。在云南做木棉试验

1940年　　41岁

- 1940年，中央农业实验所技正兼棉作系主任，主管棉花试验。任陕西推广斯字棉督导团总督导，负责全省斯字棉推广、设计与督导，是年该省斯字棉面积从19万亩扩大到85万亩，1941年增加到102万亩
- 3月15日，重庆"商务日报"以"国家的经济源泉"为题，发表专访详细介绍冯泽芳关于木棉的研究进展、推广工作成绩以及今后的发展计划

- 4月，西北农学院作"大学农学生之治学精神与方法"演讲
- 5月，西北农学院作"民国以来吾国棉作改良史略"等六个演讲
- 5月2日，与沈宗瀚从昆明到开远视察木棉试验与推广情形
- 夏，调回已迁到四川荣昌的中农所本部，主持棉作系工作，家也迁居荣昌
- 10月，在云南婆兮棉场

1941年　　42岁

- 1月—12月，中央农业实验所在四川荣昌集中开展工作，回所部工作
- 1月27日应邀在中央大学农学院演讲
- 2月15日，在昆明欢送周拾禄赴江西就任中正大学农学院院长
- 4月，农林部陈济棠部长约见中农所沈宗瀚、吴福祯、张乃凤、冯泽芳等商洽所务

1942年　　43岁

- 8月—1947年2月，中央大学农学院（今南京农业大学）农艺系教授兼农学院院长，教棉作学、农学概论，并主持院务。家迁居重庆沙坪坝

1943年　　44岁

- 1943年，担任"中华自然科学社"理事长

1944年　　45岁

- 春，与俞启葆到云南考察木棉

1945年　　46岁

- 在中央大学农学院任教

1946年　　47岁

- 1月，返宁，与吴有训校长等接收南京中央大学原址及组织复校
- 6月7日，率全家从重庆乘轮船返回南京

1947年　　48岁

- 2月16日，在杭州
- 2月—1949年3月，农林部棉产改进处副处长，第一年兼北平分处主任，在北平工作；第二年兼生产组主任，在南京工作
- 年初，作《中国之棉区与棉种》的演讲，由奚元龄笔记
- 5月4日，中央大学农学院院友会29人在北平中山公园聚会
- 5月25日，中央大学农学院院友会北平分会成立，在棉产改进处北平分处前留影纪念
- 7月，在北平东郊棉场考察
- 8月21日，主持北平分处工作期间，在保定植棉指导区的清苑县，向棉农发放化肥硝酸铵
- 1947年，倡导创办"中国棉业出版社"，并出版发行了《中国棉讯》、《中国棉业》和《中国棉业副刊》三种棉花专业性期刊和一批与棉花生产有关的图书

1948年　　49岁

- 1月，冯泽芳与郭连起、王檀考察河北通州轧花厂
- 1月，在河北廊坊轧花厂轧花车间考察
- 2月20日，棉产改进处为冯泽芳庆贺五十寿辰并出版"冯泽芳先生棉业论文选集"
- 8月，棉产改进处举办暑期实习班，孙恩麐、冯泽芳、傅胜发、华兴鼐等主讲，25日全体合影留念。
- 下学期，应金大农艺系主任靳自重邀请在金陵大学农艺系的实验室，作棉花生产和科研进展的学术报告。

1949 年　　50 岁

- 4月—1957年7月，先后担任 中央大学农学院、南京大学农学院、南京农学院教授，教棉作学、农艺讨论、作物育种学、新遗传学等
- 6月26日，在北平出席中华全国自然科学工作者第一次代表大会筹委会
- 8月，赴北京参加科学家代表大会
- 10月，由干铎介绍加入南京中苏友好协会

1950 年　　51 岁

- 6月，由武文斌介绍加入南京大学工会
- 6月底，积极组织学生参加山东省农业生产普查为第一个五年计划作准备。
- 8月，《合于中国栽种的洋棉》由商务印书馆出版
- 9月，由干铎介绍加入南京科学普及协会，任讲演委员会常委
- 9月，应山东农林厅邀请，前往讲授全国棉区的划分，用他亲自绘制的棉区划分图，深受当地领导和群众的赞赏
- 9月8日，与任德宽、唐介石在山东临邑县棉管区考察
- 9月20日，与唐高远、潘家驹、唐介石等在徐州农业试验场考察

1951 年　　52 岁

- 1月5日，南京大学农艺系全体师生欢送参干同学。
- 8月，应东北人民政府农林部副部长张克威邀请，南京大学农学院冯泽芳、邹钟琳、朱建人、奚元龄在蔡以纯陪同下，对东北三省进行棉花专题考察，解决培育早熟棉花品种及棉花病虫害等问题。
- 9月，加入中国农学会南京分会并任秘书长
- 9月中旬在山东秦杰陪同下看望在山东参加第二次农村调查的南京大学农学院师生。
- 秋，带学生去江浦棉场实习

- 9月10日，南京大学毕业典礼前毕业生潘文林等去冯泽芳家告别。典礼后鼓励学生努力工作报效祖国

1952 年　　53 岁

- 12月，兼任南京农学院图书馆馆长

1953 年　　54 岁

- 1953年，参加九三学社
- 5月，《合于中国栽种的细绒棉》由中华书局出版
- 7月，带领学生在黑墨营农场实习

1954 年　　55 岁

- 1954年，当选第一届江苏省人大代表

1955 年　　56 岁

- 年初，兼任南京农学院科学研究部主任
- 6月1—10日在北京出席了中国科学院学部成立大会
- 6月1日，被聘为中国科学院生物学地学部委员（即院士）
- 1955年下半年，农业部副部长程照轩邀请冯泽芳、华兴鼐等人陪同苏联专家提托夫，到黄河流域、长江流域等重点棉区考察
- 11月5日—12月8日在北京参加农业部主持的全国农业科学研究工作会议，会议制定了十二年农业科研工作规划
- 1955年冬，参加高教部在北京举办《作物栽培讲习班》的教学组，负责浙江、江苏、安徽华东小组，讲习班历时四个月

1956 年　　57 岁

- 3月，被聘为一级教授，《南京农学院学报》主编
- 3月7日，在北京举办的作物栽培讲习班，教研组举行最后一次会议，参加的有冯泽芳、李竞雄、赵洪章等并摄影留念

- 3月27日，在北京农业大学讲"我国过去棉花选种的成就及今后选种方向"
- 4月，在北京参加我国《1956—1967年科学技术发展远景规划》的制定工作，积极建议成立全国棉花研究所
- 6月14日，中共中央领导人接见参加拟制全国长期科学规划工作科学家并合影留念
- 8月，南京高校组织庐山避暑
- 8月30日，晚车从南京到北京
- 9月—11月，农业部杨显东副部长和冯泽芳陪同苏联棉花研究所所长雷佐夫到各省棉区考察
- 9月6日，棉花考察组到西安然后到武汉、南京
- 9月26—29日，棉花考察组在上海
- 9月30日—10月3日，棉花考察组在杭州
- 10月4日，棉花考察组在上海
- 10月5日，从上海乘飞机到重庆
- 10月6日，从重庆乘飞机中午到昆明住翠湖宾馆
- 10月7日，到开远
- 10月8日，返回昆明去元江
- 10月11日，飞回北京
- 11月初，回南京
- 10月《中国的棉花》由农业出版社发行

1957年　　58岁

- 2月18日，与孟成玉从南京到北京
- 2月25日，参加中国农业科学院成立大会
- 3月8日，与孟成玉动身返回南京
- 4月6—8日，与孟成玉到苏州游览
- 5月，在北京参加中国科学院学部会议，住北京饭店
- 6月4日，中国农业科学院院长会议决定："同意陈仁提出筹建中国农

业科学院棉花研究所的建议，即日成立筹备组，由冯泽芳、陈仁、胡竟良、彭寿邦组成，冯泽芳为召集人。"

- 8月27日，国务院科学规划委员会（57）科字第120号文件批准成立中国农业科学院棉花研究所，任命所长冯泽芳，副所长胡竟良、李庆，由北京华北农业科学研究所棉作室扩建而成
- 8月—1959年9月，中国农业科学院棉花研究所所长、研究员
- 9月10日，从南京到北京。
- 9月25日，农业部副部长杨显东率领中国棉花代表团乘飞机达莫斯科，出席在苏联塔什干召开的苏联棉花综合科学会议，代表团成员有冯泽芳、过兴先、王彬生等
- 10月10日，抵达伊尔库次克。
- 10月11日，抵达莫斯科
- 11月，在苏联中亚地区考察植棉技术，同行的有过兴先、王彬生等，孙济中为翻译
- 11月，在塔什干考察棉花，采访采棉工人
- 11月，在塔什干中央选种站温室内与过兴先观察多年生棉和野生棉
- 11月7日，应邀在莫斯科登上红场观礼台庆祝十月革命40周年
- 11月19日，从苏联回到北京

1958年　　59岁

- 1月24日—2月5日，全国棉花试验研究工作会议在北京东单农业部招待所召开。冯泽芳作了会议总结
- 2月，从南京将家搬到北京，暂住中国农业科学院红楼109号
- 3月，棉花研究所迁至河南安阳白壁镇
- 3月1日，在北京因盲肠炎住院开刀，并查出糖尿病
- 3月28日，冯泽芳到安阳，棉花所正在建设中
- 7月2—6日，棉花研究所在安阳召开全国棉花群众选种座谈会，有11个省的劳模和研究所、试验站、技术推广站、国营农场的技术人员参加，6日冯泽芳作了题为"依靠群众提高棉种质量和创造新品

种"的发言

- 7月17日，从郑州开会返回安阳
- 8月底，将夫人孟成玉从北京接到安阳定居
- 9月，农业部、中国农科院、河南省委批准在安阳利用棉花所设备、土地、人员、资源办四年制棉花专业高等农业院校"河南安阳棉花学院"，冯泽芳兼院长
- 10月—12月，陪苏联棉花栽培专家费·安·索科洛夫往河南、河北、山东、山西、陕西、湖北六省考察棉花
- 10月14日，抵达安阳参观了棉花研究所的试验工作，并和所内人员座谈
- 10月15—21日，在安阳考察，考察了安丰、许家沟、卫星三个人民公社
- 10月22—24日，在河南新乡考察，考察了七里营、小冀人民公社，听取了县的汇报并座谈
- 10月25—27日，在秦杰、李吉平陪同下考察山东临清县棉花丰产技术工作
- 10月28—31日，在河北成安考察，听取县汇报并座谈
- 11月1—5日，在山西太原、运城考察并会见了劳动模范曲耀离
- 11月6—7日，在陕西西安考察棉花，过十月革命节
- 11月8—13日，在陕西渭南考察并会见劳模张秋香，在西安听取了省农业厅及棉花所的汇报和座谈
- 11月14—23日，在湖北新洲考察，索科洛夫作报告，在武汉进行座谈总结
- 11月24—29日，经上海往广州考察木棉
- 11月29日，回到安阳
- 12月1—15日，回安阳做总结并准备第二次全国棉花试验研究工作会议
- 12月16—29日，在河南安阳棉花研究所主持召开"第二次全国棉花试验研究工作会议"。费·安·索科洛夫和霍·萨·米哈依良茨作了

报告

1959年　　60岁

- 1月,《棉花遗传选种文献摘要(1900—1950)》(英)R.I..奈特著　冯泽芳、潘家驹译　由科学出版社出版
- 上半年,主持编写新中国成立以来第一部《中国棉花栽培学》
- 6月29日亲笔拟稿与江苏省农业厅商议苏联专家来华考察行程与路线
- 8月14日—9月上旬,陪苏联棉花选种及良种繁育专家马克西勉科赴徐州、南京、郑州等地考察棉花
- 9月16日,棉花学院第二组学员送一张有冯泽芳、胡竟良和同学的合影。写着"送给敬爱的冯所长留念"
- 9月22日,在安阳棉花研究所寓所不幸逝世

附录2 冯泽芳先生论著题录

论著类

1. 冯泽芳. 气象观测篇. 东大日刊，1920
2. 冯泽芳. 南通暑假乡间实习报告. 东大日刊，1920
3. 冯泽芳. 记南通军山气象台. 东大日刊，1920
4. 冯泽芳. 记南通大有晋公司. 上海申报，1920
5. 冯泽芳. 记一个小规模的棉作展览会. 东大日刊，1920
6. 冯泽芳. 东南大学棉作展览会报告. 农业丛刊，1921
7. 冯泽芳. 糖业问题. 农业丛刊，1922，1（2）：1-33
8. 冯泽芳. 本校第一届棉作展览会出品报告书并附说明. 农业丛刊，1922，1（2）：附录1-18
9. 冯泽芳. 棉作学（讲义 刘松岭记），1923
10. 冯泽芳. 中棉分类初稿. 农学，1923，1（2）：10-40
11. 冯泽芳、张庆霖. 美棉在中国退化情形之一瞥. 农学，1923，1（3）：1-6
12. 冯泽芳. 中棉之形态. 农学，1924，1（5）：42-54
13. 冯泽芳. 中棉之分类法及其重要种之记载. 农学，1924，1（6）：45-52
14. 冯泽芳. 中棉之形态及分类. 中华农学会报，1924（45）：13-48
15. 冯泽芳. 中棉形态及分类研究. 国立东南大学农科十二年度棉作研究室报告，1924
16. 王善佺、冯泽芳. 东大农科之改良中棉品种. 农学，1925，2（4）：1-5
17. 冯泽芳. 中棉之孟德尔性初次报告. 农学，1925，2（7）：1-15

18. 冯泽芳. 中等棉作学. 中华书局, 1925

19. 冯泽芳. 部立第二棉场之过去现在及将来. 农矿公报, 1928, 1(1): 选载 195-203

20. 冯泽芳、孙逢吉. 中棉之孟德尔性初次报告. 中大农学杂志（特刊）, 1928(1): 31-52

21. 冯泽芳. 如何造就中国的农业人才. 农业周报, 1931, 1(21): 841-843

22. 冯泽芳. 美国棉作研究试验机关及其出版物介绍. 中华棉产改进会月刊, 1931, 1(1): 9-12

23. 冯泽芳. 世界棉作名著汇录——英文棉作书籍汇录之一. 中华棉产改进会月刊, 1931, 1(2-3): 19-22

24. 许震宙、冯泽芳、吴步青. 江苏省立棉作试验场关于中棉纯系育种方法之研究. 中华农学会报, 1931, (87): 1-42

25. C. F. Feng. Technic Involved in Comparative Tests of Cotton. 硕士论文英文本, 1932

26. 冯泽芳. 棉作田间试验技术概论. 王桂五译, 中央大学油印本, 1934

27. 冯泽芳. 北美片羽. 中华棉产改进会月刊, 1932, 1(4-5): 20

28. 冯泽芳. 世界棉作名著汇录——英文棉作书籍目录之二. 中华棉产改进会月刊, 1932, 1(4-5): 29-32（美国农部）

29. 冯泽芳. 世界棉作名著汇录——印度出版的棉作刊物. 中华棉产改进会月刊, 1932, 1(6-7): 21-23

30. 冯泽芳. 世界棉作刊物汇录——埃及出版的棉作刊物. 中华棉产改进会月刊, 1933, 1(12): 18-20

31. 冯泽芳. 关于棉作的杂志之一斑. 中华棉产改进会月刊, 1933, 2(3): 14-20

32. 冯泽芳. 冯泽芳谈湖北棉业情形. 天津棉鉴, 1933, 4: 378-380

33. 冯泽芳. 亚洲棉与美洲棉杂种之遗传学及细胞学的研究. 农学丛刊, 1934, 1(2): 77-108

34. 冯泽芳. 大学农科学生之治学方法. 通农期刊, 1934, 1（2）: 9-12

35. 冯泽芳. 棉属分类之新近的趋势. 通农期刊, 1934, 1（2）: 53-56

36. 冯泽芳. 亚美洲棉之杂交. 通农期刊, 1934, 1（2）: 71-74

37. 冯泽芳. 第二次棉业讨论会推广报告——湖南、浙江. 中华棉产改进会月刊, 1934, 2（6-7）: 64-66

38. C. F. Feng. Genetic and cytological study of species hybrids of Asiatic and American Cotton. Bot. Gaz, 1935,（96）: 485-504

39. 冯泽芳、万兹先. 棉种推广方法. 农报, 1935, 2（10）: 325-329

40. 冯泽芳. 适于中国栽培之美棉新品种. 农报, 1935, 2（27）: 935-937

41. 冯泽芳. 再论斯字棉与德字棉. 农报, 1936, 3（25）: 1 309-1 312

42. 冯泽芳. 注意选种为改进棉产之要着——山西棉业改进研讨会演讲. 中华棉产改进会月刊, 1936, 3（3-4）: 67-69

43. 冯泽芳. 棉花品种试验之结果及华北之棉种问题——山西棉业改进研讨会演讲. 中华棉产改进会月刊, 1936, 3（3-4）: 69-70

44. 冯泽芳. 第四届全国棉业讨论会开会词. 中华棉产改进会月刊, 1936, 3（7-8）: 5

45. 冯泽芳. 最近二年棉花品种区域试验之结果及今后吾国之棉种问题. 中华棉产改进会月刊, 1936, 3（7-8）: 34-42

46. 冯泽芳. 中国棉区之分布及其与气候地理之关系（摘要）. 中华农学会镇江年会论文, 1936, 8

47. 冯泽芳. 本年的棉花究竟有过剩吗. 大公报, 1937-10-31. 第2版

48. 冯泽芳. 云南植棉考察报告附陈改进管见. 棉业月刊, 1937, 1（2）: 271-281

49. 冯泽芳. 中国棉区之天然环境. 农报, 1937, 4（4）: 179-180

50. 冯泽芳. 斯字棉之试验成绩与繁殖推广之现况. 农报, 1937, 4（17）: 853-858

51. 冯泽芳. 甘川滇三省棉区之考察及其将来之希望. 中央日报, 1937-3-6, 第3版

52. 冯泽芳．贵州植棉考察报告及今后改进工作．1938，油印本

53. 冯泽芳．云南省宜棉区域的调查．云南教育与科学，1938,（5）：1-10

54. 奚元龄、冯泽芳、陈 仁．云南木棉研究结果提要．云南棉讯，1939,（10）：1-3

55. 冯泽芳．大学农学生之治学精神与方法．国立西北农学院农艺学会丛刊——冯泽芳博士演讲集，1940：1-11

56. 冯泽芳．民国以来吾国棉作改良史略．国立西北农学院农艺学会丛刊——冯泽芳博士演讲集，1940：13-42

57. 冯泽芳．棉花区域试验之成绩及中国之三个棉花适应区域．国立西北农学院农艺学会丛刊——冯泽芳博士演讲集，1940：33-46

58. 冯泽芳．斯字棉之试验成绩与推广经过．国立西北农学院农艺学会丛刊——冯泽芳博士演讲集，1940：47-66

59. 冯泽芳．云南的木棉．国立西北农学院农艺学会丛刊——冯泽芳博士演讲集，1940：67-80

60. 冯泽芳．吾国之棉区环境棉产区域与棉工业区域．国立西北农学院农艺学会丛刊——冯泽芳博士演讲集，1940：81-94

61. 冯泽芳．棉作文献述略．国立西北农学院农艺学会丛刊——冯泽芳博士演讲集，1940：95-102

62. 冯泽芳．云南木棉之研究及推广．云南教育与科学，1940,（7）：5-14

63. 冯泽芳．青年棉作学者俞启葆君之贡献．科学，1940,24（7）：566-570

64. 冯泽芳、奚元龄、陈 仁．关于云南木棉之几种研究（提要）．农报，1940,5（13-15）：213-215

65. 冯泽芳、张天放．一年来之云南省木棉推广事业．农报，1940,5（13-15）：216-221

66. 冯泽芳．中国之三个棉花适应区域（简报）（中华农学会第二十四届年会论文）．农报，1940,5（22-24）：442-443

67. 冯泽芳．现阶段的衣料问题．扫荡报，1940,11.29

68. 冯泽芳．陕西省斯字棉推广之经过．陕农月刊，1940,1（1）：9-14

69. 冯泽芳. 中央农业实验所协助云南省农业改进事业简述. 西南实业通讯, 1940, 2 (6): 23-30

70. 冯泽芳. 大学农学生治学之精神及方法. 西农青年, 1940, 1 (1): 11-14

71. 冯泽芳. 我国棉工业区域的合理分布. 新经济, 1940, 3 (8): 170-175

72. 冯泽芳. 中国棉区之分布及其与气候地理之关系. 湖南农业, 1941, 1 (10): 1-2

73. 冯泽芳. 棉作问答. 农报, 1941, 6 (4-6): 128-130

74. 冯泽芳、徐季吾. 本所云南工作站三年来工作概况. 农报, 1941, 6 (22-24): 522-529

75. 冯泽芳. 序孙逢吉著棉作学. 棉作学, 正中书局 1943, 国立编译馆 1948

76. 冯泽芳. 我国之棉产与棉纺织工业. 中国纺织学会会刊, 1943, (2): 23-24

77. 冯泽芳. 农业经济学之重要. 农业经济集刊, 1944, (1) 2-3

78. 冯泽芳. 大农业论. 川农所简报, 1945, 6 (9-12): 21-24

79. 冯泽芳. 中国棉产之分布及其因果. 中农月刊, 1945, 6 (7): 12-16

80. 冯泽芳. 怎样学习农艺. 读书通讯, 1946, (119): 17-21

81. 冯泽芳. 抗战时期与建国时期之农业. 中央周刊, 1946, 8 (1): 18-19

82. 冯泽芳. 大学农学生的治学精神及方法——对大学农学院一年级生讲. 中央周刊, 1946, 8 (13): 12-14

83. 冯泽芳. 如何做农科研究生——对大学研究院农科研究生讲. 中央周刊, 1946, 8 (15): 7-9

84. 冯泽芳. 作物之重要及学习作物学之方法——对农艺系二年级生讲. 中央周刊, 1946, 8 (31): 8-11

85. 冯泽芳. 中国之棉区与棉种上. 中国棉讯, 1947, 1 (1): 3-6

86. 冯泽芳. 中国之棉区与棉种下. 中国棉讯, 1947, 1 (2): 20-21

87. 冯泽芳. 棉产改进的时代使命. 中国棉讯, 1947, 1（3）: 29-30
88. 冯泽芳. 介绍胡竟良著中国棉产改进史. 中国棉讯, 1947, 1（4）: 46-47
89. 冯泽芳. 已故棉作学者冯肇传先生行略. 中国棉讯, 1947, 1（11）: 129-130
90. 冯泽芳. 序奚元龄著棉属细胞研究之成就. 中国棉业副刊, 1947, 1（4）: 1
91. 冯泽芳. 农学的园地. 高中毕业生升学指导之一. 读书通讯, 1948,（145）: 13-16
92. 冯泽芳. 云南木棉事业之开创与进展. 中国棉讯, 1948, 2（9）: 145-146
93. 冯泽芳. 西南棉区座谈会编后. 中国棉讯, 1948, 2（19）: 319
94. 冯泽芳. 冯泽芳先生棉业论文选集. 中国棉业出版社, 1948
95. 冯泽芳. 孙恩麐先生棉业论文选集编校后记. 孙恩麐先生棉业论文选集, 中国棉业出版社, 1949: 114-116
96. 冯泽芳. 近两年棉产改进事业的进步. 中国棉讯, 1949, 3（1）: 3-4
97. 冯泽芳. 介绍《中国棉业文献索引》. 中国棉讯, 1949, 3（3）: 37
98. 冯泽芳. 介绍《中国棉虫之研究与防治》. 中国棉讯, 1949, 3（4）: 56-57
99. 冯泽芳. 合于中国栽种的洋棉. 商务印书馆, 1950, 8
100. 冯泽芳. 美帝对中国的农事侵略. 农业科学通讯, 1951（2）14
101. 冯泽芳. 更大的前途, 更重的责任. 农业科学通讯. 1951（10）: 10-11
102. 冯泽芳. 棉花的整枝. 生物学通报, 1953（8）: 267-269
103. 冯泽芳. 合于中国栽种的细绒棉. 中华书局, 1953, 5
104. 冯泽芳. 冯泽芳教授对棉花选种及良种繁育工作的建议（油印稿）. 1954-12-30
105. 冯泽芳. 对苏北南通等三县棉区的观感和几点建议. 中国农报,

1955,（4）：11-12

106. 冯泽芳. 中国的棉花. 农业出版社，1956，10
107. 冯泽芳、汪雄时. 棉花品种区域试验第一年（1956）的工作及成果. 中国农报，1957，（14）：12-14
108. 冯泽芳. 棉花研究所工作方针及方法（草案），1957，8（手稿5页）
109. 冯泽芳. 党领导科学飞跃前进. 农业科学通讯，1957（11）：622
110. 冯泽芳. 全国棉花试验研究工作会议大会决议一、二项（草稿），1958-2-5（手稿2页）
111. 冯泽芳. 全国棉花试验研究工作会议总结，1958-2-5
112. 冯泽芳. 依靠群众提高棉种质量和创造新品种. 棉花知识，1958（2）：3-4
113. 冯泽芳、杜春培、马鸣琴、汪雄时. 1957年全国棉花品种区域试验总结摘要. 棉花知识，1958（3）：16-18
114. 冯泽芳. 苏联棉花选种及有关的研究工作考察纪要，1957-11-12（手稿11页）中国棉花，2009，36（10）：5-7
115. 冯泽芳. 关于索科洛夫专家工作的评价，1959-4-12（手稿4页）
116. 冯泽芳"中国棉花栽培学"初稿目录（20章），1959（手稿17页）
冯泽芳"中国棉花栽培学"初稿征求意见启事，1959-5-20（手稿1页）
117. 冯泽芳. 收采棉花的法子. 农业浅说丛刊35号

演讲类

1. 冯泽芳. 中国棉产之天然环境及四川棉产之将来. 四川大学农学院演讲
2. 冯泽芳. 近20年来中国棉作育种之趋势. 中大校风
3. 冯泽芳. 我国过去棉花选种的成就及今后选种方向. 1956年3月27日在北京农业大学讲（6页手稿）
4. 冯泽芳. 棉花研究所的任务. 1957年11月27日下午在计划会议上谈棉花所工作计划（10页手稿）

翻译类

1. 法国之农业. 农商公报, 1921, 7（6）：57-60
2. 棉属分类检查表. 农学, 1924, 1（7）：译述 1-8
3. 康乃尔农事试验场先今所用之麦类育种法. 农学, 1925, 2（7）：译述 8-21
4. 世界棉种考. 农学, 1926, 3（5）：译述 1-60
5. 棉之染色体数目. 中大农学杂志, 1928 特刊（1）：53-57
6. 田间试验之标准办法. 中华农学会丛刊, 1928,（63）：59-77
7. 印度棉之染色体数目. 中华农学会报, 1931,（86）：31-37
8. 新世界棉与旧世界棉之异种杂交及其第一代杂种花粉母细胞之染色体行动. 中华农学会报, 1932,（100）：143-152
9. 俄国之植物育种事业. 中华农学会报, 1932,（104）：107-109
10. 数种印度棉花瓣颜色之遗传. 中华农学会报, 1932,（107）：90-92
11. 美国陆地棉纤维颜色之遗传. 中华农学会报, 1932,（107）：92
12. 高粱属之染色体数目. 中华农学会报, 1933,（109）：89-90
13. 棉花花粉之相互冲克性. 中华农学会报, 1933,（111）：81-82
14. 二十五年来美国作物科学进步报告. 中华农学会报, 1933,（112）：97-100
15. 棉子与纤维性质之变异与种子在瓢中地位之关系. 中华农学会报, 1933,（112）：101-103
16. 棉作遗传学. 中华农学会报, 1933,（113）：129-131
17. 棉之染色体数目性状遗传及异种杂交. 中华农学会报, 1933,（113）：132-134
18. 染色体与作物育种. 中华农学会报, 1934,（122）：77-80
19. 棉之雌精子体及胚之发育. 中华农学会报, 1934,（122）：80-81
20. 棉属及其亲近各属之染色体数目. 中华农学会报, 1934,（125）：109-110
21. 棉花遗传选种文献摘要（1900-1950）. 科学出版社, 1959, 1（与潘

家驹合译）

22. 田间技术之检讨. 油印本（与王桂五合译）

笔记类

1. 动物与天演. 秉志讲. 农业丛刊，1922，1（1）：1-12
2. 美棉风土驯化法. 郭仁风讲. 农业丛刊，1922，1（3）：1-9
3. 畜牧与农业之关系. 陈荣鼎讲. 农学，1923，1（3）：演讲3-7

校对类

1. 棉作叶绿素数量之初步研究. 俞启葆. 农学丛刊，1934，1（2）：109-133
2. 中国粮食问题. 秦亚修. 建国书局，1935.
3. 国立中央大学农学院之改良棉种. 俞启葆. 农学院报告渝字四号. 1939.
4. 中国棉业文献索引. 吴中道. 中国棉业副刊，1949，2（4）

（共150篇，其中117篇论著类+4篇演讲类+22篇翻译类+3篇笔记类+4篇校对类）

珍存

手 稿

珍 存

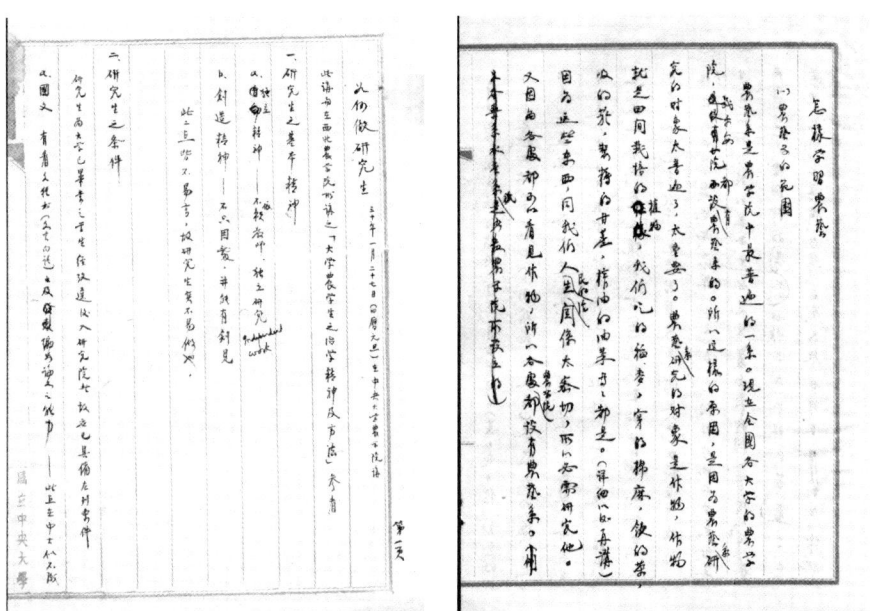

1. 1941年1月27日 如何做研究生在中央大学农学院讲

2. 1946年9月17日 怎样学习农艺

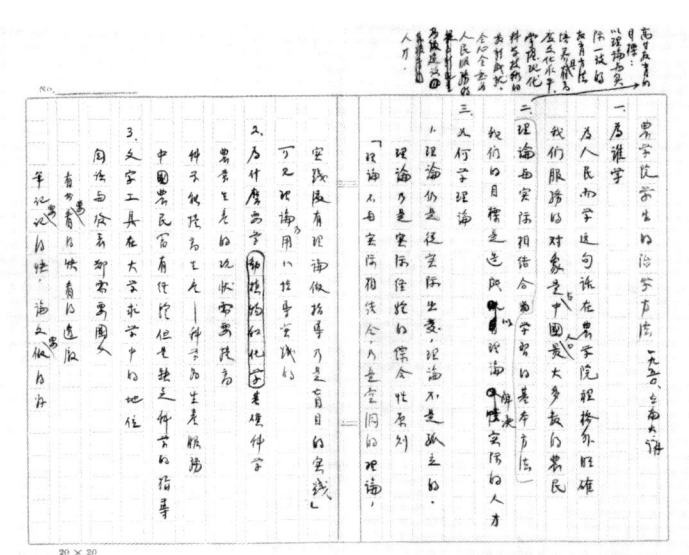

3. 1950年农学院学生的治学方法在南大讲

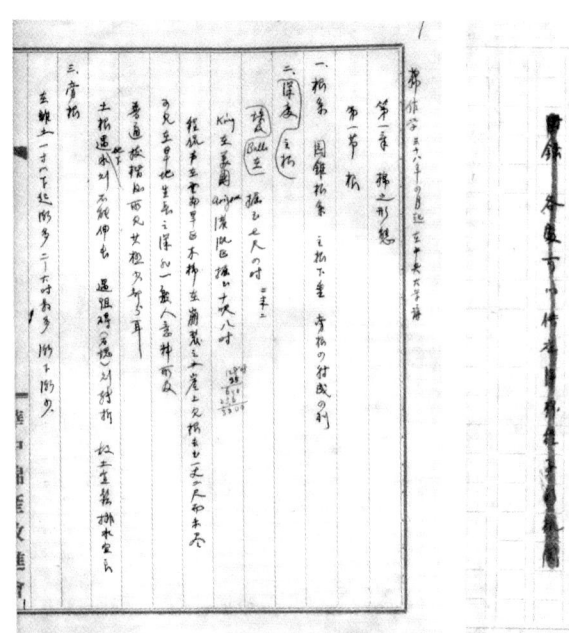

4. 棉作学　1949年4月起在中央大学讲

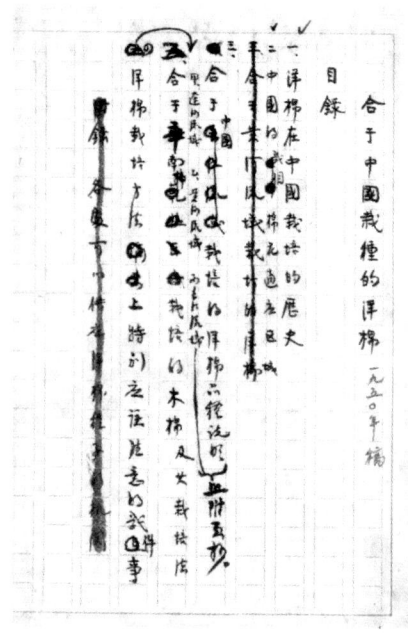

5. 合于中国栽种的洋棉　一九五〇年稿

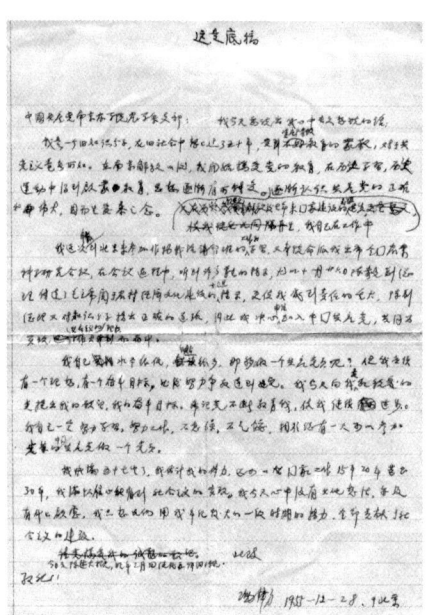

6. 入党申请书手稿

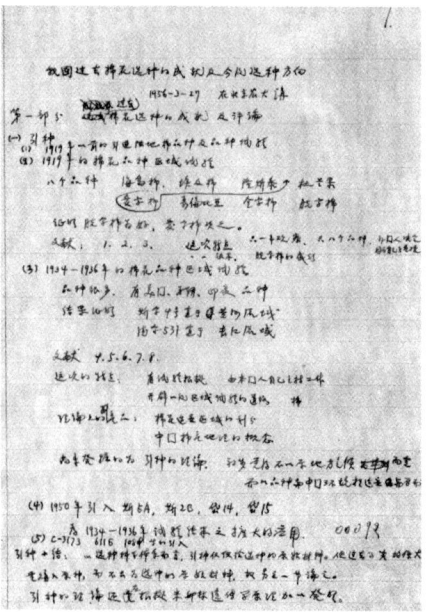

7. 我国过去棉花选种的成就及今后选种方向（共6页）

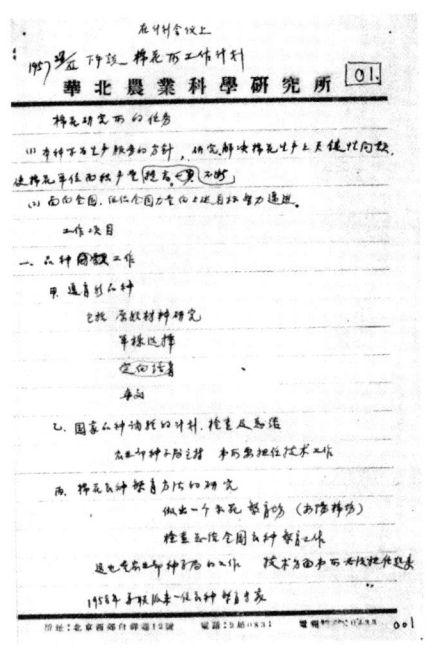

8. 棉花研究所的任务（共 10 页）

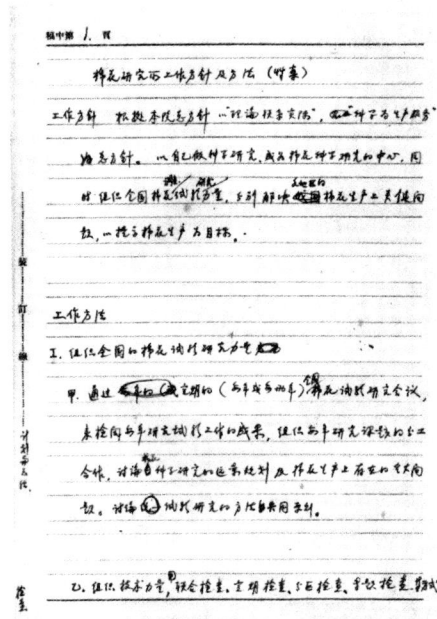

9. 棉花研究所工作方针及方法（共 5 页）

珍存

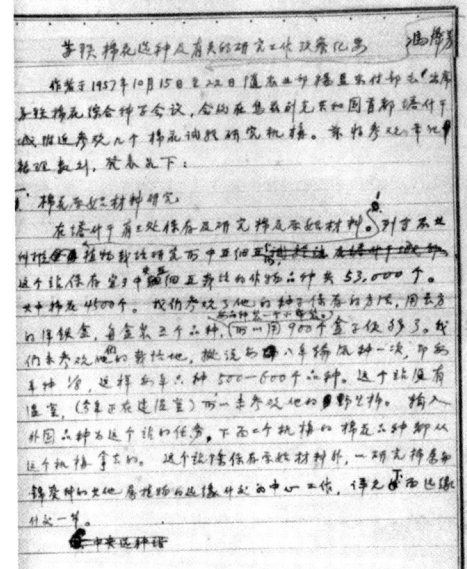

10. 苏联棉花选种及有关的研究工作考察纪要（共 11 页）

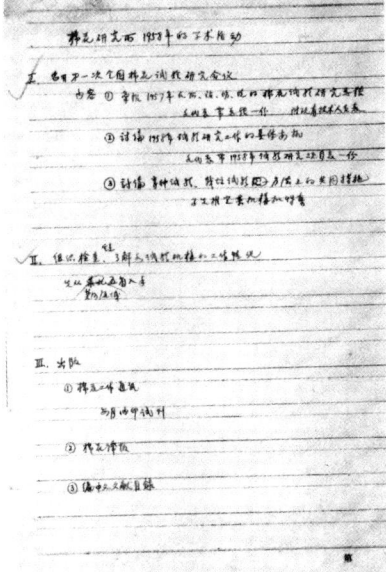

11. 棉花研究所 1958 年的学术活动（共 1 页）

12. 大会决议草稿（共2页）

13. 1958年苏联专家索科洛夫考察活动安排（共2页）

14. 关于索科洛夫专家工作的评价（共4页）

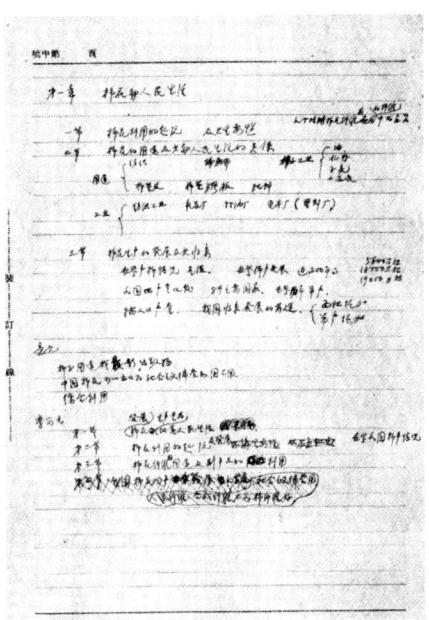

15. 中国棉花栽培学初稿征求意见（共1页）

16. 中国棉花栽培学提纲（共二十章19页）

珍存

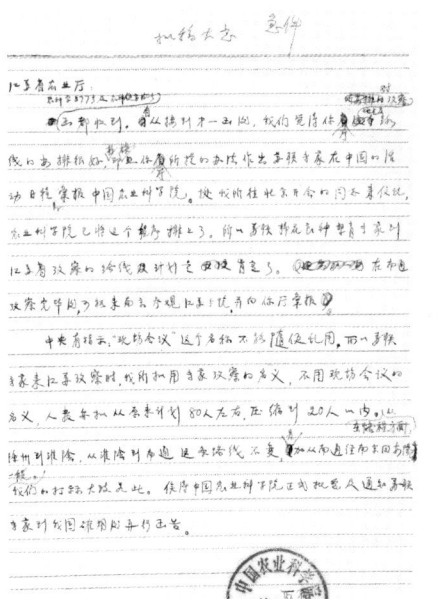

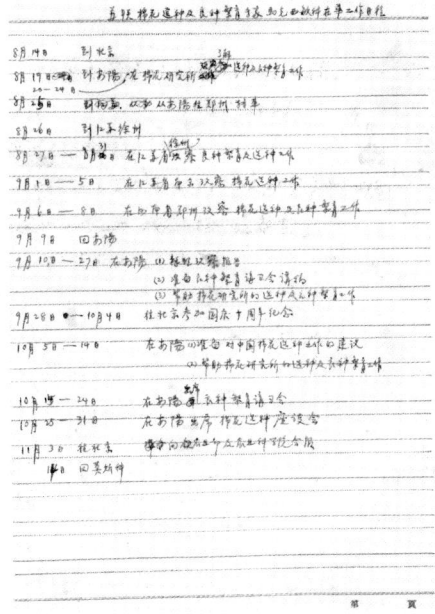

17. 函江苏农业厅关于苏联棉花良种繁育专家考察路线事项（共1页）

18. 1959年苏联棉花选种及良种繁育专家马克西敏科在华工作日程（共1页）

自注照片说明（冯泽芳亲笔）

冯泽芳

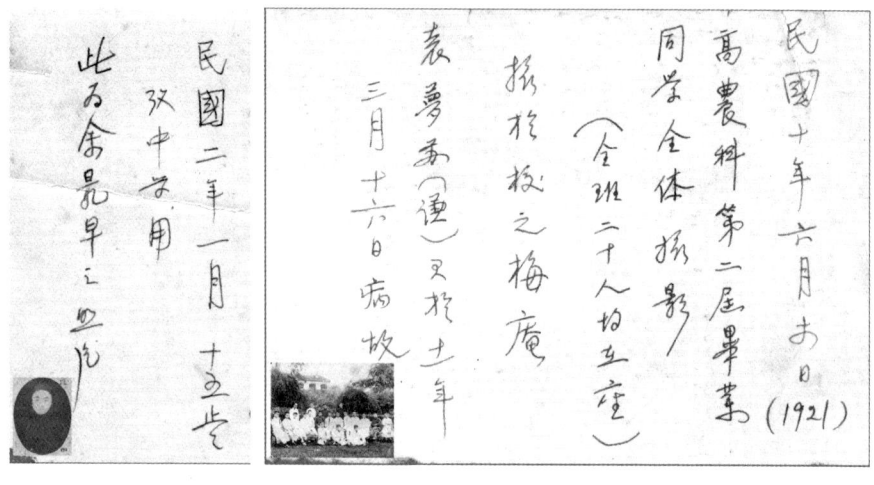

民国二年一月十五些
双中学用
此乃余最早之照片

民国十年六月×日 (1921)
高农科第二届毕业
同学全体摄影
（全班二十人均在座）
袁梦秀（遥）又于十年
移于校之梅庵
三月十六日病故

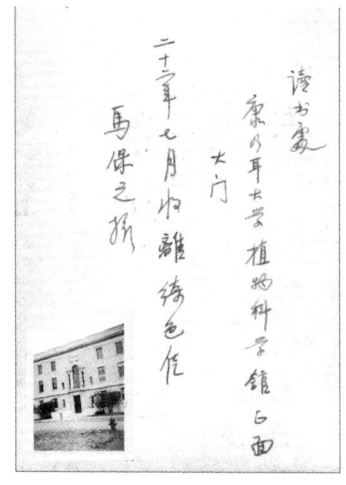

读书处
康乃尔大学植物科学馆已西
大门
二十二年七月初离绮色佳
马保之摄

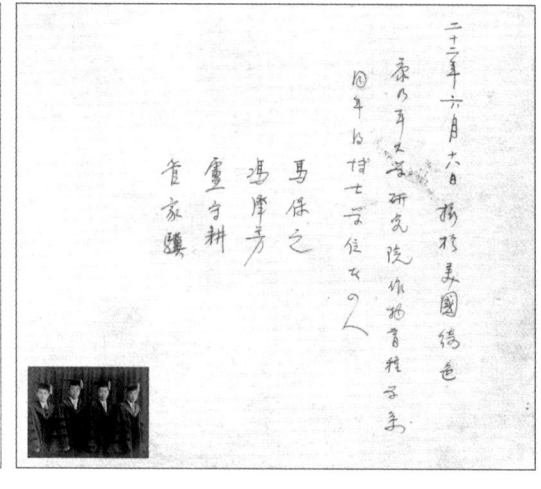

二十二年六月十六摄于美国绮色
康乃尔大学研究院作物育种子系
同年初特七岁住女の人
马保之
冯泽芳
董守耕
查家驥

珍存

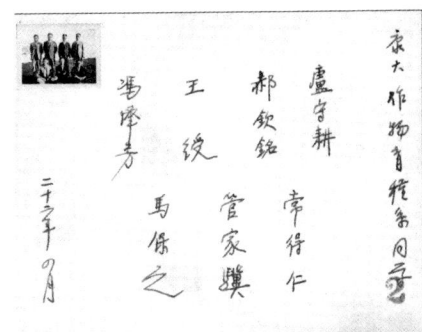

康大作物育种系同学

盧守耕
郝欽銘
王綬
馮澤芳

常得仁
管家驥
馬保之

二十三年一月

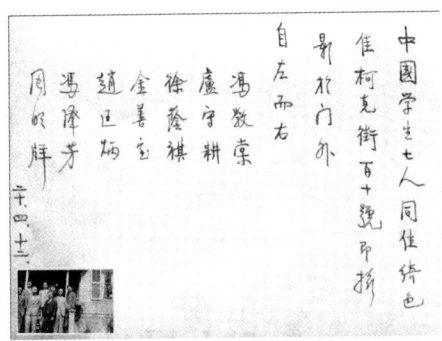

中國學生七人同住綺色佳柯克街百十號即攝影於門外
自左而右
馮敎棠
盧守耕
徐蔭祺
金善寶
趙連芳
馮澤芳
同明胖
二十四.十二

二十一年六月一日
康大中國農學會全體會員攝影
陳維榤

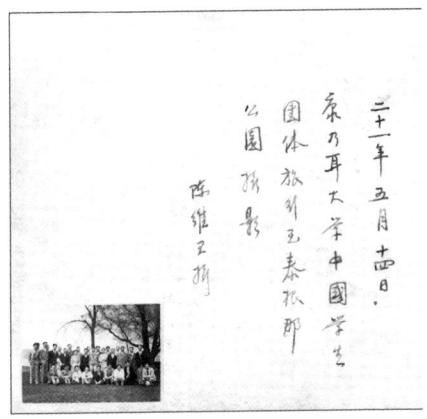

二十一年五月十四日
康乃爾大學中國學生團體旅行玉泰松那公園旅影
陳維榤撰

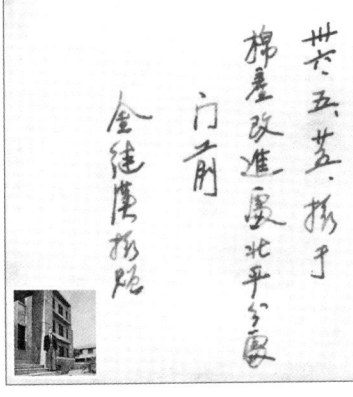

廿五芝孫子
棉產改進處北平分廠
門前
金建康攝贈

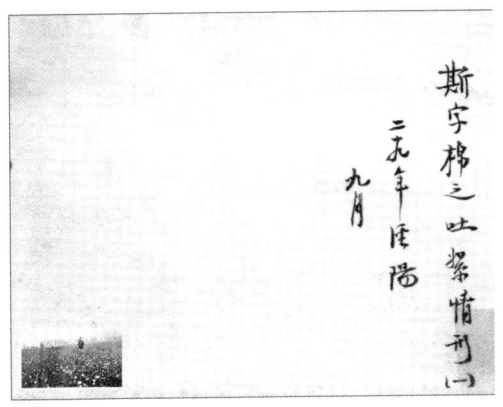

斯字棉之吐絮情形(一)
二九年正陽
九月

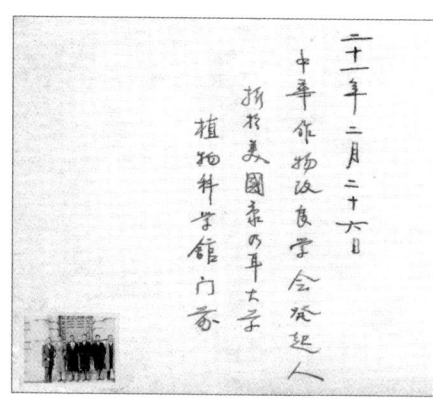

二十一年二月二十六日
中华作物改良学会发起人
摄于美国亲口平大学
植物科学馆门前

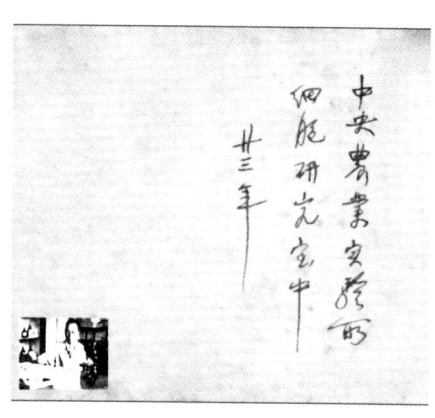

中央农业实验所
细胞研究室中
廿三年

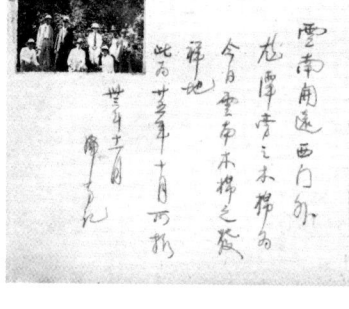

木本棉
云南开远西门外
龙潭寺之木棉为
今日云南木棉之发
祥地
此照廿五年十月所摄

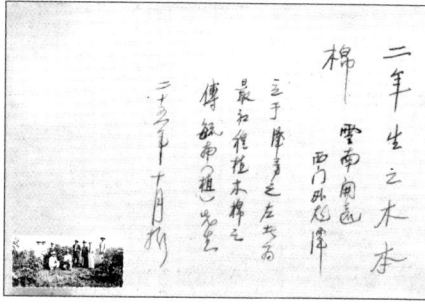

二年生之木本棉
云南开远
西门外龙潭
寺中陈兽之左方者
最初种植木棉之
傅毓南（植）墓
二十五年十月所摄

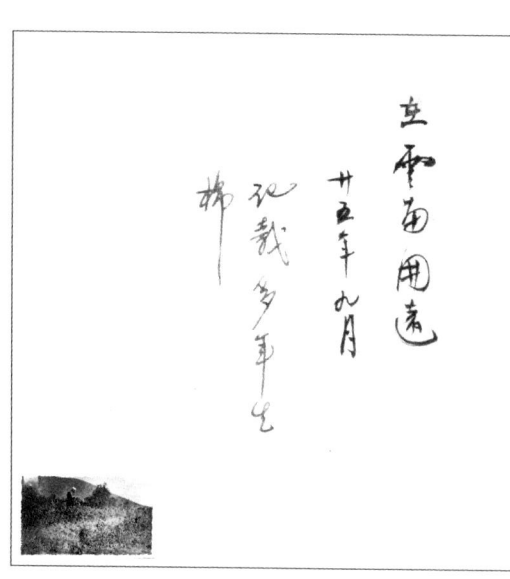

立云南开远
廿五年九月
种载多年生
棉

民国十二年所种之南通土棉
至今已成为多年生之陈本
廿五年十月、云南开远

珍存

攻讀途中
甘肃秋左陝西三原

三十年二月十五日攝于昆明
罪芷月搭機飞赴赣
見中正大学農学院、毛之
前一冬期
馮隆

照片自左起
素礼谦 李士勋
吴元胎 徐香吾
周得模 冯澤芳
周揚 周拾徐
徐隆仁
成城 前城

苦莘秋陕西祝寒禰尤長城
城墙
馮隆芳
宋康祥
許吳廣偉三

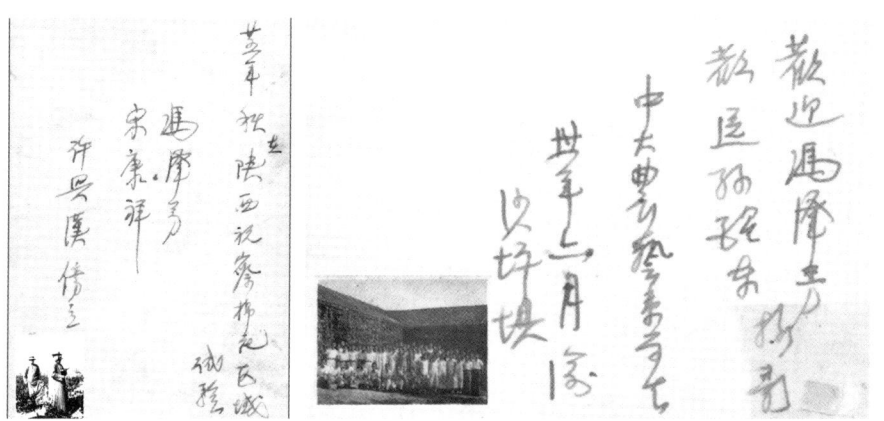

歡迎馮隆芳
歡迎孫玲來
中大農學登青年会
卅年上月像
以坪坎

中央大学農学院友会
共五〇
北平中山公園
公理戲勝牌坊前

中央大学農学院友会
卅六五〇
攝于北平中山公園
金建漢攝

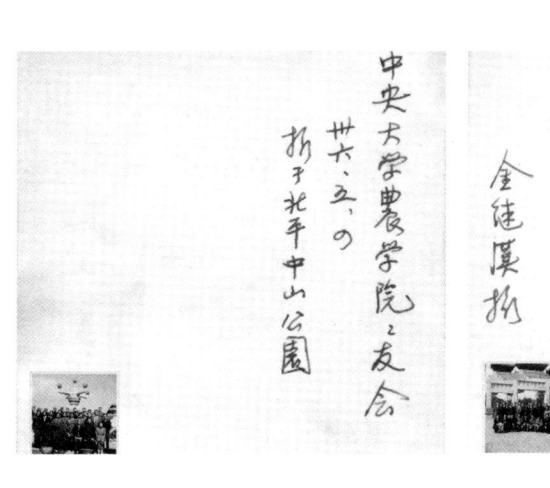

冯泽芳

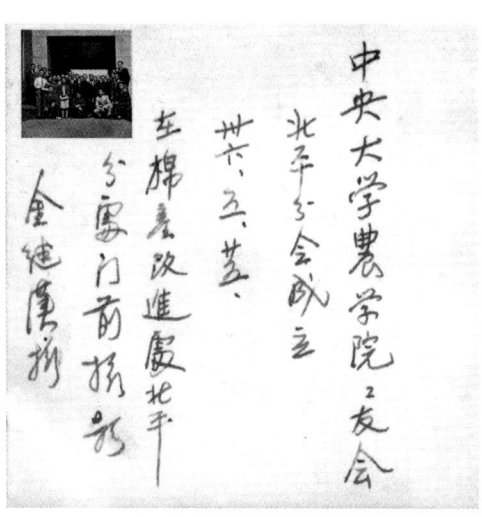
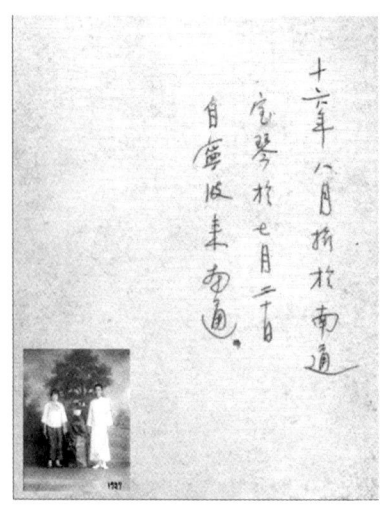
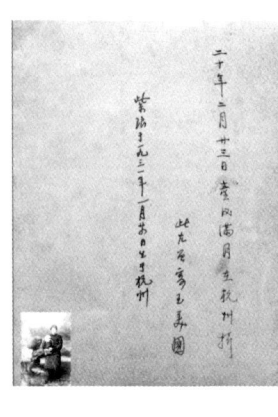
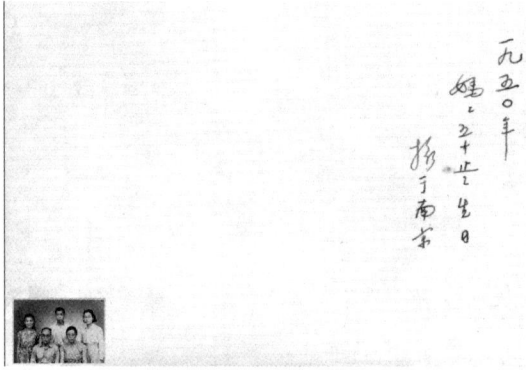
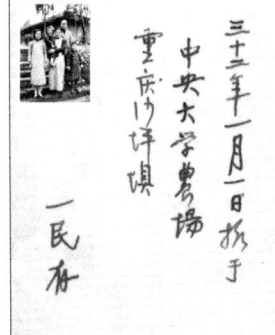
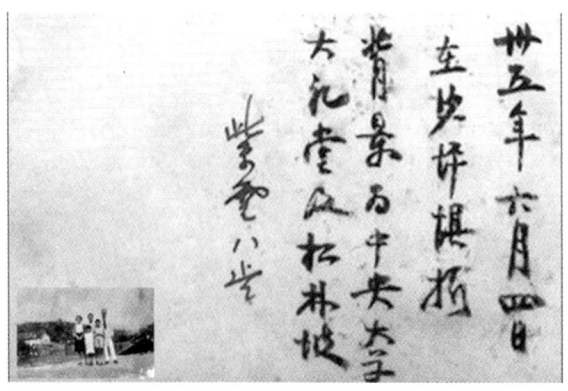

珍存

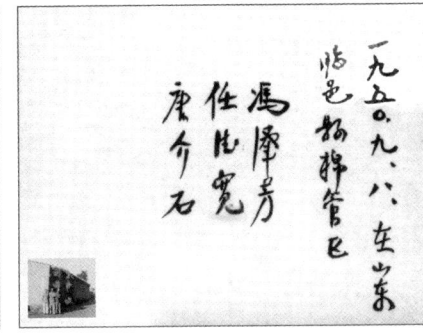

一九五〇、九、八、左山东
临邑县靳祥管区
冯泽芳
任比宽
唐今石

廿五年六月□日
抗于陕坪埧
七日印来锦正都
紫云八步

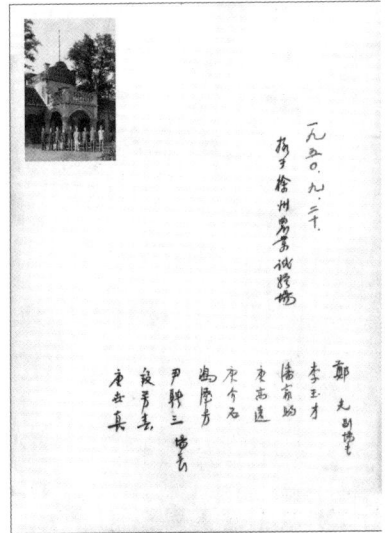

一九五〇、九、二十
抗于徐州农业试验场

郑丸副博士
李玉才
潘启煦
老高连
唐今石
冯泽芳
尹聊三博士
良幕民
唐女真

黑龙江省泰来县
两井子村老农
王希庆

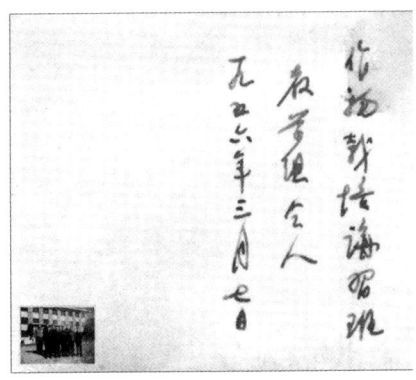

作物裁培讨论习班
教学组全人
一九五六年三月七日

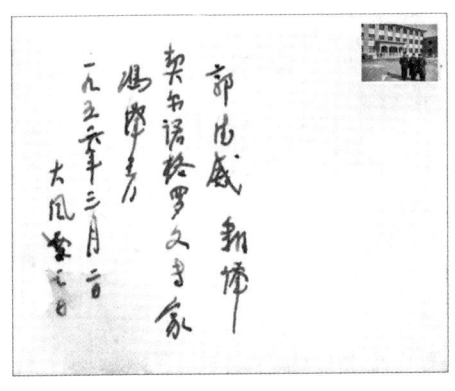

郭九威 靳博一
契知语棕罗文克家
冯泽芳
一九五一年三月一日
大风雪天气

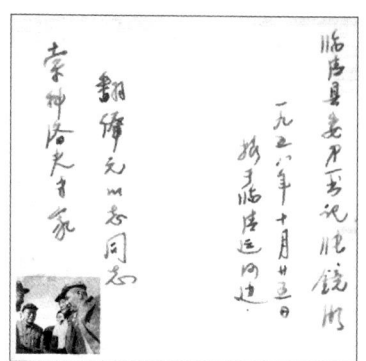
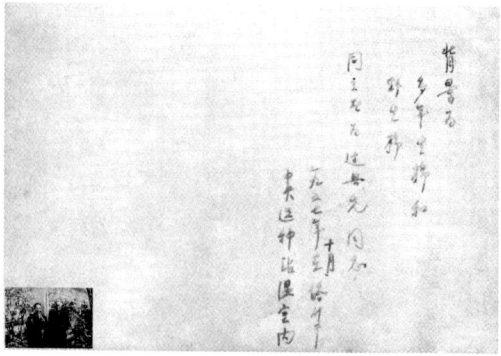

家　书

保存的家书共47封（含明信片3封），其中56年7封；57年18封；58年15封；59年7封。选登如下：

冯泽芳

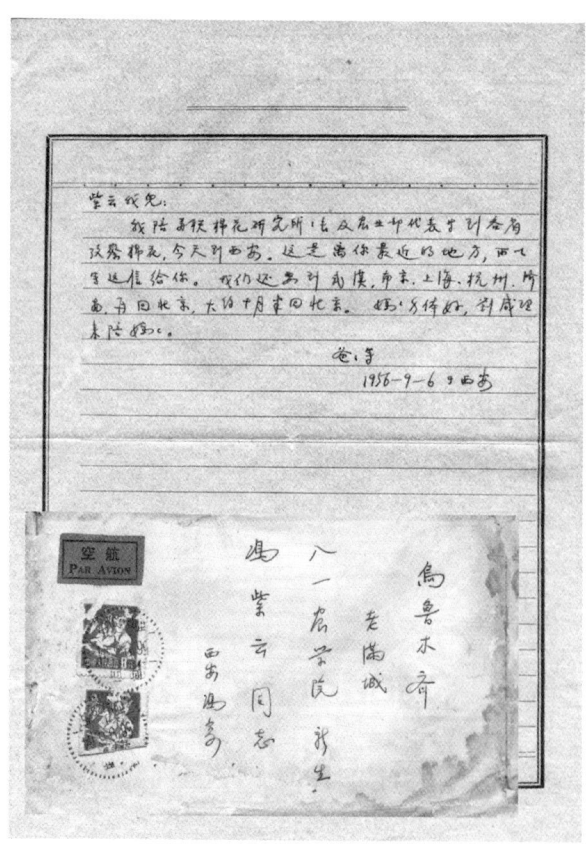

紫云女儿：

　　来信收到。我支持你回南京过春节。我写信给妈妈了，给她寄100元路费给你，让你回南京一趟。因为今年春节不回家，以后也没有机会回家过春节了。即使回家住十天也好。今年我会回南京一趟。凡是上大学的学生第一年总是想家的，到二年以后就无所谓了，不想家了。你决定回去吧！

　　我还要去开科学院学部会议，三月底结束，六月份还有在北京一个月。信寄北京，农业科学院转交。

　　也信往南京妈妈转。

爸字 1957年
三月30日在北京饭店

我出来时妈妈和伯伯刘成程李存等三人陪伴。睡大床，妈妈睡你小床。春种布是紫红底子里花。我革回南京，不是革到新疆。

（未做成）

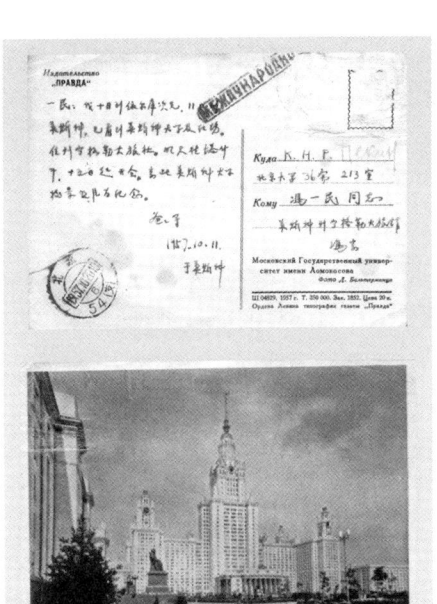

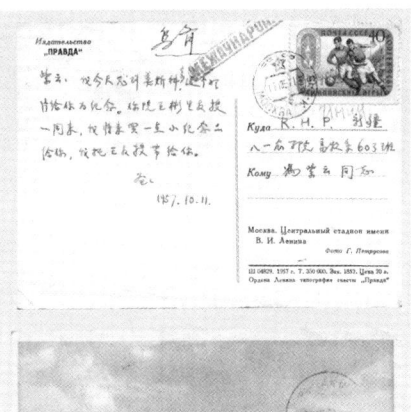

珍
存

紫云：

11月21日寄的信收到了。我已于11月29日回到安阳。妈这几天拾棉花，每天拾40-50斤，身体很好。我也好。

你们锻炼很紧张也是好的。脚好了没有？你的脚在毛泽时已经稀烂了一次。

工资发了没有？发了没有给你，要留给我们。买护膝子用的。鞋子以买厚的布底鞋为好。舒服一些，也力也脚。

棉瓜鞋有没有

安阳天已下雪，也冷了，早晨冻冰了。今年棉花收成很好。棉花研究所的棉花尤其好，参观的人很多。我很忙，从来没有过一个星期日，星期日都照常工作。

高二有信给你吗？他仍住349室415号。

爸
1958.12.4

另给你再寄邮票

上海 水电路 176号
国防体育集训队 集训队
新疆锻炼队 田径队
冯紫云 同志

河南安阳 棉花研究所 冯泽芳

冯泽芳

紫云：

上海来信收到了。这次从到成都时你们也已经到过成都了。你地方走得很广，而以增加许多知识，从宝鸡到成都这一条路上可以看见许多东西，是和兰州、乌鲁木齐不同的。成都是个大地方，物产很丰富，吃的东西也很好。成都是全国有名的出"锦缎"被面的地方，我们家里有一条被面就是"锦缎"的。你如有兴，可买一条，一则为到过成都的纪念，二则为你自己得到工资的纪念。这是不急需的东西，买不买你自己决定。

哥、于一月31日回来了。他明天要回北京了。我们过节过得很好。我们在小灶吃饭，妈、弟在大灶吃饭，饭拿回来吃，自己家里买些野味、鸡、鱼、鸡蛋、白菜。文娱方面有晚会，有舞会，有电影，有篮球赛、乒乓球赛等等。在乡下地方是很好的了。

现在春节时间已经过完了。我们再搞起冲天干劲，干吧！妈与弟早晨打太极拳。

爸、于
1957. 2. 11.

哥回北京去了（北大34斋415）
12日

邮数张邮票包括有中国古代给我的。   和已寄给你的是相同
                                  高下幸寄给姚。

追悼会签到簿及唁函

冯泽芳

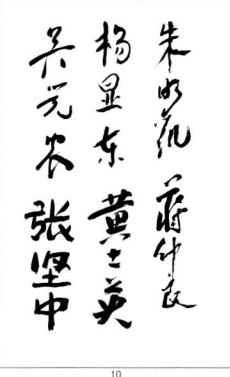
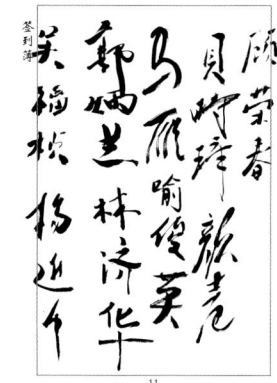
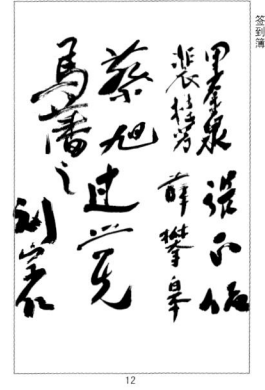
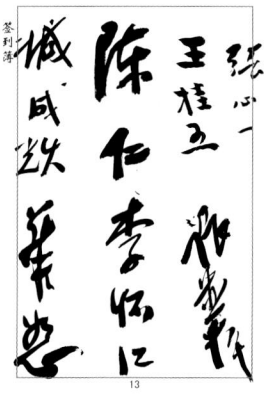
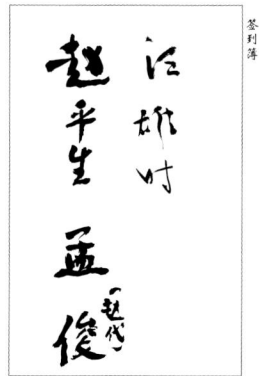

冯泽芳先生追悼会签到簿封面及内页

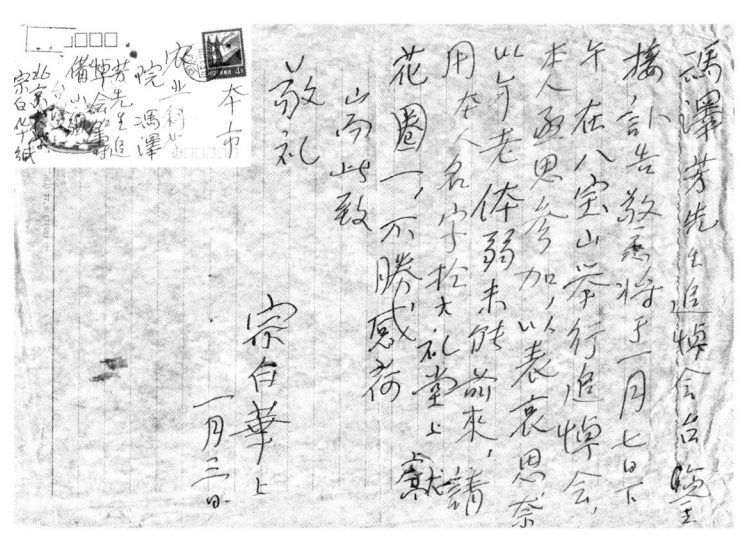

宗白华唁函

珍存

冯泽芳

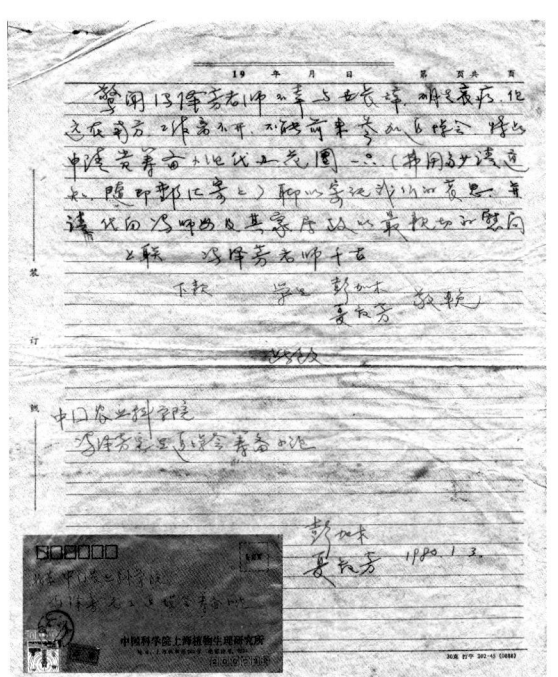

彭加木夏叔芳唁函

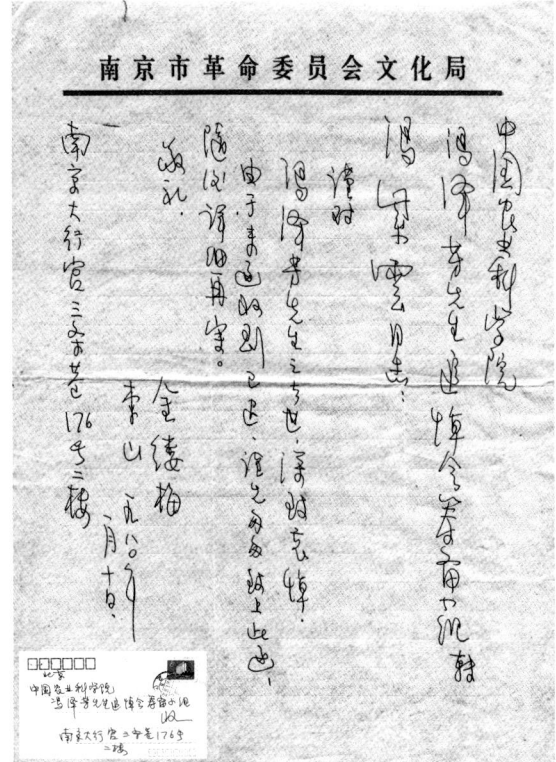

金缕梅李山唁函

遗 物

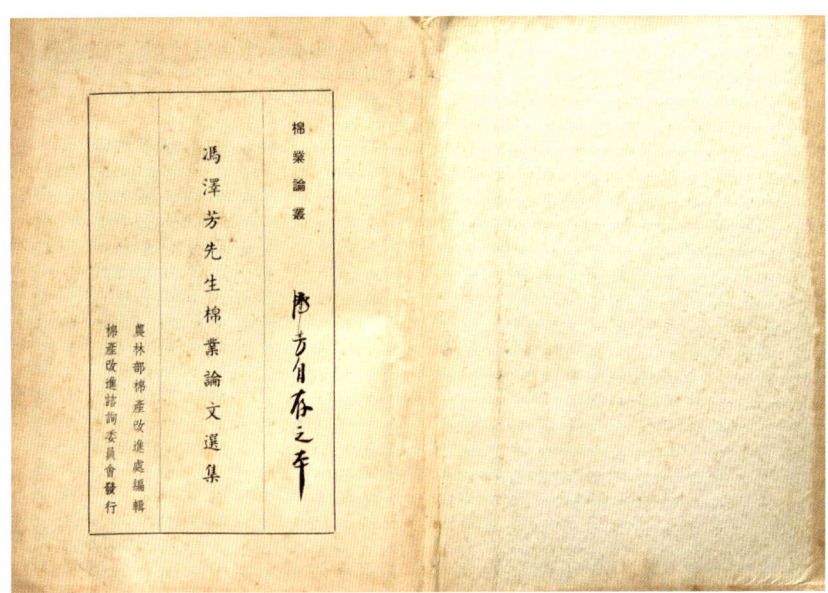

冯泽芳先生棉业论文选集（封二）

珍 存

合于中国栽种的洋绵 冯泽芳著（封面）

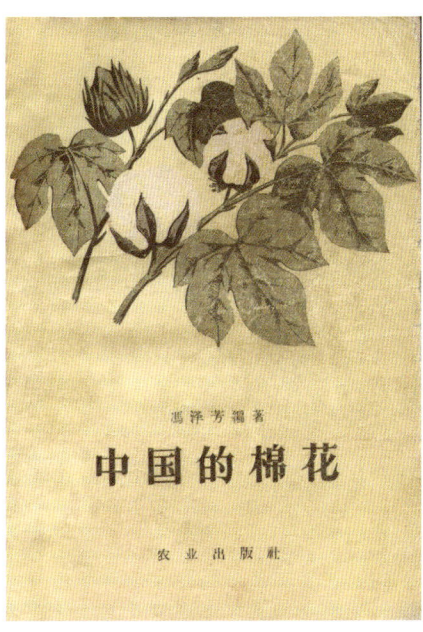

中国的棉花 冯泽芳编著（封面）

冯泽芳

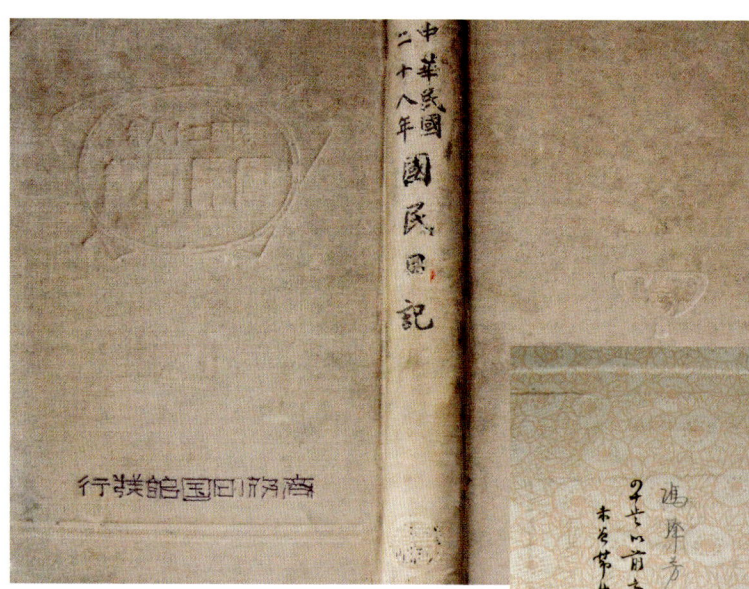

仅剩的日记封面与封底，内容已毁

日记的封二

自存读本

珍存

冯泽芳读过的毛泽东选集1～4卷

冯泽芳

印章

怀表、眼镜、放大镜

珍　存

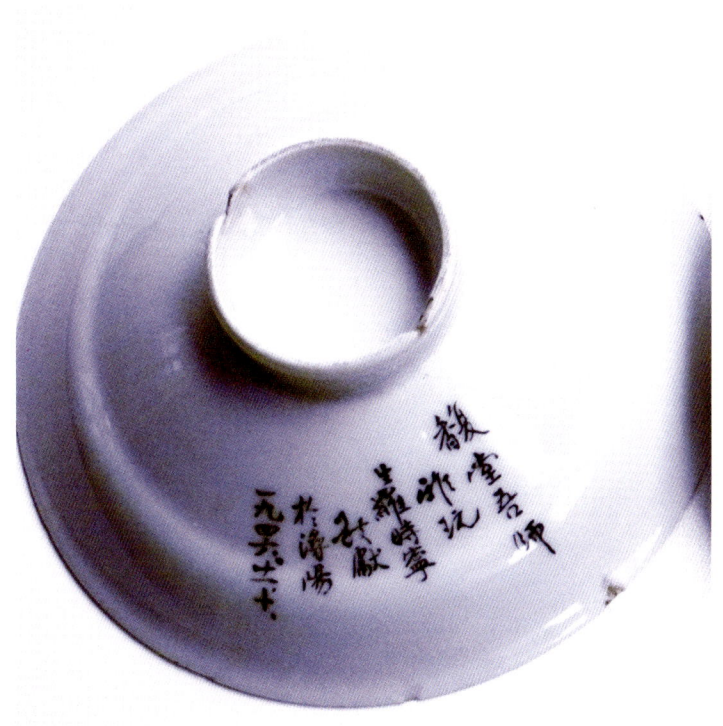

学生赠品

五十岁寿暨银婚学生赠品

冯泽芳

学生赠品

参考文献

[1] 邓煜生. 冯泽芳 农业教育家 棉花专家//金善宝. 1989. 中国现代农学家传. 长沙：湖南科学技术出版社.

[2] 中国科学技术协会. 1993. 中国科学技术专家传略（农学编作物卷1）. 北京：中国科学技术出版社.

[3] 余洪生. 1999. 浙江院士风采录. 杭州：浙江人民出版社.

[4] 汪若海，李秀兰. 2007. 中国棉文化. 北京：中国农业科学技术出版社.

编后记

接到《中华当代著名科学家传记书系》编著出版委员会的约稿函，要为先父冯泽芳先生撰写一本传记性书稿，建议我们为撰稿人。

2009年正逢父亲诞辰110周年和逝世50周年，我们作为他的子女怀着十分激动的心情接受这份邀请，同时感到有责任将老一辈科学家的生平事迹记录下来，让人们了解20世纪二三十年代开始我国棉花科学事业发展的历史、他们的贡献和在创业道路上的精神风貌。这让我们又一次走近父亲，觉得亲切又陌生。家父健在的时候，他全心身地投入工作，我们多住校学习，在一起的时候不多，特别是对他的工作了解得更少。近50年里有相当一段时间，我们不但拉开了距离，而且隔着厚厚的幕布，我们疏远了。所以这次要写他的传记是一件难事，才感到我们对可亲可敬的父亲知道得太少。家父去世已整整50年了，我们从未有为他写传记的想法，因而不仅他在世时没有积累他的为人处世及生活上的点点滴滴，去世之后更没有、也没有可能去收集他工作方面成就的资料，造成今天写此传记的最大困难，也是此书的最大缺憾。家父有记日记和拍照留念的习惯，主要记录下所做的工作，可惜日记未能保存下来，幸运的是照片绝大部分保存下来了。但是，得到了很多关心这次传记的父亲的学生和棉业界许多同志的帮助，特别是中国农业科学院棉花研究所宋晓轩先生,他跑遍全国许多大图书馆,收集到父亲发表在各刊物上的学术论述与文章,并复印了一套给我们;蔡以纯、任继周、潘家驹、汪若海等先生,为《传记》写了纪念文章。没有大家的帮助,我们是很难完成这个编写任务的。在认真仔细阅读父亲的遗著和大家的纪念文章中,使我们进一步了解到父亲的高尚品德、学术造诣和事业成就。我们衷心感谢关心家父在世时、逝世后的所有亲朋好友。我们虔诚祈祷父亲在天之灵永远安息。

冯紫琅　冯一民　冯紫云
2009年6月